中国人民大学研究报告系列

中国网络社会研究报告

数字乡村建设专题

2021

STUDY REPORT OF
INTERNET SOCIETY IN CHINA
ISSUE OF DIGITAL VILLAGE CONSTRUCTION

主　编　刘少杰
副主编　王建民

中国人民大学出版社
· 北京 ·

总序

陈雨露

当前中国的各类研究报告层出不穷，种类繁多，写法各异，成百舸争流、各领风骚之势。中国人民大学经过精心组织、整合设计，隆重推出由人大学者协同编撰的“研究报告系列”。这一系列主要是应用对策型研究报告，集中推出的本意在于，直面重大社会现实问题，开展动态分析和评估预测，建言献策于咨政与学术。

“学术领先、内容原创、关注时事、咨政助企”是中国人民大学“研究报告系列”的基本定位与功能。研究报告是一种科研成果载体，它承载了人大学者立足创新，致力于建设学术高地和咨询智库的学术责任和社会关怀；研究报告是一种研究模式，它以相关领域指标和统计数据为基础，评估现状，预测未来，推动人文社会科学研究成果的转化应用；研究报告还是一种学术品牌，它持续聚焦经济社会发展中的热点、焦点和重大战略问题，以扎实有力的研究成果服务于党和政府以及企业的计划、决策，服务于专门领域的研究，并以其专题性、周期性和翔实性赢得读者的识别与关注。

中国人民大学推出“研究报告系列”，有自己的学术积淀和学术思考。我校素以人文社会科学见长，注重学术研究咨政育人、服务社会的作用，曾陆续推出若干有影响力的研究报告。譬如自 2002 年始，我们组织跨学科课题组研究编写的《中国经济发展研究报告》《中国社会发展研究报告》《中国人文社会科学发展研究报告》，紧密联系和真实反映我国经济、社会和人文社会科学发展领域的重大现实问题，十年不辍，近年又推出《中国法律发展报告》等，与前三种合称为“四大报告”。此外还有一些散在的不同学科的专题研究报告也连续多年，在学界和社会上形成了一定的影响。这些研究报告都是观察分析、评估预测政治经济、社会文化等领域重大问题的专题研究，其中既有客观数据和事例，又有深度分析和战略预测，兼具实证性、前瞻性和学术性。我们把这些研究报告整合起来，与人民大学出版资源相结合，再做新的策划、征集、遴选，形成了这个“研究报告系列”，以期放大规模效应，扩展社会服务功能。这个系列是开放的，未来会依情势有所增减，使其动态成长。

中国人民大学推出“研究报告系列”，还具有关注学科建设、强化育人功能、推进协同创新等多重意义。作为连续性出版物，研究报告可以成为本学科学者展示、交流学术成果的平台。编写一部好的研究报告，通常需要集结力量，精诚携手，合作者随报告之连续而成为稳定团队，亦可增益学科实力。研究报告立足于丰厚素材，常常动员学生参与，可使他们在系统研究中得到学术训练，增长才干。此外，面向社会实践的研究报告必然要与政府、企业保持密切联系，关注社会的状况与需要，从而带动高校与行业企业、政府、学界以及国外科研机构之间的深度合作，收“协同创新”之效。

为适应信息化、数字化、网络化的发展趋势，中国人民大学的“研究报告系列”在出版纸质版本的同时将开发相应的文献数据库，形成丰富的数字资源，借助知识管理工具实现信息关联和知识挖掘，方便网络查询和跨专题检索，为广大读者提供方便适用的增值服务。

中国人民大学的“研究报告系列”是我们在整合科研力量，促进成果转化方面的新探索，我们将紧扣时代脉搏，敏锐捕捉经济社会发展的重点、热点、焦点问题，力争使每一种研究报告和整个系列都成为精品，都适应读者需要，从而铸造高质量的学术品牌、形成核心学术价值，更好地担当学术服务社会的职责。

目录

导　论　中国乡村建设行动的路径演化与经验总结 …… 1
　引　言 …… 1
　一、乡村建设行动的路径演化 …… 1
　二、乡村建设的特点与存在的内在矛盾 …… 5
　三、数字乡村建设的推进路径 …… 8
　结　语 …… 10
　参考文献 …… 11
第一章　数字乡村建设中“乡村不动”问题的成因与化解 …… 12
　引　言 …… 12
　一、“文字下乡”中的“乡村不动” …… 13
　二、“数字下乡”中的“乡村不动” …… 18
　三、“乡村行动”的根据与路径 …… 23
　结　语 …… 26
　参考文献 …… 28
第二章　数字乡村建设中的行动主体激活与培育 …… 31
　引　言 …… 31
　一、数字乡村建设行动：从脱贫攻坚到乡村振兴 …… 33
　二、数字乡村建设行动主体分析：基于四重空间的主体实践 …… 35
　三、数字乡村建设行动主体激活与培育的路径选择 …… 40
　结　语 …… 44
　参考文献 …… 45
第三章　数字乡村建设中的市场行动激活路径研究 …… 47
　引　言 …… 47
　一、乡村数字市场激活的理论框架 …… 49

二、基于实地研究的乡村数字市场激活模式分析 …… 54
三、数字乡村建设中市场激活的主要瓶颈 …… 57
四、数字乡村市场行动激活的优化策略 …… 59
结　语 …… 62
参考文献 …… 63
第四章　谁是数字乡村的建设者：从平台经济与农业经营方式谈起 …… 65
引　言 …… 65
一、数字乡村建设的大背景与小环境 …… 66
二、平台经济与农村生活的连接 …… 72
三、农业经营方式的变化 …… 77
结　语 …… 80
参考文献 …… 80
第五章　数字赋能的乡村农业实践：以寿光蔬菜产业数字化为例 …… 82
引　言 …… 82
一、蔬菜产业数字化转型背景 …… 83
二、蔬菜生产数字化实践 …… 85
三、蔬菜经营和产业体系数字化 …… 90
四、数字农业发展的基础 …… 95
结　语 …… 97
参考文献 …… 98
第六章　电子商务助推数字乡村内生发展的实现路径：以浙江白牛村电商发展为例 …… 100
引　言 …… 100
一、已有关于乡村内生发展研究的启示 …… 102
二、临安白牛电商村内生发展的历程 …… 104
三、电子商务助推数字乡村内生发展需要注意的问题 …… 110
结　语 …… 114
参考文献 …… 116
第七章　数字乡村建设中的“外部性”与“地方性”：以砀山县数字乡村建设行动为例 …… 117
引　言 …… 117
一、身处数字化乡村建设浪潮中的砀山县 …… 118

二、在约束与能动之间的数字乡村建设 …… 123
三、“外部性”：推动数字乡村建设的“触发器” …… 126
四、“地方性”：数字化进程中的社会基础 …… 129
五、内外合力下的数字乡村建设 …… 134
结　语 …… 136
参考文献 …… 137
第八章　从“三农”短视频看数字乡村的空间生产与文化激活：以“含山汤猫子”短视频为例 …… 139
引　言 …… 139
一、“三农”短视频与数字乡村建设 …… 140
二、数字乡村的空间生产 …… 145
三、乡村文化的数字化激活 …… 150
四、“三农”短视频助力数字乡村建设 …… 156
结　语 …… 160
参考文献 …… 162
第九章　数字乡村建设行动的在地化实践：陕西省数字乡村建设示范点调研 …… 163
引　言 …… 163
一、陕西省数字乡村建设示范县（区）的行动与实践 …… 164
二、数字乡村建设的行动困境 …… 170
三、数字乡村建设的路径优化 …… 173
结　语 …… 175
参考文献 …… 176

附　录　2021 年重要网络社会事件 …… 178
后　记 …… 196

导　论　中国乡村建设行动的路径演化与经验总结

引　言

如何积极有效地进行乡村建设，是党中央、国务院和各级党委、政府高度重视的重大战略问题。面对国际国内新形势，为应对农村发展的不平衡不充分问题，党的十九大报告提出乡村振兴战略，之后国家进一步将数字乡村建设作为乡村振兴的战略方向，乡村发展获得了新的历史机遇。当前的数字乡村建设以信息技术为主要推动力，以乡村信息化发展为主要抓手，具有不同于先前乡村建设的崭新内容，开启了农村现代化建设的新局面。中国一系列乡村建设的探索，对农村社会的发展产生了重要影响，因此，认识不同历史阶段乡村建设实践的内容和主要路径，以及它们产生的实际效果、呈现的主要特点和包含的内在矛盾，对当前数字乡村建设的具体设计和实地开展具有重要意义。本章试图梳理中国乡村建设行动的历史变迁过程，总结中国乡村建设的特点与存在的内在矛盾，在先前行动持续积累的经验教训的基础上，进一步探索当前数字乡村建设的推进路径。

一、乡村建设行动的路径演化

在我国，乡村建设具有深厚的实践传统。规模较大的乡村建设行动兴起于20世纪30年代，面对西方文明对中国社会的冲击，特别是中国乡村普遍存在的经济凋敝、文化衰落、社会动荡等问题，当时兴起了以知识分子为主体、以文化教化为主要路径的乡村建设运动。比较典型的包括晏阳初在河北组织开展的强调平民教育的“定县实验”，梁漱溟在山东邹平建立的乡村建设研究院，陶行知的晓庄师范学校以及黄炎培在徐公桥开展的乡村改进运动等。他们认为，中国贫穷落后的问题主要在于农村社会，农村问题的关键在于文化教育。晏阳初在论述平民教育的宗旨目的和最后使命时，强调中国的问题根本在于“人”的问题，解决问题的办法要“从四万万民众身上去求不可”①。因此，乡村建设需要进行包括文字教育、生计教育和公民教育等内容的平民教育，来启发民智、促进民生、培育民德。梁漱溟认为，在乡村遭遇的破坏中，最为重要的是以礼俗制度为核心的乡村社会组织结构的破坏。这代表着中国文化在面对西方文化的冲击时具有“老衰性”的问题。因此，需要通过文化调和的教化方式在乡村建立团体组织，重建新礼俗和新秩序。这一时期的乡村建设运动，最终期望通过文化教化，培养民族的新生命，从而实现“民族再造”②；重建新社会结构，从而实现“民族自救”③。

正是基于对当时农村问题的文化分析，旨在探索全面改造传统农村模式的乡村建设运动，以文化教化作为主要的推进路径，对农民的文化素质、农村的政治活动和经济组织模式等方面开始了现代性的改造。当时，参与乡村建设运动的600多个学术团体和教育机构，在全国范围内共设立了1 000多处乡村建设实验点，教育内容涉及文字文艺、生计职业、公民道德等多个方面，形成了包括由乡约改造而来的乡农学校和以识字教育为重点的平民学校等多种教育机构，以及同学集会、家庭集会等多种组织方式。虽然乡村建设运动并没有收到如知识分子设想的那样明显的效果，乡村社会在学习文化和移风易俗方面没有产生明显的变化，设立的各种机构组织也未能发挥出预期的作用，但其中包含的平民教育、农业合作、群众参与的理念，以及改革土地制度、推广农业技术、发展家庭副业、建设乡村公共设施、改善农村教育医疗条件等方面的探索，影响了中国乡村经济社会的变迁，对之后关于乡村建设的社会实践产生了较为深远的影响④。

新中国成立后，中国共产党对农村的生产关系进行调整，先后开展了土地改革和农业合作化运动。20世纪50—70年代开展的人民公社化运动，则成为20世纪中国规模最大的一场农村建设运动。1958年8月29日，中央北戴河会议通过了《中共中央关于在农村建立人民公社问题的决议》，以政治运动为主要路径的人民公社化运动在全国各地如火如荼地开展起来。在认为我国社会生产力已经有了大发展，

---

① 晏阳初．平民教育与乡村建设运动．北京：商务印书馆，2014：76．

② 同①87-90．

③ 梁漱溟．乡村建设理论．上海：上海人民出版社，2011：20-24．

④ 王景新．乡村建设的历史类型、现实模式和未来发展．中国农村观察，2006（3）：46-53，59．

甚至农产品产量成几十倍增长的基础上[①]，为了加速向共产主义过渡，在政治决议和舆论宣传的影响下，广大的基层干部和人民群众充满热情地参与到了建立人民公社的运动中。

人民公社以乡为范围建立，具有较大的集体规模；在所有制方面，进一步向集体所有制发展，农民土地收归集体所有，以生产队为单位统一经营核算；在分配制度方面，主要实行供给制，并建立起了与之配套的“吃饭不要钱”的公共食堂；在管理体制方面，人民公社实行“政社合一”，公社具有了农村基层政权和经济组织的双重职能[②]。通过这些方面的变化，人民公社实际改变了人们的生产方式和生活方式，改变了社会生活的基本结构。

当时，党的各级干部和广大基层群众，都普遍认为人民公社能够把乡村资源最大限度地组织起来，有计划、按比例、高度集体化地进行社会主义建设，是通向共产主义的“金桥”。在人民群众积极参与的极大热情下，人民公社的建设呈现出惊人的速度。至 1958 年 10 月，仅仅两个多月的时间，全国农村一共建立人民公社 26 576 个，入社农户 12 692 万户，占全国农户总数的 99.1%[③]。然而，以举国上下极度亢奋状态进行的人民公社化运动，很快遭遇了严重挫折。公共食堂出现了粮空炊断现象，农田也出现了大面积撂荒。面对严重的经济危机和社会危机，1959 年开始，中央出台了一系列的调整措施，反对“一平二调”的“共产风”，包括解散大食堂、给农民分配自留地、评工记分等。

虽然农村人民公社初期实行的一系列冒进政策得到了一定程度的纠正，但之后开展的“四清”运动和“文化大革命”，使人民公社运动的政治色彩愈加明显，开始了一场又一场“宁要社会主义草，不要资本主义苗”的政治运动。不断强化的阶级斗争，给农业、农村和农民带来了日益严重的伤害。随着坚持实事求是的社会主义改革的顺利进行，党和人民群众对人民公社种种弊端的认识逐渐清晰。1983 年，中共中央、国务院发出了《关于实行政社分开建立乡政府的通知》，历时 20 多年的农村人民公社化运动停止了它的步伐。

人民公社的解体，是建立在农村广泛实行了包产到户基础之上的。自 1979 年开始，包产到户的家庭联产承包责任制，改变了以生产队为基本单位的集体生产方式，赋予了农民土地使用权，中国农村开启了从 20 世纪 80 年代至 21 世纪的以经济体制改革为主要路径的乡村改革。虽然土地仍然归集体所有，但是农民以家庭为

---

① 罗平汉．农村人民公社史．北京：人民出版社，2016：53.

② 同①54-55.

③ 同①60.

单位承包土地后50年不变，这就意味着农民以家庭为单位拥有了大部分稳定的土地产权（经营权、使用权和收益权）。这极大提高了农民的生产积极性和农业生产效率，同时，重新使农民回到家庭经营的结构中来，使农村社会生活乃至伦理关系回归到常规的形态中[①]。在农村经济改革的初期，社会结构的调整极大地促进了农村基层的经济活力：农业生产得到恢复和发展，农村市场逐渐繁荣，乡镇企业逐渐崛起。

但此时，乡镇政权依然保留人民公社制度的路径依赖，向农民汲取税费，导致到20世纪90年代，为逃避农业税费负担，农民土地抛荒严重[②]。在同一时期，汲取性的城乡二元结构[③]，偏向城市的发展战略，使得城市向农村截取高额的建设资金，农民的生活水平增长缓慢甚至停滞。面对日益严重的“三农”问题所引发的经济危机和社会危机，2002年中共中央农村工作会议以“多予、少取、放活”作为解决“三农”问题的指导思想，开始了多元化的税费改革模式的探索，最终国家于2006年彻底废除农业税。同时，与废除农业税相衔接，“以工促农”“以城带乡”的“社会主义新农村建设”成为系统性的农村发展干预工程[④]。虽然国家向农村进行了大量的投入，一定程度上提高了农村居民的收入，促进了农村社会的整体发展，但城乡差距依然比较大，农村的公共服务水平还比较低，农村的现代化程度还比较滞后。

随着新一代信息技术的发展，各个领域开始了信息化、数字化的浪潮，信息技术与经济发展、社会建设和日常生活的关系日益加深，乡村发展获得了新的历史机遇。国家开展了以网络化、数字化为主要路径的乡村建设行动。2018年，中央一号文件《中共中央、国务院关于实施乡村振兴战略的意见》首次提出了“数字乡村”概念；2019年，中共中央办公厅、国务院办公厅印发《数字乡村发展战略纲要》，把数字乡村建设作为全面实施乡村振兴的战略方向；2020年7月，中央网信办等七部门联合开展国家数字乡村试点工作，要求积极探索数字乡村发展新模式，加快推进农业农村现代化建设，促进农业全面升级、农村全面进步、农民全面发展，到2021年底，推动试点地区数字乡村建设要取得明显成效。通过农村信息基础设施建设的加强、农业科技与数字经济的发展、农村优秀网络文化的培育、农民

---

① 渠敬东，周飞舟，应星. 从总体支配到技术治理：基于中国30年改革经验的社会学分析. 中国社会科学，2009（6）：104-127.

② 叶敬忠. 乡村振兴战略：历史沿循、总体布局与路径省思. 华南师范大学学报（社会科学版），2018（2）：64-69.

③ 周立. 乡村振兴战略与中国的百年乡村振兴实践. 人民论坛·学术前沿，2018（3）：6-13.

④ 叶敬忠. 乡村振兴战略：历史沿循、总体布局与路径省思. 华南师范大学学报（社会科学版），2018（2）：64-69.

信息化素养的提升等一系列的农村信息化、数字化建设，进一步解放和发展数字化生产力，加快弥合城乡“数字鸿沟”，形成乡村振兴的新动能。

二、乡村建设的特点与存在的内在矛盾

从以上考察可以看出，自20世纪二三十年代起，国家和社会的各种力量从不同的路径对乡村建设做出了推进。在不同的历史阶段，乡村建设行动从各有侧重的不同建设目标出发，试图对农村社会的文化水准、生产关系、组织形式、政治理想和经济发展等方面进行不同方向的改造，以提升农村的发展程度、改善农民的生活状况。然而，除了由安徽凤阳小岗村开始的包产到户是具有内生动力的农民自主性改革，其他乡村建设行动主要是自上而下、由外而内的，即历次建设行动的推进工作主要是将来源于外部的设计规划直接降落于乡村。这种推进行动存在很多问题，导致历次乡村建设行动中矛盾频发，乡村建设的成效存在很大问题，有些建设行动即便在一些方面取得了成绩，但同时也付出了较大的代价，其建设发展的过程没有达到可持续的要求。中国乡村建设行动的这一特点，正是其推进路径和内在矛盾的体现。因此，应当清醒认识乡村建设中存在的内在矛盾，以便选择有效的推进路径、实现改变乡村落后状态的目标。

由上述分析可以看出，在历次乡村建设行动中，首先表现出的就是建设者与建设对象之间的矛盾，也就是外在推进力量与内在动力不足之间的矛盾。民国时期，梁漱溟总结的乡村建设行动的难处之一是“号称乡村运动而乡村不动”[①]，即积极参与乡村建设行动的多是乡村外部的人员，真正的村民往往对此漠不关心，甚至与这些外来的乡村建设者处在了对立的位置，使乡村建设运动难以产生实效。乡村建设运动需要“以农民作基础力量”，需要与农民“打成一片”[②]。然而，以文化教化为主要路径的乡村建设行动在实际工作中却脱离了农村生活的基础，最典型的是当时乡村建设中的文字下乡运动。乡村建设工作者认为农民的“愚”是因为他们不识字，所以在农民中大力开展识字教育。但由于文字是只有在人与人之间的接触发生阻碍时才产生的象征性的沟通方式，即文字起于陌生，而乡村是不用文字就能知道得清清楚楚的熟悉社会，村民日常生活中没有对文字的需求，因此，识字教育不受欢迎，文字下不了乡[③]。

---

① 梁漱溟. 乡村建设理论. 上海：上海人民出版社，2011：402.

② 同①404.

③ 费孝通. 乡土中国. 北京：北京大学出版社，2012：9-24.

如果依靠外部力量的介入而没有指向农民关心的核心问题，没有采取符合农村实际情况的措施，乡村建设行动不仅不会调动农民主动参与的意愿，不会产生实际的效果，一味强制推进的话，可能还会产生反作用，挫伤农民的积极性，破坏已有的生产生活基础。1958年，人民公社通过政治运动路径实现了极为迅速的广泛推广，不仅没有激发出农民真正参与集体化生产的热情，反而给农业和农村的发展带来了一系列的严重影响。1978年，安徽凤阳小岗村的18位村民冒着巨大的风险率先实行包产到户，是自发地进行生产关系的调整，农民主动成了乡村建设的排头兵，直接体现出广大农民的实际需求，立即激发了农民的生产积极性，揭开了农村经济改革的序幕。因此，如何处理好建设者与建设对象的统一关系，如何利用外部力量激发乡村的内生动力，是推进乡村建设不可回避的根本性问题。

之所以会产生建设者与建设对象的矛盾，是因为外部推进力量对乡村建设行动的设计和实施，多是基于并非符合乡村实际需求的理性规划，同习惯熟悉、延续传统的乡村感性生活存在着难以化解的隔膜。因此，中国乡村建设行动中另一个无法回避的内在矛盾就是理性规划和感性存在之间的矛盾。民国时期的文字下乡运动，原本起源于对赴英法的中国劳工的识字教育，当时的中国劳工因为有写信的需求，所以识字教育在劳工中开展得比较顺利①。但把这种教育项目放到中国农村社会时，即便乡村建设的工作者们做了很多适应性的调整，却如前文所述，它与农村熟悉社会中感性化的生活并不匹配，因而显得水土不服。

民国时期，乡村建设的工作者们其实已经注意到了中国乡村感性存在的特殊性。梁漱溟强调“理性”在乡村社会中的重要地位，强调理性精神在乡村建设中的重要作用。但是，梁漱溟强调的“理性”并不是理性规划中的“理性”，是与乡村百姓感性意识相统一的“伦理社会中的情理”，不是“西方社会的物理”②。正是这种情理规定了中华民族的各种风俗习惯，维持了中国传统社会稳定协调的礼俗秩序。因此，乡村建设运动最重要的启示是，开展乡村建设需要考虑作为乡村社会深层根基的文化传统，无论是建构乡村社会的组织形式或制度安排，还是设计组织制度或推动人们实践所根据的基本原则，都应当植根于民族的文化传统和生活实际之中。

一旦片面强调理性规划，忽视农村社会的感性存在基础，就不可避免地陷入脱离实际的空泛理想中，甚至为实现理想目标而采取急切推进的盲目行动，最终对农

① 徐秀丽. 中华平民教育促进会扫盲运动的历史考察. 近代史研究，2002（6）：89-120.

② 梁漱溟. 乡村建设理论. 上海：上海人民出版社，2011：43.

村社会的感性秩序产生强烈甚至颠覆性的冲击[①]。人民公社化运动就是一场典型的凭借理性设计而热烈推行的乡村建设行动，是对中国农民社会生活最广泛的一场组织化运动，是政治理性对感性生活的一次全方位改造。当时，认为应当尽快把广大人民群众组织起来，以便有计划、按比例、更加有效地生产、生活，成为举国上下的普遍共识和热烈追求。然而，20 余年的实践结果显示，这种虚幻的理性神话最终破灭，农村经济体制改革后又返回以家庭为单位的农业生产和日常生活状态。这说明，在生产力的性质和水平都没有发生明显变化的条件下，仅凭理性设计和政治动员虽然可以激起一时的社会热望和脱离现实的行动，但强制性地改变社会生活的基本单位，既不可能建成协调的社会结构，也不可能形成稳定的社会秩序。因而，对于中国的乡村建设，应当在理性建构与传统承继的统一中开展。

通常情况下，理性规划是超越差异性和多样性的普遍性设计，在其广泛应用时难免会与乡村特点多样、差异明显的社会情况产生矛盾，亦即乡村建设行动中的统一模式和乡村差异性存在的矛盾。民国时期，晏阳初开展乡村建设行动时，强调需要将研究实验放在乡村建设的第一步；在定县进行研究实验时，强调将社会调查放在研究实验的第一步[②]。他认为，在掌握较为全面的调查资料并进行了研究实验后，乡村建设行动才可以表证推广。在他的主持和领导下，1928 年，参与乡村建设的主要机构——平民教育促进会成立了统计调查部，聘请社会学家李景汉为主任，在定县实施了大规模的社会调查，开我国以县为单位的系统社会调查之先河[③]。可见，那时的乡村建设行动已经注意到了统一设计的建设模式和规划方案与实地呈现的多种差异性之间的矛盾。如果强制性地将单一的模式嫁接到不同的区域，就会产生乡村建设行动与区域现实基础的错位，致使制度模式悬浮于乡村社会之上，不能在乡村社会落地生根，乡村建设行动容易沦为形式主义。最典型的是人民公社时期不顾各地实际情况而一风吹地“学大寨、修梯田”运动。当“学大寨”运动成为阶级斗争的附属物，大寨特殊的、不具有普遍意义的一些做法也被当作普遍原则去学习推广，不仅产生了较大的资源浪费，而且也严重挫伤了农民的积极性。

理性规划的统一模式同乡村差异性存在的矛盾，还表现在历史的演进过程中。理性规划统一模式一旦形成，就会由于多种相关因素的支持与固守而使其表现相对稳定的持续性，可以看作诺斯所谓的制度变迁的“路径依赖”。可是，乡村社会却

① 刘少杰. 寻求理性建构与传统延续的统一：关于 20 世纪中国农村建设运动经验教训的思考. 江苏社会科学，2008 (1)：141-146.

② 晏阳初. 平民教育与乡村建设运动. 北京：商务印书馆，2014：81.

③ 张秉福. 民国时期三大乡村建设模式：比较与借鉴. 新疆社会科学，2016 (2)：97-103.

在其不平衡发展中逐渐生成与统一模式不适应的多样性和差异性，如果新生成的多样差异性不能在新的形式或路径中展开和运行，同样也会产生统一模式和多样差异的矛盾冲突。包产到户启动了农村经济体制改革，适应了改革初期中国广大农村贫穷落后的农业生产水平和农民生活状况，并因此得到了广泛的响应，起到了迅速见效的积极作用。但是，随着改革开放、市场经济发展和城市化进程加速，乡村经济社会发展水平提高、农民生活的贫富差别以及各地农村人口向中心城市和东南沿海的外流、空巢乡村在中西部的大量出现，包产单干在各地表现出多种情况的局限性和落后性。

总之，通过文化教化、政治运动和经济体制改革等路径展开的乡村建设行动，其中都包含了建设者与建设对象、理性规划和感性存在、统一模式和多样差异的矛盾，如何有效化解这些矛盾，是在新形势下开展乡村建设行动应当认真思考、积极探索的重要问题。

三、数字乡村建设的推进路径

中国社会已经进入互联网时代，新一代信息技术迅速发展，为数字乡村建设奠定了重要的技术基础。不过，在当前的现代化进程中，相比于城市，乡村的数字化程度和水平都比较低，数字乡村发展具有现实层面的紧迫性和必要性。纵观中国百年来乡村建设行动的历史演变，可以发现虽然不同阶段的乡村建设行动具有不同的历史背景和重点内容，但其最终目的都是促进农业生产力的发展，提高农村现代化的程度，提升农民的生活水平；其内在矛盾都是外部力量与内生动力、理性规划与感性存在、统一模式与多样差异的矛盾。信息化作为数字乡村建设中的主要内容，与之相关的信息技术、组织方式及技能素养，并不是乡村传统的内生力量，数字乡村建设行动中的矛盾问题可能会更为突出。因此，当前数字乡村建设行动的开展，需要总结历次乡村建设行动的历史经验与教训，积极化解其中的内在矛盾。

首先，由于信息化建设是数字乡村建设行动中的重要内容，因此，数字乡村建设行动在处理外部力量与内生动力的矛盾时，不仅要考虑到以往建设行动中突出表现的建设者与建设对象的矛盾，还需要考虑外部来源的信息特征与农村内部的信息状态之间的矛盾。如果说在梁漱溟领导乡村建设时期，乡村建设工作者是“动”的，农民是“静”的，同样到了数字乡村建设时期，相对来说，经由互联网和移动通信传播的数字信息是“动”的，而乡村生活中信息传播与交流是“静”的。传统上，我国农村社会具有封闭性和稳定性的特征，这意味着其缺少与外部环境的信息交换，信息更新速度较慢，往往依靠传统礼俗的力量来维持着日常的秩序。农村的现代化进程虽然在一定程度上打破了这种封闭性和稳定性，农村与外界之间的信息和资源往来逐渐加强，但这种往来的频率和更新的速度与主要由城市居民展开的网络社会相比还是有较大的差距。发展数字化对乡村信息的更新有一定的要求，而数字化的发展也能够进一步加强乡村内外的联系，对数字乡村建设产生影响。

其次，信息技术、数字技术是一种高度理性化技术，这就使数字乡村建设行动的推进与数学计算和理性计划必然相关，但中国乡村还保留着注重典型示范和形象模仿的感性教化传统，因此，如何处理数字乡村建设行动中理性设计与感性存在的矛盾就非常关键。一方面，要在新技术条件下积极有效地引导数字乡村建设行动主体感性选择的理性化转向，提升其理性化素质和理性化程度，否则其难以接受高度理性化的数字技术，也难以规避数字技术带来的不可避免的风险。另一方面，不能简单强调用理性选择行为替代感性选择，而应当切实将相关的理性的知识技术与农民感性的日常生活紧密结合起来，寻求理性思维与感性认识、理性设计与感性存在的融合，在理性建构与传统承继的统一中开展数字乡村建设行动。

再次，互联网、大数据等作为一种客观性的技术形式，其本身是统一的、不变的，但是不同地区的社会基础却是多样的、有差异的。因此，数字乡村建设中还需要考虑信息技术与乡村社会之间的关系问题，需要处理好统一模式与多样差异的矛盾。虽然数字技术具有应用和运行的标准性、规则性和统一性，但数字技术的运用环境及其产生的社会效应却不是一致的，需要依赖于地方文化、基层组织、乡村制度和政府管理等多方面力量，这就涉及技术应用与社会基础之间的匹配关系。在数字乡村建设行动中，我国快速发展的数字知识与技术如何能够真正落地，进入农村的生产生活并推动乡村发展，产生实际效果，需要根据当地的具体情况，因地制宜，需要使农村社会中的各种因素相互配合。因此，各个主体、要素的组织与协调就非常重要，其具体过程将决定数字乡村建设行动的进度和质量。

在数字乡村建设中，正确处理好外部力量与内生动力、理性规划与感性存在、统一模式与多样差异的矛盾，还要充分利用激活主体、激活要素和激活市场这三大推进路径。激活数字乡村建设的主体，即激活包括农民、乡镇干部、技术能人在内的乡村建设的主体力量。数字乡村建设，不能把乡村居民看作等待教育、推动和救助的被动的对象，而是应当把他们看成具有寻求发展内生动力的主体，将这些人的主动性、积极性和学习能力、合作能力调动起来，使他们成为数字乡村建设行动的带头人与主力军，形成乡村能够持续稳定建设的内生动力。

激活乡村既存的资源要素，就是在乡村现有的信息、人才、资源、资本等要素的基础上，优化要素组合配置，将要素盘活并转化为现实的生产力。数字乡村建设，不是将乡村外部的项目设计、制度模式简单照搬到乡村中来，而是借助网络化、信息化、数字化的技术手段，激活地方文化，凝聚社会认同，充分整合乡村内部的各种资源，完善相关的组织架构，在乡村内部培育出积极向上、努力进取的持续动力。

激活市场，主要是通过数字化知识和技术打通乡村之间和城乡之间的壁垒，促进农产品市场以及乡村其他市场活跃起来，使城市的知识、信息、服务等顺利走进乡村。数字乡村建设，不是仅仅为了提高管理效率、维护乡村秩序而在乡村推广和应用数字系统、人工智能和网络设置，更重要的是引导乡村通过网络渠道更好地接入市场，为乡村的持续发展提供更大的平台，激发更强劲的市场活力。

结　语

中国的乡村建设经历了以文化教化为主要路径的乡村建设运动、以政治运动为主要路径的人民公社化运动、以经济体制改革为主要路径的乡村改革和当今以信息化、网络化为主要路径的数字乡村建设行动。过去的乡村建设，存在由上而下、由外而内的特点。外在推进与内在动力、理性规划与感性存在、统一模式与多样差异的矛盾是历次乡村建设中普遍存在的内在矛盾。当前正在开展的数字乡村建设行动，由于与之相关的信息技术、组织方式及技能素养并不是乡村传统的内生力量，其中的矛盾问题可能会更为突出。应当总结历史经验教训，积极化解其中的内在矛盾，注意信息技术对更新速度的较高要求与农村社会相对稳定封闭之间的差距，将相关的理性知识技术与农民感性的日常生活紧密结合起来，在理性建构与传统承继的统一中，因地制宜地开展数字乡村建设行动。

因此，在当前数字乡村建设中，需要深化对数字乡村建设的理解认识，关注数字化建设与农村实际需求的匹配联系。数字乡村建设不仅仅是数据收集与平台建设，引进数字技术也不是即可实现数字乡村建设，应当充分利用激活主体、激活要素和激活市场的三大路径，使目前乡村的进一步发展产生持久的动力。数字乡村建设行动的主体是广大的乡村干部群众，他们不仅是农业生产的管理者或劳动者，而且也是数字技术的应用者、网络活动的参与者、信息资源的接受与利用者。村民不是单纯的被建设、被服务对象，只有充分调动他们的积极性，数字乡村建设行动才能成为现实。激活本地资源要素，需要根据乡村的特点和差异，推动互联网与特色产业的深度融合，要加大统筹协调和资源整合力度，打通数字壁垒，实现数字化建设的人财物等生产要素的自由流通和配置。同时，需要探索路径，充分发挥市场在资源配置中的决定性作用，让市场力量参与数字乡村建设。数字乡村建设需要依据多样化数字惠民方式激活不同村民主体，使其分享数字化建设成果，以利益为纽带，将不同类型的主体连接起来，在乡村经济的数字化建设、乡村治理的数字化建设、乡村文化的数字化建设等方面，形成广泛参与的数字乡村建设利益共同体。

参考文献

［1］费孝通. 乡土中国. 北京：北京大学出版社，2012.

［2］梁漱溟. 乡村建设理论. 上海：上海人民出版社，2011.

［3］罗平汉. 农村人民公社史. 北京：人民出版社，2016.

［4］刘少杰. 寻求理性建构与传统延续的统一：关于 20 世纪中国农村建设运动经验教训的思考. 江苏社会科学，2008（1）.

［5］渠敬东，周飞舟，应星. 从总体支配到技术治理：基于中国 30 年改革经验的社会学分析. 中国社会科学，2009（6）.

［6］王景新. 乡村建设的历史类型、现实模式和未来发展. 中国农村观察，2006（3）.

［7］徐秀丽. 中华平民教育促进会扫盲运动的历史考察. 近代史研究，2002（6）.

［8］晏阳初. 平民教育与乡村建设运动. 北京：商务印书馆，2014.

［9］叶敬忠. 乡村振兴战略：历史沿循、总体布局与路径省思. 华南师范大学学报（社会科学版），2018（2）.

［10］张秉福. 民国时期三大乡村建设模式：比较与借鉴. 新疆社会科学，2006（2）.

［11］周立. 乡村振兴战略与中国的百年乡村振兴实践. 人民论坛·学术前沿，2018（3）.

第一章　数字乡村建设中“乡村不动”问题的成因与化解

引　言

在中国，乡村建设有着丰富的实践经验和深厚的历史传统，也一直是国家现代化发展进程的核心内容。从民国时期的乡村建设运动到社会主义新农村建设，再到乡村振兴战略，百年来中国的乡村建设实践始终围绕着如何推动乡村社会发展这一主题展开。如何积极有效地进行乡村建设，激活乡村发展内生动力，始终是党和国家高度重视的重大战略问题。

网络社会的到来给乡村社会带来了新的发展机遇，赋予了乡村建设新的时代任务。党的十九大报告提出乡村振兴战略，之后国家进一步将数字乡村建设作为乡村振兴的战略方向。《数字乡村发展战略纲要》指出：“数字乡村是伴随网络化、信息化和数字化在农业农村经济社会发展中的应用，以及农民现代信息技能的提高而内生的农业农村现代化发展和转型进程。”当前的数字乡村建设以信息技术为主要推动力，以乡村信息化发展为主要抓手，具有不同于先前乡村建设的崭新内容，开启了农村现代化建设的新局面，也为探索网络化时代乡村社会新的发展道路提出了新的要求。

目前数字乡村建设的学术研究滞后于发展需求，学界尚未对数字乡村建设的诸多关键问题进行理论层面上的剖析和总结[①]。鉴往知来，要深入理解当下数字乡村建设的社会基础和推进路径，解决现实矛盾和突出问题，就要将其嵌入到乡村建设

① 曾亿武，宋逸香，林夏珍，等. 中国数字乡村建设若干问题刍议. 中国农村经济，2021（4）：21-35.

的历史脉络之中进行考察。作为一种重要的社会思潮与群体实践，民国时期的乡村建设运动，不仅在内忧外患、积贫积弱的20世纪上半叶中国为乡村社会发展做出了艰苦的探索，也为当代的乡村建设实践和学术研究留下了宝贵的思想材料和历史经验[①]。

本章从梁漱溟在反思乡村建设运动时所提出的“乡村运动而乡村不动”这一问题出发，系统梳理了民国时期乡村建设运动的实践经验和理论总结，并基于课题组在全国21个乡村建设试点县和重点地区所搜集的经验材料，对数字乡村建设行动中的“乡村不动”问题进行了分析，总结了深入推进数字乡村建设“乡村行动”的根据与路径。

一、“文字下乡”中的“乡村不动”

乡村建设运动背景下的“文字下乡”

近代以来，中国不断遭受多方面冲击，使乡村社会陷于经济凋敝、政治失序、社会解组、文化失调的总体性危机之中。在这样的时代背景下，20世纪20—30年代，中国的乡村建设运动逐步兴起，开展了一系列以乡村为基本单位，以知识分子群体为主导，社会各界广泛参与的救亡图存运动和社会改良实践。正如梁漱溟所言：“今日中国问题在其千年相沿袭之社会组织构造既已崩溃，而新者未立；乡村建设运动，实为吾民族社会重建一新组织构造之运动。”[②]

以晏阳初的“河北定县实验”、梁漱溟的山东（邹平）乡村建设研究院、陶行知的晓庄师范学校以及黄炎培等人的探索等为代表的乡村建设运动在全国范围内蓬勃展开，知识分子纷纷走出书斋，走进乡土，投入到乡村改造的建设实践之中，先后设立的实（试）验区（县）有1 000多处，参与其中的学术团体和教育机构达600多个，产生了广泛而深远的社会影响。

尽管参加乡村建设运动的团体属性和背景比较庞杂，采取的乡建模式、措施和侧重点也多种多样，但它们对乡村社会的核心关切和推动乡村振兴的现实任务是一致的——都旨在推动传统中国乡村的现代化发展，避免乡村在现代化进程中的衰落，探索使乡村利用现代化知识、生产技术、组织方式等获得新的发展的整体性解

① 王景新. 乡村建设的历史类型、现实模式和未来发展. 中国农村观察，2006（3）：46-53，59.

② 梁漱溟. 乡村建设理论. 北京：商务印书馆，2015：21.

决思路、方法和方案[①]。诸多乡村建设实践都聚焦于通过兴办教育、改良农业、流通金融、提倡合作、地方自治与自卫、建立公共卫生保健制度以及移风易俗等具体举措，改造农民、再造乡村、复兴经济，进而建设现代国家[②]。

由此可见，知识分子、政府和社会各界通过建设实验区、开展文化教化的方式，自上而下地将现代化的知识、技术、制度、文化等引入传统乡村社会，以提升乡村的现代化水平，是民国时期乡村建设运动推进的主要路径。就像费孝通所指出的，乡土重建的基本问题是“怎样把现代知识输入中国经济中最基本的生产基地乡村里去”，以及推动作为现代知识“人的媒介”的知识分子更好地深入乡土[③]。这一行动路径被学术界总结为“文字下乡”[④]。

在“文字下乡”的建设实践中，以梁漱溟及山东乡村建设研究院在邹平、菏泽和济宁的实验，以及晏阳初和中华平民教育促进会在定县、衡山和新都的实验最具影响力和争议性[⑤]。梁漱溟强调乡村社会崩溃的根本原因在于伦理本位和职业分立的传统社会构造被破坏所导致的文化失调，故而要开展乡村建设，就需要建设“新礼俗”，形成新社会秩序，汲取“中国固有精神与西洋文化的长处”，实现“中西具体事实之沟通调和”[⑥]。为了践行其乡村建设理论，梁漱溟开展了7年的乡村建设实践探索，从乡村组织再造着手，以“乡农学校”这一乡村组织为实践载体，重建乡村社会制度，调整乡村社会关系，重构乡村社会秩序[⑦]。晏阳初将中国农民和乡村社会视作要被改造的对象，认为中国乡村的问题在于农民的“愚、穷、弱、私”四大弊病，对应地要对农民进行文艺、生计、卫生和公民“四大教育”，通过学校式、社会式和家庭式的教育开展方式，培养农民的知识力、生产力、健强力和团结力[⑧]，进而造就“既有了科学的头脑，又有农工的身手”的“新民”[⑨]。

“文字下乡”中的“乡村不动”问题

民国时期的乡村建设运动虽然在中国乡村社会发展的历程中留下了宝贵的实践

① 王春光. 乡村建设与全面小康社会的实践逻辑. 中国社会科学，2020（10）：26-47.

② 郑大华. 民国乡村建设运动. 北京：社会科学文献出版社，2000.

③ 费孝通. 乡土重建. 长沙：岳麓书社，2012：139.

④ 赵旭东. 乡村成为问题与成为问题的中国乡村研究：围绕“晏阳初模式”的知识社会学反思. 中国社会科学，2008（3）：110-117.

⑤ 王景新. 乡村建设的历史类型、现实模式和未来发展. 中国农村观察，2006（3）：46-53，59.

⑥ 梁漱溟. 乡村建设理论. 北京：商务印书馆，2015：146.

⑦ 郭占锋，黄民杰. 文化失调、组织再造与乡村建设：从梁漱溟《乡村建设理论》谈起. 中国农业大学学报（社会科学版），2021（1）：83-96.

⑧ 晏阳初. 平民教育与乡村建设运动. 北京：商务印书馆，2014.

⑨ 晏阳初. 晏阳初全集：第1卷. 天津：天津教育出版社，2013：142.

经验和丰富的理论成果，但就其本身而言，乡村建设工作并没有达到预期的目的，大多数建设实验事业最终都流于失败[①]。除却历史条件的局限性和抗日战争等外部因素之外，其内在的根本原因就是梁漱溟在反思乡村建设实践时所提出的“乡村运动而乡村不动”问题，即积极参与乡村建设行动的多是乡村外部的人员，真正的村民往往对此漠不关心，甚至与这些外来的乡村建设者处在了对立的位置，使乡村建设运动难以产生实效[②]。

梁漱溟视“乡村不动”问题为其遇到的最大困惑和教训之一。“乡村不动”不仅是梁漱溟个人的乡村建设实践所面临的困难，也是各地乡建实验中的普遍问题。研究者将这一问题称为乡村建设的“梁漱溟之惑”[③]。梁漱溟认为，乡村建设运动必须充分激发农民的内生动力，要以农民为行动主体和主要力量，否则便难以维系，“我们乡村运动天然要以农民作基础力量，而向前开展；如果我们动而乡村不动，那有什么前途呢？不能代表乡村的要求，不能发动乡村的力量，那怎么能行呢？”[④]然而现实却并不如人意，陷入了“乡村运动而乡村不动”的困境，“本来最理想的乡村运动，是乡下人动，我们帮他呐喊。退一步说，也应当是他想动，而我们领着他动。现在完全不是这样。现在是我们动，他们不动；他们不唯不动，甚且因为我们动，反来和他们闹得很不合适，几乎让我们作不下去。此足见我们未能代表乡村的要求！我们自以为我们的工作和乡村有好处，然而乡村并不欢迎；至少是彼此两回事，没有打成一片”[⑤]。

针对“文字下乡，文字下不了乡”这一现象，费孝通在《文字下乡》《再论文字下乡》等文章中进行了批评与分析，具有一定的深刻性。费孝通承认“文字下乡”的必要性，认为文字作为现代化的工具和现代知识的承载，在推动乡村现代化发展中的重要性是不言而喻的，但是在“文字下乡”中，不能抛离乡土社会的特征，必须切中农民的生活需要。因为作为应用于间接沟通的象征符号，文字只有在“人和人传情达意的过程中受到了空间和时间的阻隔的情境里”才能发挥作用。换句话说，文字起于陌生，也只有在陌生社会中才能起到方便交流的功能，然而乡土社会是熟悉社会，是一个没有陌生人、相对封闭且稳定的社会，在世代相传的共同经验累积中，农民的日常生活、社会交往和生产技术，不需要依赖文字传递信息就

① 郑杭生，李迎生. 中国早期社会学中的乡村建设学派. 社会科学战线，2000 (3)：83-96.
② 刘少杰，林傲耸. 中国乡村建设行动的路径演化与经验总结. 社会发展研究，2021 (2)：13-22.
③ 李永安. 美丽乡村建设须破解“梁漱溟之惑”. 宁夏社会科学，2017 (2)：41-48.
④ 梁漱溟. 乡村建设理论. 北京：商务印书馆，2015：451.
⑤ 同④450.

可以得到满足，呈现出“有语无文”的状态。因此识字教育不受欢迎，文字难以下乡①。

在《评晏阳初〈开发民力建设乡村〉》一文中，费孝通对以晏阳初为代表的学者所开展的“文字下乡”路径的乡村建设运动展开了更为直接的批评。费孝通肯定了晏阳初的乡村建设工作在技术上，特别是在发展教育技术上的贡献。但在费孝通看来，晏阳初的乡村建设主张并未真正做到“一切以人民出发，以人民为主”，而是单向度地将农民和乡村社会视作改造对象，以传教的精神理解教育，把中国乡村的问题归咎于农民自身的“不足”②。这种思维方式和推进路径忽视了乡土社会以熟悉社会为存在根基的社会结构和文化传统，抹杀了农民的主体性。在实践中不仅不能够振兴农村，反而可能带来不良的社会结果。不仅“文字下乡”本身，以西方现代化逻辑为支撑的司法下乡、科技下乡等，如果不能够同乡村的社会结构和文明体系相适应，就会产生种种问题。这种忽视农民主体性和以“人工的方式”试图引导乡村变迁的努力终将难以维系③。

实际上，晏阳初也曾对乡村平民教育工作的局限性做出过反思，与费孝通相近地，晏阳初也发现村民识字动力不足的根本原因在于，文字作为陌生社会的交往工具很难在乡村社会的熟悉空间中发挥用处。因此要想使“文字下乡”发挥更好的实际效果，必须将教学同村民的实际需要结合起来。晏阳初在《有文化的中国新农民》一文中写道：“仅仅教农民读和写不可能为他们提供实际的帮助。乡村不像城市，不可能为识字的人提供许多机会去使用学过的字。在城市里，商店和家里挂着各种条幅、街道标志、各种账本等。乡村农民，几乎没有那种在公共场所认出刚学到的汉字，而产生的激动心情。因此我们感到，除非我们能将这种知识教学与农民的日常生活联系起来，否则我们不可能给他们以实际的帮助。”④

“文字下乡”中“乡村不动”问题的成因

总结20世纪20—30年代乡村建设运动的实践经验和理论反思，可以发现以“文字下乡”为代表的乡村建设行动之所以呈现出梁漱溟所说的“乡村运动而乡村不动”的局面，其实质在于农民主体性的缺失。而造成农民主体性缺失的原因在于，自上而下的乡村建设行动同自下而上的乡土社会基础不匹配，使乡村建设脱离

---

①② 费孝通. 费孝通文集：第5卷. 北京：群言出版社，1999.

③ 陈占江，包智明. “费孝通问题”与中国现代性. 中央民族大学学报（哲学社会科学版），2015（1）：41-48.

④ 晏阳初. 晏阳初全集：第1卷. 天津：天津教育出版社，2013：114.

了乡村的社会状况，忽视了村民的真实需求，导致本该作为行动主体的农民内生动力不足。这一不匹配问题主要体现在以下几个方面：

首先，在行为模式与社会秩序层面，不匹配问题指的是理性规划和感性存在之间的矛盾。中国传统乡土社会具有封闭性和稳定性的特点，封闭性意味着乡村社会在空间上自成一体，缺少与外部环境的信息与资源交换；稳定性意味着乡土社区的生活世界和行为规范代代相传，传统观念深入人心，靠礼俗维系着日常的秩序。因此以礼俗、乡约、宗族网络等感性秩序为底色的熟悉社会构成了中国乡村社会的基本形态。然而在乡村建设的过程中，无论是行动者试图建构农村社会的组织形式或制度安排，还是设计组织制度或推动人们实践时所根据的指导原则，无不流露出强调理性规划、依循理性原则的特征。一旦片面强调理性规划而忽视了农村社会的感性存在基础，就不可避免地陷入脱离实际的空泛理想中[①]。虽然梁漱溟等人也曾对相关问题做出了反思，但乡村建设最终仍然以一套现代化的技术方案的形式出现。过多地关注建设行动中的理性规划和技术性工作，只会使乡村建设陷入技术化困境、农民的主体性缺位，乡村建设呈现出“去农民化”的状况[②]。

其次，从“技术—社会”关系层面来看，问题主要表现为现代技术与乡村社会的不匹配。技术的扩散与推广是推动生产力发展的核心力量。但技术的运营及其产生的社会效应不是技术本身能够解决的，依赖于文化、组织、制度等多方面的力量。在新技术引入乡村社会的时候，一定要考虑该技术与乡村原有的生产生活方式、感性秩序、社会结构的匹配性，否则新技术的引入不仅难以发挥所设想的积极作用，而且会给乡村带来不良的社会影响。费孝通在《我们在农村建设事业中的经验》一文中提到了这样一个案例：某县为减轻农民的生产负担，预备了许多电力打水机，低价租给农民，“以电力代人力”，提升农民幸福感，然而现实状况则是因为打水机的应用，使得村中的许多劳动力农忙时不必工作，“上赌场里去把家产都荡尽了，弄得农村中六神不安”。当然，费孝通并非是要否认现代技术引入农村的重要性和必要性，而是指出现代技术的引入必须与乡村的社会基础相适应：“我们机械引用到农村中去，并不是一件简单而容易的事情。社会决不是一个各部分不相联结的集合体。反之，一切制度、风俗，以及生产方法等等都是密切相关的。这种关系在中国因为经过了数千年悠久的历史，更是配合得微妙紧凑。”[③]

---

① 刘少杰. 寻求理性建构与传统延续的统一：关于20世纪中国农村建设运动经验教训的思考. 江苏社会科学，2008（1）：141-146.

② 申瑞锋. 乡村改良与乡村建设的技术化困境. 学习与探索，2019（11）：53-65.

③ 费孝通. 费孝通文集：第1卷. 北京：群言出版社，1999.

20世纪二三十年代初费孝通的姐姐费达生在农村推广科学养蚕，发展乡村小工业的事业，就是现代生产技术适应农村社会，实现“乡村行动”的典型案例①。在初期阶段，对农户的科学培训取得了良好的成效，受过科学培训的农户所缫的丝，比土丝市价增加了1/4，于是科学养蚕的生产技术迅速在村中推广开来。但很快费达生就发现，仅仅引入现代生产技术是不够的，“要达到目的，单靠技术的改进就感不足，而一定须有一个适当的社会制度”。通过稚蚕公育、运销合作社、农工混合等制度安排，费达生不仅有效地把开弦弓村的养蚕户动员和组织了起来，除了在“运销及技术上加以指导外，一切都归农民自己负责”，还将小工业的发展同乡村社会生活有机结合了起来，减轻了现代资本主义对乡村社会的异化，使在里面工作的人，“不成为一个单纯的工人”，“不使经济生活片面发展，成一座生产的工具，失却为人的资格”，而能够“享受各方面的社会生活”。这种与乡土生活紧密结合的生产模式也提升了经济体的抗压力和伸缩性，使其在遭遇外部经济冲击的时候，即便盈利率不高，只要可以满足日常生计的需求，便也可以尽力维持。

最后，在“国家—社会”关系层面，不匹配问题指的是被动地位和主体属性之间的矛盾。国家与乡村社会的关系是乡村建设的重要基础，也是理解“梁漱溟之惑”的重要切入点。在封建帝制时代，国家与乡村社会的关系表现为国家治权与乡村自治相融合的“双轨政治”形态，国家将乡村治理的权限让渡给乡村精英和基层组织，让乡村组织依照礼俗和伦理秩序教化乡村社会。但到了民国时期，国家政权逐步向村落共同体延伸，各种政治力量试图通过对乡村社会的控制来达到汲取更多财富和资源的目的②。民国时期的“国家政权建设”破坏了封建帝制时代“国家—社会”关系的稳定状态，乡村社会遭到严重破坏，出现了杜赞奇所说的维护乡村利益的乡村精英“保护型经纪”被横征暴敛的恶霸劣绅等“盈利型经纪”所取代的“国家政权内卷化”现象③。在这样的背景下诞生的民国乡村建设运动，无力改变乡村被掠夺、被剥削的被动地位，也无法真正减轻农民的负担，乡村建设运动所设想的农民的主体属性自然难以实现。

二、“数字下乡”中的“乡村不动”

随着互联网信息技术的发展，互联网信息技术在人们经济生产和社会生活中所

① 费孝通. 费孝通文集：第1卷. 北京：群言出版社，1999.

② 马良灿. 中国乡村社会治理的四次转型. 学习与探索，2014（9）：45—50.

③ 杜赞奇. 文化、权力与国家：1900—1942年的华北农村. 王福明，译. 南京：江苏人民出版社，2008.

扮演的角色越来越重要，第 47 次《中国互联网络发展状况统计报告》显示，截至 2020 年 12 月，中国互联网普及率为 70.4%，网民规模达 9.89 亿。然而中国的网络社会正如图海纳所论述的那样，是“断裂式发展”——网络社会的区域不平衡问题十分严重，其中城乡之间的差异尤为明显，城镇地区互联网普及率达到 79.8%，而农村地区仅为 55.9%。虽然近年来城乡数字鸿沟有所缩小，但仍然可以说，农村地区在信息接收、机会把握、资源获得和行动参与等方面，都不可避免地处于被动落后的状态①。

在此背景之下，推动农村地区网络社会发展，建设“数字乡村”成为网络化时代乡村发展的重要内容和趋势。2018 年，中央一号文件明确提出要“实施数字乡村战略”。2019 年，中共中央办公厅、国务院办公厅印发《数字乡村发展战略纲要》，把数字乡村建设作为全面实施乡村振兴的战略方向。2020 年 7 月，中央网信办等七部门联合开展国家数字乡村试点工作。2021 年，中央一号文件提出“实施数字乡村建设发展工程”。“数字下乡”已经成为新时代乡村建设的重大战略和时代主题。数字信息技术变成了乡村人在网络化时代亟待学习的“新文字”。

笔者所在的“实施数字乡村建设行动研究”课题组于 2021 年 3—7 月在安徽、陕西、甘肃、吉林、山东、浙江 6 省的 20 个数字乡村试点县和重点地区开展了数字乡村专题调研，访谈了各县镇负责推进数字乡村建设工作的相关政府部门、主要参与企业、乡村精英和普通村民等，较为全面地了解了各地区数字乡村的发展状况、推进路径和现实问题等，积累了较为丰富的田野材料。课题组调研发现，虽然各地区都在进行乡村信息基础设施建设，在推广数字经济、数字治理、网络文化，培训与引导村民的网络参与等方面做出了不少建设性工作，也取得了积极的成效，但在许多地区，梁漱溟为之困惑的“乡村不动”在“数字下乡”中仍然挥之不去。

“数字下乡”中“乡村不动”的表现

“数字下乡”中的“乡村不动”首先表现为数字建设的“悬浮化”。一方面，在当前数字乡村建设中，“数字下乡”政策实践的行动主体大都还停留在县城，由县政府牵头，各部门开展工作。许多试点地区在呈报总结数字乡村建设的经验时，仅仅将各部门的常规工作内容和业已成熟的典型案例打包汇总，而没有真正把乡镇政府、村民主体的行动力调动起来。在工作当中，一些部门有“等、靠、要”的问题，“领导不从上到下定一个调调，跟升迁有关系了，底下人就不上心，各部门的

① 刘少杰. 中国网络社会的集体表象与空间区隔. 江苏行政学院学报，2018 (1)：58-65.

工作就不好协调，有些事情统一不到一起（202105DLZF）”。特别是在财政相对比较紧张，资金、技术和服务等投入不足的欠发达地区，出现了行政任务“内卷化”的情况：基层工作的主要精力放在了呈报材料、总结经验的“文山会海”之中，不仅增加了农村基层干部的工作压力，还没能真的改善农民的生活状况和获得感。

“悬浮化”问题使数字乡村建设的投入出现了结构性失衡。一些地区在数字乡村建设过程中，资源、注意力和施政力度的投入结构存在缺陷，只“扬长”而不“补短”。一些地方政府只是将自己的优势产业或者业已成熟的经验包装、总结成数字乡村的建设成果，急于“树典型”，但对农村数字化的薄弱之处却投入较少。这一点在数字基础较为薄弱、结构性不平衡较为严重的地区更加明显。

另一方面，数字建设“悬浮化”表现为理性规划与实际需求的不匹配，许多建设工作内容并不是农民所需要的、关心的。较为典型的案例是，一些地区政府花了比较多的资源在农村推广“数字农家书屋”等网络阅读平台，但在实地调研中我们发现，村民阅读的需求并不大，即便有阅读的需求，也不会使用这些平台，而是选择一些更大、更方便的网络平台。与此同时，政府还自上而下有普及率与用户活跃度的考核要求，这同样增加了基层干部和村民的压力。

其次，“乡村不动”还表现为数字建设的“技术化”。一些学者指出，历次乡村建设运动之所以始终浮于表面，原因就在于推进过程中的“技术化”倾向和路径。所谓“技术化”倾向，指的是通过向农村输出一整套技术化方案的途径来进行乡村建设，如乡村规划、社区营造、农业技术推广等。这种推进路径满足了地方政府“树典型”和设点布局的需要，因而备受推崇，并形成了规模很大的乡村建设“市场”。可这些表面上看起来科学、系统的技术化方案，实质上不过是理念和概念的推演，在实施过程中通常忽视了乡村的社会、文化、治理基础，将农民排除在了乡村建设之外①。

数字乡村建设也陷入了这种过度“技术化”的困境。许多数字乡村试点县建设工作的推进高度依赖外包的第三方科技公司与规划团队。政府为设计规划和数据开发买单，外包公司负责具体工作，甚至大部分预算都投入到了这一方面。然而这些设计规划和数据的技术化开发方案往往大同小异，强调的是数据的可视化、景观化，如建设可视化的数据汇总系统、搭建网格化管理平台、布局摄像头网络等。不能说这些建设是没有意义的，但这些数字治理和数字便民服务工作，主要着力点是政府治理和为民服务的数字化，直接表现主要是政府建设，是政府治理社会和行政

① 申瑞锋. 乡村改良与乡村建设的技术化困境. 学习与探索，2019（11）：53-65.

功能的数字化和精细化，而并非服务于农民的日常生活需求和乡村数字化发展，维持这套系统的运转反而增加了基层政府的工作量和财政负担。在财政状况较好的地区，就建设得更精细一些，在预算相对不充足的地区就简陋一些，但总的来说，都是同一模式，且民众极少参与。这样的现象正如陈序经在批评民国乡村建设学派时所指出的：“乡村建设的目标是救济乡村农民，然结果却变为救济工作人员，我所以怕今后会养出一个吃乡建饭的新阶级。”①

最后，在数字农业方面，“机器换人”“数字换人”成效有限，设施农业、数字技术并没有很好地应用到农业生产当中。目前数字农业技术主要用于规模化农业生产，因为分散的农户生产难以实现数字化，然而在实际农业生产过程中，家户分散经营仍然是最主要的模式，一旦强行将农民组织起来，就会存在劳动率降低、产出效率不足的问题，加上设施农业本身前期投入较高，往往难以维系。笔者所调研的长丰县在设施草莓的发展过程中就遇到了困境，相关企业代表说道：

“草莓企业超过 50 亩肯定不挣钱，超过 100 亩、200 亩的肯定亏。……因为草莓是个劳动密集型产业。现在人工那么贵，一点不好监管，有的人会偷懒。长丰县有几个大的企业过来，其中有比较大的被人工给拖垮了，例如美团，一开始说要投资多少，但是最后跑掉了，被人工给拖垮掉了（20210407CFZF）。”

除了规模化的组织模式降低了农民参与的积极性外，数字技术在应用方面也有很大局限。长丰县本想引进一套草莓自动分拣系统，然而在实际使用中却发现，数字化的分类系统和农民及消费者对“什么是好的草莓”的感性认知产生了矛盾，分拣结果不能满足市场的需求。

“分拣问题大得很，我们现在是按大、中、小、残、次分拣，我们要分五个等级。现在国内外的机子都达不到，机器它都是一扫，根据糖度、大小、颜色就分了。但是我们没法这么卖，因为有的大的、红的、甜的，不一定卖相好。我们人工分拣还是按照卖相分拣的，一个草莓装检师（摆草莓）一天都得 300 块钱，高了得五六百元一天。现在基本上都是靠人工，拿个凳子在那摘（20210407CFZF）。”

这一现象也存在于以农村电商为代表的乡村数字经济之中。在农村电商的品牌建设和经营中，规模化、组织化经营和小农户的得利存在矛盾，使得农户参与的积极性较低，这又反过来影响了农村电商的经营效果和品牌价值。这固然有农民数字素养较低，接受新技术需要时间的缘故，但更根本的原因是数字技术和数字经济发展模式不能很好地适应乡村的社会结构和组织模式基础。

---

① 陈序经. 陈序经文集. 广州：中山大学出版社，2004：111.

“数字下乡”中“乡村不动”的成因

前文从行为模式与社会秩序、“技术—社会”关系、“国家—社会”关系三个层面出发，认为理性规划与感性存在、现代技术与乡土社会、被动地位与主体属性三个方面的不匹配问题，是“文字下乡”中的“乡村不动”问题的主要原因，最终导致乡村建设行动脱离了乡村社会基础，内生动力无法激活。在数字乡村建设的背景之下，可以发现这一分析思路仍具备一定的启发性。

从行为模式与社会秩序的角度来看，在当代，尽管伴随着市场经济的发展，理性计算、组织化和程序化等理性原则给乡村社会带来了很多变化，但就其本质而言，以己为中心的差序格局和轻视普遍原则、崇尚中心势力的行为模式和思维方式没有发生实质的变化，经过潜移默化、世代相传而积淀于农民心灵深处的心理结构和文化传统并也没有改变，中国乡村社会仍然是以感性存在为本质特征的熟悉社会①。在数字乡村的建设过程中，自上而下的理性规划同农村社会的感性秩序间的矛盾仍然存在。许多地区照搬其他地区的数字乡村建设模式，或者以外包的方式模式化地、机械地推进相关工作，难以真正切中农民的生产生活需要，也无法发展本地的优势产业和地方特色产业。

在“技术—社会”关系的层面，对于农民而言，数字技术比文字更为陌生，数字技术的抽象性限制了农民对之需求的直接性，数字技术的复杂性使农民难以用其获利。虽然许多互联网应用在日常生活中呈现出“零门槛”的特征，但当涉及数字化管理、网络化经营以及大数据应用时，不仅要求用户对互联网有一定的操作技术和运用能力，还需要思维灵活，对网络社会的运作逻辑有较好的理解。目前农村里的青壮年劳动力绝大多数都已经进城务工、上学、经商，长期居住在农村的以及从事农业经营的主体大都是中老年人、妇女和儿童，他们的数字素养特别是利用互联网进行经营生产的技术和学习能力有较大局限。笔者所调研的沂源县曾积极开展农村电商的培训工作，动员了许多农民开设苹果、樱桃等鲜果类农产品的网络店铺，在发展初期收效还不错，但很快就遇到了数字管理方面的瓶颈。一方面，虽然当季水果销售状况还算不错，但农民把自己手里的水果卖完之后，就认为本年的工作已经结束了，而电商平台对网店的数据管理是不间断的，疏于运维的店铺很快就会被降权，顾客也大量流失，第二年还要从头做起。另一方面，农忙时农户完全没有时间处理售后、推广等工作，雇专人来做又不划算。于是很快农户就不再经营网络店

---

① 刘少杰. 中国市场交易秩序的社会基础：兼评中国社会是陌生社会还是熟悉社会. 社会学评论，2014（2）：28-34.

铺了。

在“国家—社会”关系的层面，新中国成立以来，国家政权与农民的关系从“汲取型”转变为税费改革之后较为松散的“悬浮型”，农民的负担得到减轻[①]，再过渡到如今脱贫攻坚和乡村振兴背景下的“资源输入型”，国家与农民之间的资源流动方向发生了逆转。在此背景下开展的数字乡村建设行动，农民的主体性被突显出来，能够得到充足的外部资源输入和人才、技术支持，从根本上使建设实践具备了成功推进的条件。但是在资源输入背景下展开的数字乡村建设，面临着资源输入与内生动力持续性的矛盾。不少地区数字乡村建设工作的开展高度依赖于特定乡村精英或扶贫干部的个人能力和关系网络，也依赖于国家资源的持续投入，一旦外部资源的投入终止或关键人物离开，往往面临持续性不足，“人走灯灭”的风险。如何将外部的资源输入转化为激活乡村发展的内生动力，是需要持续关注的重点问题。

三、“乡村行动”的根据与路径

前文分析了从“文字下乡”到“数字下乡”的乡村建设实践中，“乡村不动”问题的表现、成因与启示。研究发现乡村建设的关键在于推动农民行动，只有农民积极行动起来，乡村建设才能行之有效。要想在数字乡村建设中破解“乡村不动”问题，推动“乡村行动”，除了要持续建设网络基础设施，推动乡村社会、农业生产的数字化发展外，更关键之处在于要将乡村建设的推进路径同地方发展的社会结构以及农民生活的直接需求有机结合起来，进而才能激发农民参与乡村建设的内生动力。否则，仅靠外力推动将浮于表层、流于形式，无法实现乡村建设的目的。

以典型示范和感性导引为推进路径

使农民行动起来，不仅要采取多样的形式使农民懂得一些必要的数字、网络和信息技术知识，更重要的是通过典型示范、感性导引，使农民在数字、网络和信息技术的应用中获得实惠。中国有着历史悠久的以突显象征、典型、符号、仪式等感性形象为特征的感性教化的文化传统。正是轻于计算和推论的感性教化，使中华民族形成了注重模仿、从众、延续和重复的心理结构和行为方式，并由此保持了中国

① 周飞舟. 从汲取型政权到“悬浮型”政权：税费改革对国家与农民关系之影响. 社会学研究，2006（3）：1-38.

社会结构的长期稳定，感性秩序在网络化时代仍在中国社会特别是农村社会中得到延续[①]。晏阳初在其平民教育的实践方案中，也特别强调“表证农家”的作用，视其为“社会式教育”的重要内容，实质就是基于村民注重模仿的行为模式进行感性引导，“这些表证农家，遍布在生计巡回训练区内，他们的环境与普通农家无大差别，表证的结果如果满意，不必我们宣传，农民早已看在眼里，自动地去模仿、取法”[②]。

农民偏重感性思维、易于接受感性教化、惯于进行感性选择的行为方式和思维方式决定了典型示范和感性导引是激活农民积极性的有效路径。因此应当重视培育和发挥数字乡村建设的带头人和榜样村镇的示范作用。对于农民而言深感陌生的数字经济和网络化市场，仅靠知识传授和道理阐释，不足以使他们清楚认识和明确相信，一定要针对基层干部群众习惯感性思维和典型效仿的特点，用各地率先探索和成功发展的乡村经济数字化或乡村市场网络化的成功典型，去引导和激发他们利用数字技术和互联网空间发展市场经济的活力。

发挥“家”作为经营主体的优势与潜力

从传统社会以家庭为单位、农业和家庭手工业相结合的传统小农形态，到近代以来费孝通所倡导的“农工结合”的乡村工业化模式，再到改革开放之后包产到户和家庭经营体制的确定，以及乡镇企业在广大农村地区的兴起，家户经营一直都是中国农村经济行动的基本单元和基础组织方式，也是理解乡村产业内生性发展的重要视角[③]。“成家立业”“世代接力”的中国式的代际关系和家庭伦理，不仅深刻于农民日常生活实践之中，也在很大程度上形塑了农村产业的组织模式和发展路径，更给乡村产业经营提供了“拿命在拼”的精神动力，使他们能够承受很高的劳动强度，具备极为自律的劳动态度，呈现出较强的拼搏创新精神[④]。家庭经营为乡村产业提供了内在的灵活性、主动性与韧性，发挥以“家”作为经营主体的优势与潜力，是数字乡村建设中激活乡村主体的内生动力。

陕西大荔县尊天农业有限公司的制度转型过程，就是动员家户经营活力的典型案例。2011 年公司在规模化经营初期，投入了大量资金，流转了平罗村 1 800 亩的土地，统一规划建设了设施农业冬枣大棚产业园区。但很快遇上了经营上的困难，公司流转土地进行规模化经营之后，再雇用农民工作，农民劳动的积极性很低。此

① 刘少杰. 网络社会的感性化趋势. 天津社会科学，2016 (3)：64-71.

② 晏阳初. 晏阳初全集：第 1 卷. 天津：天津教育出版社，2013：257.

③ 付伟. 城镇化进程中的乡村产业与家庭经营：以 S 市域调研为例. 社会发展研究，2018 (1)：81-101.

④ 付伟. 中国工业化进程中的家庭经营及其精神动力：以浙江省 H 市潮镇块状产业集群为例. 中国社会科学，2021 (4)：146-165.

外对农业而言，大规模经营无法抵御风险，一旦行情变差，损失会非常大。就像平罗村赵书记所言：“我们现在全省可能有 300 多个省级园区，但是能真正正常经营的也为数不多，原因就是农业这块儿还是离不开农民，尤其是经济农业、果品，它永远都离不了人，而且永远离不了家庭。家庭不是经营主体，农民没有那么大的动力去干。以前是把农民土地流转了以后，给他们付地租，然后再聘用农民去上班，因为收益和他们没关系，就非常艰难。再就是要适度规模，规模越大压力越大。(20210525DLZT)。”

从 2016 年开始，公司尝试对经营模式进行了调整，把公司交由村委代管，村委采取了村民以土地和家庭入股的制度，使“村民变股民”，每户承包 3 个大棚，公司负责销售和品牌经营。这一制度改革迅速提高了农户劳动的积极性，农户对数字技术的接受度和使用的主动性也大大增强。改制当年，平罗村每户的收入从 3 万元增长到 8 万多元。2020 年底给村集体带来了 36 万元的净盈余。“原来他在这里上班，一年挣不了 3 万块钱。人力入股之后，和收益挂钩，效果就非常明显，挣得就比原来上班多多了。原来他一个人上班，只是一个人干活，收益好坏与他没关系，该下班就下班了。改制之后，忙的时候，娃娃和亲戚朋友就都来帮忙了。最主要的是能精细化管理，因为和他的收益相关。(20210525DLZT)。”

动员“中坚农民”的主体力量

伴随着中国的城市化进程，大量农村人口从土地中脱离出来，在青壮年劳动力普遍进城务工经商、农村主体是所谓“老弱病残”的弱势群体、主要产业为老人农业的农村社会结构中，却仍然自发产生了一个人数占比不大、留守农村的青壮年农民群体，这就是所谓“中坚农民”群体。“中坚农民”的主要收入在农村、社会关系也在农村、家庭生活完整、收入水平不低于外出务工家庭，一般占到农村农户总数的 10%～20%。他们虽然占比不大，但却为乡村社会秩序的维持发挥了重要的作用，是农村最主要的村组干部来源，是农村社会最有活力的部分，构成了当下中国农村社会结构的中坚力量①。

这些留在农村的青壮年农民群体成了乡村数字化发展的主要发起者，他们不仅有能力自己寻找到好的致富机会，也能够依靠积累的资源和声望带动大量的村民参与其中，形成一定的产业集聚。例如山东曹县凯瑞表演服饰公司的赵莹，2006 年高中毕业后，她一直外出打工。后来孩子出生，家庭负担加重，为了不让孩子成为

① 贺雪峰. 论中坚农民. 南京农业大学学报（社会科学版），2015 (4)：1-6.

留守儿童，丈夫外出务工，她在家带孩子，帮人做起了衣服。后来发现开网店能够挣钱，她也开始在网络上卖儿童演出服饰。随着淘宝客户的增多以及销售量的提高，丈夫也于2013年返乡。目前她公司的加工车间已经有30多台机器、50多个货架，加工的表演服饰已经有300多种，2019年销售额达到300万元。赵莹也成了孙庄村两委的后备干部人选。赵莹的加工车间雇用的工人，大多数都是在家照顾孩子的妈妈。赵莹说："之所以选她们是因为不想让她们再外出给人家打工，不想让她们的孩子成为留守儿童（20210629CXZF）。"

对弱势群体"数字赋能"

虽然占人口少部分的青壮年农民群体成为乡村产业发展和社会治理中的中坚力量，但当前中国农村社会结构中占大多数的，仍然是所谓"老弱病残"的弱势群体[①]。这部分群体不具备进城务工经商的条件，也缺乏在村中找到致富机会的人力资本和社会资源，只能"被困在"村中，除耕种自家承包地之外，难有其他比较重要的收入来源。互联网给农村的弱势群体提供了可以不离开农村，不付出太沉重的劳力就能够对接现代经济的机遇，然而由于"数字鸿沟"的存在，他们运用网络的能力普遍较差，利用互联网致富也就无从谈起。因此对农村弱势群体"数字赋能"，积极培训并引导他们使用互联网，从事数字经济的相关工作，才是数字乡村建设中网络扶贫、扶智，乡村产业普惠性发展的意义之所在。

课题组在调研中，也发现了不少通过"数字赋能"弱势群体，激发他们自我发展、脱贫脱困的案例。例如陕西大荔的马宁，从小因身患疾病而腿脚不便，家庭也比较贫困。她曾在家中从事淘宝客服的工作，接触到了网络和电商。2017年，在参加过县政府组织的电商培训之后，马宁开始经营自家农产品的网店，从最初的一天十几单发展到每天稳定地出两三百单。2020年因为疫情，村里的杏子滞销，马宁开始了电商直播带货，帮助村民销售杏子。电商经营逐渐走上正轨后，马宁注册了"荔宁"商标和"荔宁蔬果专业合作社"，如今每月毛收入超过一万元。在马宁的创业过程中，政府的帮扶发挥了很大作用，除组织了电商培训外，残联、人社局等部门也提供了许多资金支持和创业补贴，使马宁的家庭顺利脱贫。

结　语

作为国家乡村振兴和农业农村现代化发展的战略重点和优先发展方向，如何积

① 贺雪峰. 农村社会结构变迁四十年：1978—2018. 学习与探索，2018（11）：59－65.

极有效地开展数字乡村建设，实现网络化时代乡村社会的内生性发展，激活乡村主体、要素和资源的发展活力，是当下学术研究和政策实践的重要内容。本章将这一问题嵌入到了中国乡村建设运动的历史脉络中进行考察。围绕梁漱溟在反思乡村建设运动中所提出的“乡村运动而乡村不动”问题，总结了 20 世纪 20—30 年代以“文字下乡”为代表的乡村建设运动的实践经验和理论反思，并基于课题组在全国 20 个乡村建设试点县和重点地区所搜集的经验材料，对数字乡村建设行动中的“乡村不动”问题的成因与表现进行了分析，试图总结出实现数字乡村建设“乡村行动”的推进路径。

研究发现，在从“文字下乡”到“数字下乡”的乡村建设运动中，之所以“乡村不动”现象贯穿始终且挥之不去，其实质在于农民主体性的缺失。而造成农民主体性缺失的原因在于，自上而下的乡村建设行动同自下而上的乡土社会基础不匹配，使乡村建设脱离了乡村的社会状况，忽视了农民的真实需求，导致本该作为行动主体的农民内生动力不足。在数字乡村建设行动中，这一不匹配问题体现为三个方面：其一是自上而下的理性规划同农村社会的感性秩序间的矛盾，其二是数字技术的抽象性、陌生性、复杂性和乡土社会分散小农的组织基础的不匹配，其三是资源输入与持续激发内生动力的不匹配。

针对“数字下乡”中的“乡村不动”问题，本研究认为应当在理性建构与传统承继的统一中开展数字乡村建设。不能把数字信息技术和理性规划的普遍原则简单地推及农村，而应当依循乡村的社会基础和文化传统，因地制宜地开展建设工作。“数字下乡”只有得到农民依据日常生活经验形成的普遍认同，同农民的思想观念和生活习俗发生真实融合，才能发挥有效作用。据此本研究主张数字乡村建设要以典型示范和感性导引为推进路径，发挥“家”作为经营主体的优势与潜力，动员“中坚农民”的主体力量，对弱势群体“数字赋能”，以此来激活乡村内生动力，推动“乡村行动”。

乡村建设的核心问题是发展问题①，而乡村发展的关键在于要找到在不同社会基础和技术条件下与乡村社会相协调的发展道路。本研究强调乡村建设行动与乡村社会基础要相匹配，要实现理性建构与感性存在的统一，“技术—社会—国家”的有机融合，究其根本，是主张要在乡村数字化转型和发展的过程中实现网络化时代“乡土性”的延续与重构。在乡村数字化发展过程中，一方面，“乡土性”的背后是乡村的社会基础，是乡村的社会结构和农民的行动伦理，与乡村的内生发展是紧密

① 叶敬忠. 乡村振兴战略：历史延循、总体布局与路径省思. 华南师范大学学报（社会科学版），2018（2）：64-69.

联系在一起的，只有延续“乡土性”才能实现乡村发展的“内生性”①；另一方面，“数字下乡”也激发了“乡土性”的重构与再生产，数字经济、数字媒介给乡村提供了新的治理机制、组织模式和发展机遇，为乡村社会的整合与发育，乡村公共空间的再造提供了可能②。

从政策实践的角度来看，数字乡村建设的题中之义在于“建设乡村”而非“建设数字”。数字乡村建设不是要用现代信息技术改造乡村，或使乡村服务于网络社会、城市社会的发展，而是要利用网络、数据、技术和知识等数字化要素实现乡村社会的高质量发展。然而许多研究包括笔者所在课题组的调研中都发现，许多乡村数字化建设工作并未使村民真正获益，反而出现了农民网商在资本与规则的规训下依附于网络平台，导致农民被边缘化，收益减少，脆弱性增强③；有的数字治理变成了美化地方治理成效的宣传工具，将各项乡村治理事务都转化为漂亮的文字和数字，陷入了“形象工程”的误区，出现了农民主体性缺位，乡村数字治理本身的价值与意义被忽视等现象④。因此在推进数字乡村建设的过程中，一定要立足于乡村，坚持农民本位的主体性原则，将数字技术嵌入乡村，对乡村进行数字赋能，只有这样才能真正实现网络化时代乡村社会的内生性发展，破解“梁漱溟之惑”。

参考文献

[1] 陈序经. 陈序经文集. 广州：中山大学出版社，2004.

[2] 陈占江，包智明. “费孝通问题”与中国现代性. 中央民族大学学报（哲学社会科学版），2015 (1).

[3] 杜赞奇. 文化、权力与国家：1900—1942 年的华北农村. 王福明，译. 南京：江苏人民出版社，2008.

[4] 费孝通. 费孝通文集：第 1 卷. 北京：群言出版社，1999.

[5] 费孝通. 费孝通文集：第 5 卷. 北京：群言出版社，1999.

[6] 费孝通. 乡土重建. 长沙：岳麓书社，2011.

[7] 付伟. 城镇化进程中的乡村产业与家庭经营：以 S 市域调研为例. 社会发

① 孙萍. “乡村性”的概念重构：数字时代的淘宝村建构. 社会发展研究，2021 (1)：96-110.

② 吴海琳，周重礼. 微信群对乡村公共空间的重构：以 D 村“行政外生型”网络空间为例. 河北学刊，2020 (4)：178-184.

③ 邵占鹏. 规则与资本的逻辑：淘宝村中农民网店的形塑机制. 西北农林科技大学学报（社会科学版），2017 (4)：74-82.

④ 马丽，张国磊. “互联网＋”乡村治理的耦合、挑战与优化. 电子政务，2020 (12)：31-39.

展研究，2018（1）.

［8］付伟. 中国工业化进程中的家庭经营及其精神动力：以浙江省 H 市潮镇块状产业集群为例. 中国社会科学，2021（4）.

［9］郭占锋，黄民杰. 文化失调、组织再造与乡村建设：从梁漱溟《乡村建设理论》谈起. 中国农业大学学报（社会科学版），2021（1）.

［10］贺雪峰. 论中坚农民. 南京农业大学学报（社会科学版），2015（4）.

［11］贺雪峰. 农村社会结构变迁四十年：1978—2018. 学习与探索，2018（11）.

［12］李永安. 美丽乡村建设须破解“梁漱溟之惑”. 宁夏社会科学，2017（2）.

［13］梁漱溟. 乡村建设理论. 北京：商务印书馆，2015.

［14］刘少杰. 寻求理性建构与传统延续的统一：关于 20 世纪中国农村建设运动经验教训的思考. 江苏社会科学，2008（1）.

［15］刘少杰. 中国市场交易秩序的社会基础：兼评中国社会是陌生社会还是熟悉社会. 社会学评论，2014（2）.

［16］刘少杰. 网络社会的感性化趋势. 天津社会科学，2016（3）.

［17］刘少杰. 中国网络社会的集体表象与空间区隔. 江苏行政学院学报，2018（1）.

［18］刘少杰，林傲耸. 中国乡村建设行动的路径演化与经验总结. 社会发展研究，2021（2）.

［19］马丽，张国磊. “互联网＋”乡村治理的耦合、挑战与优化. 电子政务，2020（12）.

［20］马良灿. 中国乡村社会治理的四次转型. 学习与探索，2014（9）.

［21］邵占鹏. 规则与资本的逻辑：淘宝村中农民网店的形塑机制. 西北农林科技大学学报（社会科学版），2017（4）.

［22］申瑞锋. 乡村改良与乡村建设的技术化困境. 学习与探索，2019（11）.

［23］孙萍. “乡村性”的概念重构. 社会发展研究，2021（1）.

［24］王春光. 乡村建设与全面小康社会的实践逻辑. 中国社会科学，2020（10）.

［25］王景新. 乡村建设的历史类型、现实模式和未来发展. 中国农村观察，2006（3）.

［26］吴海琳，周重礼. 微信群对乡村公共空间的重构：以 D 村“行政外生型”网络空间为例. 河北学刊，2020（4）.

［27］晏阳初. 晏阳初全集：第 1 卷. 天津：天津教育出版社，2013.

［28］晏阳初. 平民教育与乡村建设运动. 北京：商务印书馆，2014.

［29］叶敬忠. 乡村振兴战略：历史延循、总体布局与路径省思. 华南师范大学学报（社会科学版），2018（2）.

［30］郑大华. 民国乡村建设运动. 北京：社会科学文献出版社，2000.

［31］周飞舟. 从汲取型政权到“悬浮型”政权：税费改革对国家与农民关系之影响. 社会学研究，2006（3）.

［32］郑杭生，李迎生. 中国早期社会学中的乡村建设学派. 社会科学战线，2000（3）.

［33］赵旭东. 乡村成为问题与成为问题的中国乡村研究：围绕“晏阳初模式”的知识社会学反思. 中国社会科学，2008（3）.

［34］曾亿武，宋逸香，林夏珍，等. 中国数字乡村建设若干问题刍议. 中国农村经济，2021（4）.

第二章　数字乡村建设中的行动主体激活与培育

引　言

“民族要复兴，乡村必振兴。”新发展阶段，全面推进乡村振兴已成为全党全国各族人民的共识。《中华人民共和国国民经济和社会发展第十四个五年规划和 2035 年远景目标纲要》（以下简称《规划》）明确提出要“坚持农业农村优先发展，全面推进乡村振兴”[①]。近些年伴随着网络化、信息化和数字化在农业农村经济社会发展中的应用，以及由农民现代信息技术的提高而内生的农业农村现代化发展和转型进程，尤其是 2018 年中央一号文件提出“实施数字乡村战略”以来，不论是国家层面的政策倡导，还是各省区市基层地方社会的实践，数字乡村建设在诸多方面取得了一系列积极的进展，农村电子商务、形态各异的淘宝村、数字化乡村治理、数字政府经济等纷纷涌现。从当前来看，数字乡村正在成为提振乡村发展的重要突破口，是乡村振兴的战略方向，也是建设数字中国的重要内容[②]。

那么，如何让数字技术真正下沉到乡村，如何让数字技术深度融合并助力乡村振兴呢？考察现有文献，“数字乡村”一词最先源于政策文件，之后是 2007—2017 年之间围绕实践层面的数字乡村建设分析，2018 年中央一号文件提出“实施数字乡村战略”，数字乡村建设研究与实践逐渐兴起并走向深化。在社会实践层面，云

① 中华人民共和国国民经济和社会发展第十四个五年规划和 2035 年远景目标纲要. (2021－03－13). http://www.gov.cn/xinwen/2021-03/13/content_5592681.htm.

② 中共中央办公厅、国务院办公厅印发《数字乡村发展战略纲要》. (2019－05－16). http://www.gov.cn/zhengce/2019-05/16/content_5392269.htm.

南省2007年在全国率先提出"数字乡村"工程建设，经过10年发展，建立起稳定的"数字乡村"工程信息网络中心和村级基础信息数据库，形成全省协同合作、上下联动的农业农村信息服务平台①；浙江、江苏、河北、山东、湖南、广东等地的数字乡村建设已有诸多的建设模式和经验总结；2020年10月中央网信办等七部委联合印发了《关于公布国家数字乡村试点地区名单的通知》，要求首批国家数字乡村试点地区抓紧组织开展试点工作，数字乡村建设在各地持续推进。在学术研究层面，"数字乡村建设"的主要研究文献见于建筑学、经济学、农学等，学者们更多围绕数字乡村的概念内涵②、推进逻辑③、建设路径④等做整体性研究；或基于某地方性实践进行经验性总结和实践模式探讨，如袁野等对云南农村信息服务模式的总结⑤、吴浜源对江苏"互联网+"现代农业的分析⑥、郑军南等对浙江德清数字乡村建设的经验总结⑦等；亦有研究者对数字乡村建设中所出现的"数字鸿沟"⑧、"数字经济"⑨、"数字文化"⑩、"数字乡村治理"⑪ 等议题开展探索性研究。

通过对"数字乡村建设"的社会实践进展分析与学术研究梳理，发现数字乡村建设作为党和国家为实现乡村全面振兴而做出的重大战略部署，各级政府和基层乡村社会已开展了广泛的实践，并在电子商务、淘宝村建设、数字政府经济和数字化乡村治理等方面取得了积极的进展。但相对而言，围绕数字乡村建设的理论思考却比较薄弱，目前已开展的大部分研究，要么还停留在政策实施的倡导上，要么局限于数字乡村建设的某一领域进行探讨，且大多聚焦于外在数字信息技术在乡村的推广和应用，而对具体推进数字乡村建设行动的基础和路径，尤其是对激发数字乡村建设行动主体即广大乡村干部群众开展数字乡村建设行动的内生动力重视不够，但这恰恰是新发展阶段实施数字乡村建设行动以助推乡村全面振兴的关键。同时，考

① 武亚云. 云南省"数字乡村"工程2017. 云南农业，2017（6）：55.

② 侯志阳. 数字乡村有助推进乡村治理现代化.（2020-05-14）. http://www.cssn.cn/zx/bwyc/202005/t20200514_5128410.shtml.

③ 彭超. 数字乡村战略推进的逻辑. 人民论坛，2019（33）：72-73.

④ 苏红键. 我国数字乡村建设基础、问题与推进思路. 城市，2019（12）：13-22.

⑤ 袁野，曾剑秋，赵鸿运，等. 农村信息化服务模式研究：以云南省"数字乡村"为例. 北京邮电大学学报，2014（1）：73-78.

⑥ 吴浜源. 江苏数字乡村建设的现状·困境及路径探析. 安徽农业科学，2019（24）：259-261.

⑦ 郑军南，徐旭初. 数字技术驱动乡村振兴的推进路径探析：以浙江省德清县五四村为例. 农业农村部管理干部学院学报，2020（2）：15-18.

⑧ 吕普生. 数字乡村与信息赋能. 中国高校社会科学，2020（2）：69-79.

⑨ 赵丽芳，龙海军. 数字经济对乡村振兴的影响研究：基于我国各省市2015—2019年面板数据的分析. 当代农村财经，2021（10）：2-9.

⑩ 李翔，宗祖盼. 数字文化产业：一种乡村经济振兴的产业模式与路径. 深圳大学学报（人文社会科学版），2020（2）：74-81.

⑪ 刘俊祥，曾森. 中国乡村数字治理的智理属性、顶层设计与探索实践. 兰州大学学报，2020（1）：64-71.

虑到我国广大乡村的“非均衡性”发展特质，各地区乡村发展的基础与条件不一，数字乡村建设呈现出较大的区域发展性差异，基于某地某一个案的数字乡村建设实践模式与经验总结，亦未必能够被其他地区的乡村社会所复制或模仿。

因此，本研究在对全国范围不同区域进行调查并开展比较的基础上，从数字乡村建设行动开展的总体性层面上进行行动路径的研究，尤其是从广大乡村干部群众在数字乡村建设行动中的主体地位入手，通过实证的乡村田野调查和深入的理论思考，探寻如何引导并激发乡村干部群众实施数字乡村建设行动的内在动力，改变传统的思想观念和行为方式，学习和掌握数字化技术，积极参与乡村数字化、网络化和智能化的实践，以旺盛的内生动力推进数字乡村发展，在乡村的经济、政治、文化和社会生活的总体实践中，有效实施数字乡村建设行动，最终实现乡村全面振兴的宏伟战略任务。本研究基于课题组 2021 年上半年对全国 6 省 20 个国家数字乡村试点县（市、区）的实地调研，分析调研中通过与相关部门座谈、参访典型乡镇、访谈相关人群等形成的资料，结合研究者围绕数字乡村建设相关的理论思考，尝试对乡村振兴背景下数字乡村建设行动主体的激活与培育问题进行解答，以促成乡村建设行动主体在思维认知和建设行动等方面的数字化转型，以及行动主体在建设过程、建设要素、建设内容的数字化转换，进而实现精准高效的建设目标和乡村数字化的美好生活，增进人民群众安全感、获得感、幸福感。

一、数字乡村建设行动：从脱贫攻坚到乡村振兴

“乡村兴则国家兴，乡村衰则国家衰。”中国是一个传统的农业大国，不论是古代、现代甚或未来，乡村社会都是整个社会的基石。近代以来，中华民族实现国家繁荣富强的历程即是一部乡村建设的实践探索史。帝制时代的“乡绅自治”[①]、民国时期一批知识分子所主导的“文化救乡”[②]、新中国成立后至改革开放前的乡村改造运动[③]、改革开放以来的乡村建设行动[④]，中国的乡村建设行动始终回应着不同形式的“三农”问题，是农业人口大国的“三农”因转型倒逼或走向现代化追求而被迫承受多重代价，以及在传统社会结构与文化价值解体的双重影响下，不同阶层和各种社会积极力量结合起来，尝试在外部环境与资源约束下，寻找非西方中心主义

① 温铁军. 中国农村基本经济制度研究. 北京：中国经济出版社，2000：21.

② 梁漱溟. 乡村建设理论. 上海：上海人民出版社，2011：49.

③ 徐勇. “政党下乡”：现代国家对乡土社会的整合. 学术月刊，2007（8）：13-20.

④ 王景新. 乡村建设的历史类型、现实模式和未来发展. 中国农村观察，2006（3）：46-53，59.

掌控之主流现代化发展可能的持续努力，以及由此而与各种困难和限制互动的过程[①]。展望未来，更为综合、多元和创新的乡村建设，尤其是数字乡村的建设和发展，将是实现城乡统筹发展，达到乡村现代化和可持续发展目标的必经之路。

数字乡村建设是伴随网络化、信息化和数字化在农业农村经济社会发展中的应用，以及农民现代信息技术的提高而内生的农业农村现代化发展和转型过程。20世纪 90 年代随着互联网的兴起，在全球化浪潮的加持下，21 世纪以来的中国社会亦深深地为互联网时代所影响。社会生活的网络化带来了交往、经验和权力的明显变化，并已经引起了广泛而深刻的社会变迁。同时，在互联网技术和互联网行业快速发展的推动下，当代社会的时空扩展在主观与客观、形式与内容等方面都呈现了十分复杂的状态，给社会治理带来了严峻挑战。互联网时代，以数字技术为代表的新一代信息技术的迅猛发展，正在改变着传统乡村旧有的发展轨迹，亦形塑着农民群体新的生产生活实践。

数字乡村作为一种新的乡村社会发展形态，迎合了当今第四次工业革命（利用信息化技术促进产业变革的智能化时代）工业互联网生态系统的持续性拓展，亦可以看作是我国近年来加快数字化发展，推进数字中国建设的乡村实践。尤其是党的十八大以来，伴随着我国全面建成小康社会的新理念新思想新战略新举措，在“打赢脱贫攻坚战”的冲锋号之下，党和国家以重大项目建设支持等举措，做出了一系列战略决策，统筹推进农村网络信息事业发展。按照《中国数字乡村发展报告（2020）》的总结，到 2020 年，我国数字乡村战略进一步落地实施，各地区数字乡村建设发展取得良好成效，具体表现在：一是乡村信息基础设施建设不断完善；二是农业农村大数据建设初见成效；三是农业生产数字化水平不断提高；四是数字乡村经济新业态蓬勃发展；五是乡村治理数字化水平大幅提升；六是乡村信息服务更加完善；七是智慧绿色乡村建设稳步推进；八是乡村科技创新迈上新台阶；九是网络扶贫取得明显成效[②]。上述成就既可以看作是我国近些年来党和国家在农村社会整体性决胜全面小康的集中展现，亦为我国进一步推进乡村社会发展，尤其是为党的十九大所提出的“乡村振兴战略”的持续性推进奠定了坚实基础。

进一步考察数字乡村的发展实践我们亦可以看到，虽然数字化发展是一个新兴事物，数字中国建设的实践亦是从城市的智慧社区到智慧城市进而扩展至乡村社会的；但具体分析近些年数字乡村建设实践，我们亦发现关于数字乡村，不论是党和

---

① 潘家恩，温铁军. 三个“百年”：中国乡村建设的脉络与展开. 开放时代，2016（4）：126-145.

② 《中国数字乡村发展报告（2020 年）》发布.（2020-11-28）. http://www.moa.gov.cn/xw/zwdt/202011/t20201128_6357205.htm.

国家以及地方基层社会的政策倡导，还是具体的各省市县区的现实推进，以及相关的学术性探究，均存在一个微妙的变化，这种变化存在于从脱贫攻坚到乡村振兴的乡村建设实践转化中。“数字乡村”一词最早出现于2007年云南省数字乡村工程建设的相关政策文件中，2007—2017年，云南省率先建立起稳定的“数字乡村”工程信息网络中心和村级基础信息数据库，建成覆盖省市县乡四级共1 494个“数字乡村”网站集群和14万个村级网页，形成全省协同合作、上下联动的农业农村信息服务平台①。2018年中央一号文件提出“实施数字乡村战略”后，全国各地开始大力推进数字乡村建设行动，浙江、广东、江苏、贵州、四川等地先后出台各种建设意见方案，开展了具体的建设行动。

总体来看，处于萌芽发展期的中国数字乡村建设，更多的是以党和国家相关政策倡导、地方政府项目试点建设为主导推进的实践，这种基于国家或地方政府通过财政专项转移支付等项目手段所形成的“项目制”，往往借助外在的国家权威和项目专项资金优势，地方政府通过“树典型”“立标杆”的示范效应，以推进项目实施，实现项目目标②。在我国全面建成小康社会的“脱贫攻坚”实践中，十八大以来的8年期间，中央、省、市、县财政专项扶贫资金累计投入近1.6万亿元，包括扶贫贷款、人力驻村包村投入、东西部协作共建等等，正是全党全国各族人民艰苦卓绝的付出，才有了现行标准下9 899万农村贫困人口全部脱贫，832个贫困县全部摘帽，12.8万个贫困村全部出列，区域性整体贫困得到解决，完成了消除绝对贫困的任务，我国脱贫攻坚战取得全面胜利③。但总结脱贫攻坚成果，我们亦明显看到脱贫攻坚时期的项目制推进存在乡村发展的内生性动力不足的情况，基层工作人员和农民群体中普遍存在“等靠要”的问题。因此，进入乡村振兴时代，如何以数字乡村建设来助推乡村振兴，最为关键和核心的问题是如何激发乡村建设的内生动力，尤其是行动主体的主动性、积极性和学习能力、合作能力等的激活与培育，将成为实施乡村振兴战略的核心内容和关键举措。

二、数字乡村建设行动主体分析：基于四重空间的主体实践

数字乡村建设行动的主体是广大的乡村干部群众，他们不仅是农业生产的管理

① 武亚云. 云南省“数字乡村”工程. 云南农业，2017（6）：55.

② 渠敬东. 项目制：一种新的国家治理体制. 中国社会科学，2012（5）：113－130，207.

③ 习近平. 在全国脱贫攻坚总结表彰大会上的讲话.（2021－02－25）. http://www.gov.cn/xinwen/2021－02/25/content_5588869.htm.

者或劳动者，而且也是数字技术的应用者、网络活动的参与者、信息资源的接受者与利用者，只有充分调动他们的积极性，数字乡村建设行动才能成为现实。然而，对于广大的乡村群众而言，数字技术、网络交往和信息资源等，这些崭新的技术、知识和资源，于他们还是十分陌生的。尤其是那些已经习惯于农业生产的作业方式和时间节奏的乡村居民，对变化多端、转换快速、充满不确定性的数字信息和网络活动会感到格格不入、难以接受，更难以谈得上主动参与。虽然改革开放 40 多年来，乡村的生产生活已经发生了很大变化，其封闭性和保守性已经有很大改观，但同变化更大的城市社会相比，乡村社会仍然在很大程度上延续着传统的风俗习惯和生活方式。因此，基于实证分析当前实施数字乡村建设行动的主体特性，了解广大乡村干部群众如何认知数字化、如何理解和应用数字信息，以及数字信息带给他们的变化和影响等，是激活并培育数字乡村建设行动主体的前提和基础。在此，研究者以“实施数字乡村建设行动研究”课题组近期所调研的 6 省 20 县（市、区）数字乡村建设实践为研究案例，具体分析在实施数字乡村建设行动过程中各类主体，包括个体农民及其家庭、广大乡村干部群体、基层社会各类组织等，在乡村建设的地理空间、社会空间、表象空间和网络空间中的生产生活实践和现实数字化网络信息心理行为呈现，以探究促成数字乡村建设行动主体激活与培育的行动路径与有效举措。

个体农民及其家庭：数字乡村建设行动个体分析

农民是乡村生产生活实践的主体，也是参与乡村建设行动的主力军。同时，不管是传统的乡土社会还是现代的新型乡村，个体农民的活动均是以家庭为主要形态开展的。在广大的乡村社会，“家庭一直被看成道德秩序的基础，还被看成是社会秩序的基本单位。因此，无论纳税、产权的支配、法律和秩序的维护，一直是家庭的责任而不是任何个人的责任”[①]。家庭户既是一种基本的生产单位，又成为一种基本的生活形态，构成了乡村社会基本的实践主体。数字乡村建设首要的行动主体是散布在广大乡村社会的农民及其家庭，农民及其家庭是数字乡村建设的最大受益者，也是数字乡村建设的主体力量。

那么，在数字乡村建设行动中，个体农民及其家庭呈现着一种怎样的主体性状态呢？结合 6 省 20 县（市、区）调研情况，我们的观察是：首先，就自主性而言，基于传统的认知观念、行为方式和生活习惯，普通的个体农民对新兴的信息网络数字化接受相对缓慢，目前依然停留在数字电视、智能手机和互联网冲浪的被动观看

① 莱芒・道逊. 中华帝国的文明. 金星男，译. 上海：上海古籍出版社，1994：163.

娱乐阶段。这种被动的局限于网络的休闲享乐式运用，跟数字技术的乡村应用是大相径庭、背道而驰的，譬如调研村庄大多数村民均有快手、抖音账号，但却对什么是数字化不甚了解。其次，就农民及其家庭对数字化运用的能动性来看，数字网络信息技术催生着新一轮的生产方式革命，通信技术和宽带网络的近乎全覆盖更是助推了乡村社会的数字化建设，电子商务进村与农村电商产品在很多农村地区已成为普遍现象，也成了农民及其家庭增收的新渠道。同时互联网信息技术的运用亦正在悄无声息地改变着乡民们的交往互动方式，每个村民及其家庭几乎都有自己的微信群、QQ群和朋友圈，村庄里的大小事务和原有的属于固定村民圈层的红白喜事等人情往来均在此实现了即时化，在调研村庄中几乎村村都有电商服务站，每个村民至少加入了3个以上的微信群。最后，是农民个体及其家庭在数字乡村建设行动中的创造性，一批观光农业、创意民宿、直播带货网红、农村电商品牌、“互联网＋”特色产业等均可看作是农民个体及其家庭在数字乡村建设行动中的创举。尤其是走红网络的山东曹县，从曾经的贫困、边缘、落后到引发大众的关注，依靠的便是当地民众的互联网思维与行动，通过电子商务进村、淘宝村建设、地方产业转型、县乡能人加持等闯出了一条活力旺盛、效益明显、前途广阔、旧貌换新颜的数字化、网络化的乡村建设之路。

在实施乡村振兴战略的背景下，个体农民及其家庭是乡村建设的主体，也是实现数字乡村建设的主力军。在调研村庄的数字乡村建设实践中我们发现，虽然个体农民对于新兴的信息网络技术和数字化社会在思想观念和行为方式上还处在被动的接纳和观感娱乐阶段，但乡村社会一些新的数字化活动和信息网络行为已经不可避免地进入农民的生产生活实践中，亦改变着村民们原有的风俗习惯和生活方式；同时乡村能人和村落精英在农业生产和乡村日常生活中率先引进并使用信息网络和数字技术，其所带来的便利和收益极大刺激着个体农民及其家庭，促使他们正在逐渐改变着原有的思维方式和行为习惯，这构成数字乡村建设的主体行动的内驱力。

广大乡村干部群体：数字乡村建设行动群体分析

广大的乡村干部群体是乡村社会的带头人，是乡村振兴战略的具体实践者。在目前的乡村振兴战略实践中，乡村干部包括省市县机关企事业单位选派的第一书记和工作队，区县乡镇包村驻村干部、村级“两委”工作人员、乡村能人与村落精英群体等。他们大多有文化、有学历、有见识、有胆识，对新生事物怀抱热情，又有推动乡村振兴发展的任务压力和发展愿景期待。同时，经过多年乡村精准扶贫工作实践，广大的乡村干部用实际行动赢得了村民的信任与支持，能够成为其领头人和代言者。他们构成了数字乡村建设行动群体的“急先锋”和“中流砥柱”。

在此次6省20县（市、区）数字乡村建设试点县区调研中我们看到，广大的乡村干部群体依然延续着精准扶贫期间所形成的驻村帮扶工作模式，加之2020年底新一届“村两委”换届选举所采取的对“村两委”干部队伍知识学历和任职年龄要求（很多地方要求村主任的年龄不超过45周岁），村干部成为乡村振兴建设的带头人和生力军。首先是包村驻村的选派干部和区县乡镇驻村干部。2021年，中共中央办公厅印发了《关于向重点乡村持续选派驻村第一书记和工作队的意见》，明确提出要对脱贫村、异地扶贫搬迁安置村、乡村振兴任务重的村、党组织涣散村继续选派第一书记和工作队，以巩固脱贫攻坚成果、全面推进乡村振兴。在本次对陕甘两省“三区三州”贫困地区数字乡村进行的调研中我们发现，第一书记和工作队通过履行建强村党组织、推进强村富民、提升治理水平、为民办事服务等职责任务，有效开展乡村建设工作，还通过积极引入新兴信息网络技术和数字化经济模式，以助推乡村振兴。其次是村级“两委”工作人员。村“两委”是乡村的直接管理者，是党和政府相关政策在基层落地的具体执行者，数字乡村建设作为中央网信办等7部委在各地大力推进的乡村振兴的发展方向，调研的20县（市、区）所辖村“两委”通过组建农民合作社、发展乡村数字经济、建立村级电商服务站点、引入“雪亮工程”等方式，在乡村逐步推进着数字化建设和网络信息化运用。最后是乡村能人与村落精英群体。调研中我们看到他们率先在农业生产活动中使用信息网络技术，创新乡村流通服务体系，积极发展乡村新业态，通过精准化的农牧业作业、线上线下融合渠道、新型电商品牌建设等举措，既方便了自身又带动着身边的普通村民，助推了数字乡村的建设。

相较于个体农民及其家庭而言，广大的乡村干部群体更能够认知理解新技术革命所带来的变化和收益，也能够更快地吸收落实党和国家相关助推乡村振兴的政策制度。无论是基于现行体制的“工作压力”，还是积极主动地吸纳以数字技术为基础的网络经济、数字化市场所带来的超时空便利和高效市场收益，广大乡村干部群体对数字乡村建设是怀抱着热情和期待的，且对这一新生事物也并不陌生，只是对如何具体建设数字乡村、发挥其积极的新生产要素的作用——真正实现“科学技术是第一生产力”，还存在一定的困惑。

基层社会各类组织：数字乡村建设行动组织分析

乡村振兴是包括产业、人才、文化、生态、组织五个方面的全面振兴，其中组织振兴既是乡村振兴的目标之一，也是其他四个振兴的根本保障。乡村组织振兴主体包括县乡镇党委政府、乡村基层党组织、村民自治组织、新的经济组织、新型社会组织等。《乡村振兴战略规划（2018—2022年）》明确提出要“把夯实基层基础作为固本之策，建立健全党委领导、政府负责、社会协同、公众参与、法治保障的现代乡村社会治理体制”。组织建设构成了数字乡村建设行动的基石。

在已调研的6省20县（市、区）数字乡村建设实践中我们看到，基层社会各类组织向上既承接着党和国家的数字乡村发展战略，向下又关联着基层乡村社会具体的数字乡村建设的落地实践，在此过程中整合了数字乡村建设中的各行动主体。首先是县委县政府的数字乡村建设组织实施。在此次调研的20个国家级数字乡村建设试点县自2020年7月中央网信办等七部门联合印发《关于开展国家数字乡村试点工作的通知》以来，县委县政府即成立了由县委宣传部部长负责、县委网信办连同农业农村局、发改局、工信局、科技局、市场监管局、乡村振兴局等组成的数字乡村建设示范领导小组具体主抓落实，通过前期的县域数字乡村建设情况摸底调查、走访考察先行省份数字乡村建设经验、制定数字乡村建设行动方案、选择典型乡镇村落进行试点建设等工作，各试点县（市、区）正在逐步推进着数字乡村建设。其次是基层乡镇政权组织。调研中各试点县（市、区）基层乡镇党委政府通过乡村信息基础设施建设、农村数字经济培育、农业农村科技创新、乡村网络文化阵地建设、信息化数字平台建设等形式，促使数字乡村建设进一步在基层乡村落地实践。再次是村“两委”组织。村级党组织是党在农村全部工作和战斗力的基础，通过党组织的战斗堡垒作用和党员先锋模范作用的发挥，中央和省市县区及乡镇的数字乡村建设行动才真正得以实现。村民委员会作为村民自我管理、自我教育、自我服务的基层群众性自治组织，是数字乡村建设行动在村落社会实施中的组织者和管理者。最后是村级“两新”组织。各试点县（市、区）所辖村落均建有3～5家农民专业合作社，各合作社通过引入数字信息技术、建立村级电商服务站等形式为乡村民众的生产生活带来了诸多的便利与红利，各类新型农民社会组织亦积极利用数字化技术和信息网络手段，助推着数字乡村的建设实践。

在调研各试点县（市、区）实施数字乡村建设实践中我们看到，基层社会各类组织积极总结脱贫攻坚成果向乡村振兴的衔接转换，各部门各组织主体在横向上整合协调不同力量资源，在纵向上采取上下联动策略，进行整体规划设计，系统集成试点建设，统筹推进数字乡村建设行动。虽然在此过程中，各地区因资源禀赋和基础条件因素，对数字乡村建设的认知理解与实际行动有较大差异，但总体上基层社会各类组织能够有效贯彻落实中央部署，采取各种方式和手段以积极探索并支持数字乡村建设行动实践。

三、数字乡村建设行动主体激活与培育的路径选择

数字乡村是乡村振兴战略发展的方向和建设数字中国的重要内容，在新发展阶段实施乡村振兴战略实践中，要充分发挥网络、数据、技术和知识等新要素的作用，以加快推进农业农村现代化建设，促进农业全面升级、农村全面进步、农民全面发展。考察近代百年中国乡村社会建设实践，不论是晏阳初、梁漱溟等人开展的乡村建设运动，还是新中国成立以来历次的乡村改造实践，乡村建设一直存在“内生动力不足”的问题，其实质就是外力推动乡村建设而遇到农民认识不清、兴趣不大、动力不足的问题。相较于以往的农民教育和政治动员之乡村建设行动，数字乡村建设遇到的“内生动力不足”问题，要比在传统乡村建设运动中遇到的问题更加严重。毕竟，互联网时代的信息化、网络化、数字化和智能化对个体农民及其家庭、广大乡村干部群体和基层社会各类组织而言都是一个全新的事物①。基于课题组对6省20县（市、区）数字乡村建设实践的调研，在具体分析数字乡村建设各行动主体在数字乡村建设的生产生活实践和现实数字化网络信息心理行为呈现之基础上，本研究认为，要激活并培育数字乡村建设的行动主体，需要借助数字化平台和互联网信息技术，充分利用大数据、云计算、人工智能等数字化技术手段，促使乡村建设行动主体在思维认知和建设行动等方面的数字化转型，以及乡村建设过程、要素和内容的数字化转换，进而实现精准高效的乡村建设目标和乡村数字化美好生活。

把握乡村建设主体需求以营造数字乡村建设行动氛围

需求是内驱力的基础，它直接推动着个体或群体的行动展开。新时代，我国社会的主要矛盾已经转化为人民日益增长的美好生活需要和不平衡不充分的发展之间的矛盾，这一方面表征着人民不仅对物质文化生活提出了更高的要求，另一方面亦表征着人们对经济社会发展各领域各层面出现了多样化、更高层次的要求。但现实的情况是我们还存在诸多发展的不平衡问题，诸如区域之间、城乡之间、阶层之间等，发展的不充分则更多表现在民主、法治、公平、正义、安全、环境等方面，体现在其相互关系之间的不充分不协调上。当前我国社会发展的主要矛盾在乡村建设中则表现得更为突出，“城乡二元区隔”“农村区域差异”“农民的等靠要”等问题

① 刘少杰，林傲耸．中国乡村建设行动的路径演化与经验总结．社会发展研究，2021（2）：13-22.

均成为阻碍实施乡村振兴战略的绊脚石。那么，如何实现跨越，破解乡村振兴中的现实难题呢？在互联网时代，以数字技术为代表的新一代信息技术的迅速发展，突破了原有的“中心—边陲”路径和地域空间限制，呈一种多中心垂直扩散式发展形态，能够在瞬间覆盖到世界的任意角落，进而产生即时性的同步共振效应。

同时，在信息网络社会，利用通信技术和互联网电子设备，信息的多样态和网络的复杂连接性形成了一个立体多面的社会结构关系，实现了使用者充分的信息占有和网络共享，促使人们在一个更为公开公正的环境中实现平等的关系互动。因此，把数字化应用于乡村建设过程中，如果能够充分利用其特质优势，则有可能成为解决我国现有城乡发展不平衡、乡村发展不充分问题的新要素和新契机。但实现这一跨越的前提则是在把握乡村建设主体需求的基础上，激活并培育数字乡村建设行动之主体。调研点数字乡村建设实践经验是：首先，要使基层社会的实务实践者联合乡村研究人员，通过乡村摸底调查，了解新发展阶段个体农民及其家庭的生产生活需求、对数字化网络信息的认知理解、对数字乡村建设的期待等基础性问题，明晰数字乡村建设之重点任务与行动路径；其次，要形成省（市）、市（州）、县（区）、乡镇（街道）、村（社区）五级联动，以“数字中国”“智慧城市”“数字乡村”为建设主题，各部门统筹联动、整合各种力量资源，营造全民“数字建设行动”氛围；再次，要积极总结脱贫攻坚与乡村振兴有效衔接转化的成果，充分利用脱贫攻坚战中取得突破性成就的制度政策支持、包村驻村实践、东西部对口协作等工作机制体制，增进乡村振兴内生力激活与发展；最后，要深入挖掘村庄资源，同时积极争取外部资源，在内外力共同作用、传统现代相互融合、技术与社会的相互共生中，推进数字乡村建设。

教育培训乡村干部群众以提升数字乡村建设主体能力

马克思主义认为人民群众是历史的创造者。在《神圣家族》一文中，马克思和恩格斯即认识到“历史的活动和思想就是‘群众’的思想和活动”，“历史活动是群众的活动，随着历史活动的深入，必将是群众队伍的扩大”[①]。人民群众是实现革命的主要力量，任何革命、任何伟大的历史活动，只有代表群众的利益和唤起群众，才能获得成功。当前，全球正处在第四次科技革命的浪潮中，以互联网、大数据、云计算、人工智能等为代表的新一代信息网络技术的广泛应用推动了传统制造模式和组织模式变革，促使全球价值链正在发生重构。面对这一人类社会发展变革的重

① 马克思，恩格斯. 马克思恩格斯文集：第1卷. 北京：人民出版社，2009：286-287.

大节点，我国既面临难得的发展机遇，也面临巨大的挑战。如能顺应第四次科技革命的发展趋势，抓住数字化发展的契机，处于新发展阶段的中国将顺利实现第二个百年奋斗目标，全面建成社会主义现代化强国。

在这一过程中，我们目前的短板和建设的重中之重即为广大的乡村社会，于是“优先发展农业农村，全面推进乡村振兴”成为新发展阶段的国家战略选择。乡村何以振兴？国家战略导向即以数字乡村建设为战略方向，以数字化发展推动农业农村现代化，以数字红利催生乡村发展内生动力。那么，如何利用数字化发展契机，充分发挥数字信息网络技术作用，催生乡村发展内生动力呢？我们的答案便是：关键还是在人，在于乡村社会广大干部群众，只有充分调动他们的自主性、能动性和创造性，才能够从根本上可持续推进乡村振兴发展。调研点数字乡村建设的实践表明：首先是要开展农民数字化应用培训，通过聘请专业农业科技人员、包村驻村干部宣讲、电视影视专题讲座等形式，对广大农民群众进行计算机使用、手机网络信息应用、农业数字化作业、农村电子商务物联网、农副产品科技信息服务平台使用等知识的宣讲培训，使传统农民成为懂数字化且会使用和驾驭数字化的新型农民；其次是要培育数字乡村建设带头人，充分利用诸如甘肃省推行的“村干部能力提升计划”等形式，把广大乡村干部培育成为数字乡村建设行动的带头人，使他们不仅能掌握数字技术与网络信息基础知识，而且还能够促使其把技术和知识直接应用于具体的农业生产实践中，成为有知识、懂技术、善经营、能获利的数字化带头人；最后是要树立数字乡村建设示范榜样村镇，通过典型乡镇数字化建设成效，集成一批数字化农业示范项目，培育一批农村电子商务综合示范，建成一批乡村数字文物资源库，推进典型村落综合服务信息化，通过榜样村镇的典型示范，进一步教育并吸纳扩大数字乡村建设主体。

健全数字乡村组织体系以保障数字乡村建设行动开展

乡村基层组织是主导乡村经济社会发展的基础，是贯彻和落实党和国家新时代对农村的各项方针政策和工作任务的战斗堡垒。只有建立起科学高效的农村基层组织体系，乡村建设才会有坚强的领导力量。乡村基层组织体系包括基层乡镇党委政府组织、村级“两委”组织、村“两新”组织（新型农民专业合作经济组织、新型社会组织），他们共同构成了乡村建设的组织化力量。数字化乡村建设是一种相对较新的发展景象，从最初的城市“智慧社区”建设，到“数字中国”的倡导实践，再到“数字乡村”发展战略的提出，数字化成为突破原有发展困局，促进农业农村经济社会发展转型，实现乡村社会跨越式发展的新技术手段。在此过程中，数字乡村的建设涉及中央与地方、城市与乡村、不同社会领域之间的相互协调，涉及基层政府、市场企业、地方社会、广大村民等多元主体，是一个多领域、多层次、多主体协同发展的系统性工程，重难点领域多，面临矛盾和问题复杂。

因此，如果没有一个坚强的领导核心和系统性组织体系，这一系统性工程很难全方位顺利推进。调研点数字乡村建设试点成效是：

首先，乡镇党委政府组织是党和国家在农村最低一级的行政区划政权组织，负责本辖区的领导和组织工作。在数字乡村建设行动中，乡镇一级党委政府一方面要积极贯彻落实上级党委政府的相关政策意见，另一方面更为重要的是要积极统筹谋划本辖区的数字乡村建设与发展，通过设立重点工程项目、积极引介企业市场参与、树立典型示范乡村、强化乡镇驻村包村干部意识与能力提升等举措，协同整体性推进数字乡镇建设。

其次，农村党组织作为党的肌体的“神经末梢”，是党在农村全部工作和战斗力的基础，村民委员会作为联系村民的自治性组织，是村民实现村级建设与发展的主要实践场。要推进乡村数字化建设，就必须紧紧依靠农村党组织、村民委员会和广大党员群体，充分发挥农村党组织、村民委员会的战斗堡垒作用和党员的先锋模范作用，带领群众大力发展乡村数字经济和智慧农业，推进乡村社会治理信息化和公共服务便民网络化发展。

最后，积极发挥“两新”组织作用。新型农民专业合作经济组织是推进农业现代化、规模化和产业化的有效组织形式，其在保护农民合法性利益，应对市场经济下工商大资本下乡对乡村的侵蚀风险和对农民的剥夺方面作用突出。要推进数字乡村建设，激活并培育乡村发展活力，提高农民的组织化程度，就要充分发挥农民专业合作经济组织的龙头带动作用，推动农业农村的组织化建设。而乡村各类农民自组织，能够将分散的农户及其家庭整合进某一具有特定群体关联的组织体系中，基于数字乡村建设的系统复杂性，更需要不同组织、不同群体力量积极参与，发挥其创造性和群体活力，为数字乡村建设提供智力支持、人力支撑和财力保障。

建构数字乡村共同体以多元协同推进数字乡村建设实践

信息网络时代，数字化、网络化、智能化等新技术具有全球共享性，是人类文明共同的智慧结晶，国与国、地区与地区、不同组织群体通过网络空间实现了你中有我、我中有你的相互紧密性联系。可以说，在“互联网”时代，每一个人都不是一座孤岛，在我们每一次连接网络、畅游互联网的时候，散落在虚拟网络世界中的无数个体，都将与我们发生千丝万缕的联系，并在相互的交往、协作、互惠关系中，生成网络社会资本，进而建构起维系网络精神共同体的关键构件。因此，数字乡村建设行动最有可能突破物理空间和社会空间的区隔，协调具有不同需求和利益取向的各主体，整合各种物质条件和社会资源，在一种开放、平等、互惠、共享的状态下，成为每一个个体、群体和组织都受益无穷的社会实践。

调研点数字乡村建设先行先试给我们的启示是：首先是建构数字乡村共同体，要建构起一种互联网超时空思维。相较于传统的囿于时空限制的流线性思维图式，互联网开启的是一种多元、开放、平等、包容、有机的数字化乡村建设时代，信息的多元流变和交互汇通助推着农业生产的转向和乡村公共社会领域的转型，也形塑着农民个体及其家庭的价值理念、生活方式和行为实践，在此过程中实现了对农业农村社会和农民的差异的包容、个性的尊重、需求的满足、偏好的激励、责任的养成和理性的建构。其次是建构数字乡村共同体，要建构起一个多元协同互动参与的行动主体。按照党的十九届四中全会关于社会治理共同体的建构设计，数字乡村建设亦是在“党委领导、政府负责、民主协商、社会协同、公众参与、法治保障、科技支撑”这一治理体系之下展开具体运作实践，并通过移动互联网、大数据、云计算、物联网、共享经济等方式和手段，实现数字乡村共同体建构。再次是建构数字乡村共同体，需要全社会共同参与维系一个有序有责有效的互联网场景和数字化生活世界，在这一场景和世界中，需要我们通过不断地完善法律法规和相关制度机制建设，确保互联网成为增进农民社会资本、强固其社会性和精神性连接的共同体存在，使网络虚拟公共领域由松散的自组织走向具有公共性价值建构的共同体。最后是数字乡村建设行动核心的导向是“以人民为中心”的共同体建构。这就要求我们要充分了解农民的数字化需求，调动农民乡村数字化建设的积极性和热情，尊重农民乡村数字化建设的创造性实践，促使乡村数字化成果回馈广大的农民群众，真正实现“人人有责、人人尽责、人人共享”的数字乡村共同体建构。

结　语

一百多年前，以晏阳初、梁漱溟等为代表的一批知识分子和爱国民主人士，曾发起了一场以建设和复兴中国乡村社会、解决农民问题为取向，以文化教育和社会改良为内容的轰轰烈烈的乡村建设运动。据统计，20 世纪 20—30 年代全国从事乡村建设工作的团体和机构有 600 多个，先后设立的各种实验点有 1 000 多处，建设内容涉及文字文艺、教育卫生、职业生计、公民道德等诸多方面①。但20—30年代的乡村建设行动还是失败了，究其原因除囿于当时的社会环境和社会改良外，更为关键性的还是在于乡村建设运动与农村和农民的关系问题上，诚如梁漱溟在总结乡村建设运动时所指出的那样“号称乡村运动而乡村不动”，“乡下人不惟不动，甚至因为我们动，反来和他们闹得很不合适，几乎让我们作不下去”②，后世又称之为“梁漱溟之惑”③。

那么，在当前党和国家实施的乡村振兴战略中，如何避免因外源性的理性规划设计而不能融入乡村社会内源性发展需求问题，处理好乡村建设者与建设对象、理性规划的统一模式同乡村差异性存在之间的矛盾呢？数字乡村建设作为乡村振兴的有效手段和发展方向，近年来在国家的强力推进下，各省市县区开始了积极的建设实践，到2020年各地区数字乡村建设取得了良好成效。作为从脱贫攻坚向乡村振兴的乡村建设实践转换之数字乡村建设行动，其在相关政策制度设计、数字信息网络技术普及、基础设施建设、具体实践发展等方面已经具备了一定的条件，目前关键性和核心的问题在于如何通过激活和培育乡村建设的行动主体，以激发乡村建设内生性动力，以数字乡村建设助推乡村振兴实践。本研究在调研6省20县（市、区）数字乡村建设实践的基础上，具体分析了个体农民及其家庭、广大乡村干部群体、基层社会各类组织等在数字乡村建设中的态度意愿、认知理解、行为表现、具体实践等方面的现实状况，提出乡村振兴背景下数字乡村建设行动主体激活与培育的四重路径选择。

但就目前来看，基层乡村社会对数字乡村建设的认知与实践还停留在脱贫攻坚时期的“项目制”等外在发展性要素推动阶段，如何实现从脱贫攻坚向数字乡村自主性建设和内生性增长的转换，急需理论界和实务实践界进行积极的探索和开拓。同时，数字乡村建设是一项系统性工程，涉及多领域、多层次、多主体协同发展，如何通过激活主体、激活要素、激活市场，以实现乡村建设行动的内生性动力，值得研究者进一步思考，这亦构成当前理论研究者和基层乡村社会实践者共同探索的重大议题。

参考文献

[1] 侯志阳. 数字乡村有助推进乡村治理现代化. （2020-05-14）. http://

① 鲁振祥. 三十年代乡村建设运动的初步考察. 政治学研究，1987（4）：37-44.

② 梁漱溟. 乡村建设理论. 上海：上海人民出版社，2011：404.

③ 李永安. 美丽乡村建设须破解“梁漱溟之惑”. 宁夏社会科学，2017（2）：41-48.

www. cssn. cn/zx/bwyc/202005/t20200514_5128410. shtml.

［2］李翔，宗祖盼. 数字文化产业：一种乡村经济振兴的产业模式与路径. 深圳大学学报（人文社会科学版），2020（2）.

［3］李永安. 美丽乡村建设须破解“梁漱溟之惑”. 宁夏社会科学，2017（2）.

［4］梁漱溟. 乡村建设理论. 上海：上海人民出版社，2011.

［5］刘俊祥，曾森. 中国乡村数字治理的智理属性、顶层设计与探索实践. 兰州大学学报，2020（1）.

［6］刘少杰，林傲耸. 中国乡村建设行动的路径演化与经验总结. 社会发展研究，2021（2）.

［7］吕普生. 数字乡村与信息赋能. 中国高校社会科学，2020（2）.

［8］鲁振祥. 三十年代乡村建设运动的初步考察. 政治学研究，1987（4）.

［9］莱芒·道逊. 中华帝国的文明. 金星男，译. 上海：上海古籍出版社，1994.

［10］马克思，恩格斯. 马克思恩格斯文集：第1卷. 北京：人民出版社，2009.

［11］潘家恩，温铁军. 三个“百年”：中国乡村建设的脉络与展开，开放时代，2016（4）.

［12］彭超. 数字乡村战略推进的逻辑. 人民论坛，2019（33）.

［13］渠敬东. 项目制：一种新的国家治理体制. 中国社会科学，2012（5）.

［14］苏红键. 我国数字乡村建设基础、问题与推进思路. 城市，2019（12）.

［15］王景新. 乡村建设的历史类型、现实模式和未来发展. 中国农村观察，2006（3）.

［16］温铁军. 中国农村基本经济制度研究. 北京：中国经济出版社，2000.

［17］吴浜源. 江苏数字乡村建设的现状·困境及路径探析. 安徽农业科学，2019（24）.

［18］武亚云. 云南省“数字乡村”工程. 云南农业，2017（6）.

［19］徐勇. “政党下乡”：现代国家对乡土社会的整合. 学术月刊，2007（8）.

［20］袁野，曾剑秋，赵鸿运，等. 农村信息化服务模式研究：以云南省“数字乡村”为例. 北京邮电大学学报，2014（1）.

［21］赵丽芳，龙海军. 数字经济对乡村振兴的影响研究：基于我国各省市2015—2019年面板数据的分析. 当代农村财经，2021（5）.

［22］郑军南，徐旭初. 数字技术驱动乡村振兴的推进路径探析：以浙江省德清县五四村为例. 农业农村部管理干部学院学报，2020（2）.

第三章　数字乡村建设中的市场行动激活路径研究*

引　言

2020年10月，党的十九届五中全会通过的《中共中央关于制定国民经济和社会发展第十四个五年规划和二〇三五年远景目标的建议》，明确提出了"加快数字化发展"和"实施乡村建设行动"的建议①。虽然在该《建议》中二者是作为独立的单元加以呈现，但早在2019年，"数字化"和"乡村建设"就已以统筹推进的方式被强调。中共中央办公厅、国务院办公厅印发的《数字乡村发展战略纲要》，对我国数字乡村的建设做出重要战略部署，直接指出："数字乡村是伴随网络化、信息化和数字化在农业农村经济社会发展中的应用，以及农民现代信息技能的提高而内生的农业农村现代化发展和转型进程，既是乡村振兴的战略方向，也是建设数字中国的重要内容。"② 由是观之，"数字化发展"和"乡村建设"不仅是政策要求与现实需求的关系，更是乡村社会发展中并驾齐驱的两翼，由此才能让新时代乡村建设插上"数字化"的翅膀，在广袤的乡村世界实现腾飞。

近期国家政策规划部署中对"数字化发展"的着重强调与对"数字乡村"建设的高度重视，源于当今世界数字化程度日益加深的现实环境和乡村振兴的迫切需求。

---

* 本章内容获国家社会科学基金重大项目"实施数字乡村建设行动研究"（21ZDA057）及安徽省高校协同创新项目"乡村振兴背景下农村数字经济发展评价体系研究"（GXXT-2021-044）支持。

① 中共中央关于制定国民经济和社会发展第十四个五年规划和二〇三五年远景目标的建议．(2020-11-03)．http://www.gov.cn/zhengce/2020-11/03/content_5556991.htm.

② 中共中央办公厅 国务院办公厅印发《数字乡村发展战略纲要》．(2019-05-16)．http://www.gov.cn/zhengce/2019-05/16/content_5392269.htm.

随着5G时代的到来，以移动互联网、区块链、云计算、大数据、人工智能等为代表的新一代信息通信技术发展势头强劲，在全球掀起了一场产业革命和技术革命浪潮，深刻影响与改变着世界各国的经济发展方式和人民的生活方式，各行各业及社会生活的各个方面都不同程度地融入了数字化要素，“数字化文明”的光芒尤其要照亮急切需求的乡村社会。数字世界的双重重要性，既在自身，又在其对物质世界的渗透。换言之，我们目前居住于一个日趋为“砖混和鼠标”统治的世界[①]。在这一新环境中，经济发展驱动力也经历着深刻演变。这为在数字世界中推动生产力的飞速发展，促进各国积极融入数字化进程，主动接受数字技术对经济发展方式的洗礼，以数字技术为支持的数字经济成为经济发展的新引擎，提供了重要的动力源，最终将促发各国经济结构的转型升级。数字经济以数字化方式组织经济活动，由此塑造当今世界经济，模糊了个人和商业资产、消费者和生产者、市场和等级制度、临时工和全职工作之间的界限[②]。信息化、数字化、智能化技术的使用赋予数字经济跨越时空障碍的优势，能够缩小各地区因传统经济发展方式的集聚效应导致的不均衡发展的差距。数字经济常被视为迄今为止最优的经济形式，也是解决经济结构扭曲所造成的经济体系缺陷的良方；数字经济比传统经济更具可行性，大多数发展中国家和新兴国家将从中受益[③]。乡村社会作为传统经济发展方式处于劣势的一方，数字经济的渗透或许是广大农村地区改变落后面貌、实现经济与生活等多方面繁荣的良好契机。

然而以数字经济发展为引擎的数字乡村建设面临的首要问题为，数字下乡如何有效激活乡村社会市场的活力？当前国家大力倡导的数字乡村建设的顶层设计日臻成熟，但如何下沉至乡村，并积极发挥有效作用，还需要乡村市场活力激发作为重要驱动因素。这是因为，数字乡村建设是一种内生型的转型发展过程，历史经验表明，唯有乡村本身“想动”，它才能真正卷入其中，发展起来。20世纪20—30年代，在内忧外患的恶劣社会环境之下，一些有志之士试图改变中国农村的落后状况，于是历史上较大规模的乡村建设行动在中国广袤的乡村兴起，典型的例子包括晏阳初的河北定县实验、梁漱溟的山东（邹平）乡村建设研究院、陶行知的晓庄师范学校以及黄炎培等人的探索等。这些仁人志士关注乡村，旨在探索全面改造传统

---

① Ritzer G. The McDonaldization of society into the digital age. Thousand Oaks, California: SAGE Publications, 2019.

② Sundarajan A. Commentary: the twilight of brand and consumerism?: digital trust, cultural meaning, and the quest for connection in the sharing economy. Journal of marketing, 2019, 83 (5): 32-35.

③ Allah M. Digital economy in Egypt: the path to achieve it. International journal of innovation in the digital economy, 2019, 10 (2): 1-27.

农村模式，包括对农村政治、经济和农民素质的现代性改造。然而在自上而下的积极推动中，却出现“文字下乡，乡村不动”的困境。同样，如果不为乡村社会所认同和接受，如今的“数字下乡”可能也会遭遇“乡村不动”的问题。

以往乡村建设实践中的“乡村不动”一是因为乡村主体不想动、不愿动，二是在于缺乏“动”的环境与条件，前者常是因为乡村主体思想意识上的保守，后者则在于“动”的主体与其所身处的环境缺乏使动性的因素。再到时下乡村数字经济建设，在推行数字下乡的过程中，势必需要处理以下几组尖锐矛盾：一是当前乡村经济的数字化水平低下与数字经济崛起之间的矛盾，严重制约着农村经济的发展，进而影响整个农村的经济社会发展水平和物质生活条件的提高；二是乡村村民的市场数字化意识淡薄与数字经济份额不断增加，逐渐成为乡村数字市场发展的巨大张力；三是乡村村民技术水平较低与数字化经济的高技术要求存在显著悖论，成为数字经济在农村市场广泛拓展的能力瓶颈。有效化解这几组矛盾，激活乡村数字经济市场，需要在厘清乡村数字市场构成要素的基础上，结合实地调查经验总结出数字乡村市场激活中的主要障碍，并以此为基础，提供针对性的优化策略，最终为数字乡村建设打开畅通、灵活且具有能动性的市场，实现以乡村数字经济发展为推动引擎的乡村振兴局面，而提供理论借鉴与实践参考。

一、乡村数字市场激活的理论框架

数字经济及相关概念界定

激活乡村数字市场的目的是更好地发展乡村数字经济，从而以乡村经济发展为牵引带动乡村文化、生态、生活等多方面的提升。那么何为数字经济？何为乡村数字市场？又为何要激活乡村的数字市场以发展乡村数字经济？这些问题是此项研究需要回答的基本问题。数字经济（digital economy）是伴随物联网、大数据等新一代信息通信技术在全球经济发展中的广泛应用而产生的新概念，对之尚未形成统一的官方定义。但根据当今数字经济运行现实，可将数字经济定义为一种组织经济关系的新方式，它体现为将数字技术与平台作为必要的元素，融合于经济运行之中，而不是市场运行之数字化手段的简单应用。该经济形态具有三个核心元素：共同体、信任和隐私①。从该界定来看，数字经济具有若干特征。首先，数字经济既保

① Jordan T. The digital economy. Cambridge：Polity Press，2019：39.

留了传统经济所需要的连接性特点，还因其对数字化技术的依赖衍生了比连接性更强的元素，即数字经济各主体处于由信息媒介和通信技术搭建的网络空间中，呈现为“共同体”的形式。其次，基于高科技信息通信技术的数字经济运行环境充满不确定性，交易往来需要双方相互信任及对数字化技术与平台的认同才能得以维持。最后，数字经济运行中的技术性风险不容忽视，需要防止不法分子利用技术漏洞侵犯用户隐私，对隐私的保护也成为该经济形态的核心元素之一。有研究者认为，数字经济就是电子商务，其实不然，电商经济只是数字经济的一种形式，数字经济包含的范围更宽泛，其是指通过数字平台将计算、数字技术和网络空间融入经济运行结构的经济①。诸如网上租房、二手交易平台等共享经济亦为数字经济的重要形式，但无论其演变出多少种形式，都离不开数字经济以使用数字化的知识和信息作为关键生产要素、以现代信息网络作为重要载体、以信息通信技术的有效使用作为效率提升和经济结构优化重要推动力的核心特征②。

数字经济近年来之所以如此兴盛，除了高科技技术的更新迭代为其提供支撑之外，更重要的是，它本身具有如下传统经济形式无可比拟的优势：首先，数字经济所依赖的数字平台与技术使市场运行的“去中介化”成为可能，进而极大地提升了市场效率。以网上租房 APP 为例，在该平台中消费者与供应商可以通过数字化平台直接沟通进行交易行为，而无须房产中介介入，由此不仅节省了供需双方的中介开支，还因快速精准的交易行为极大提高了整个市场的运行效率。其次，数字经济依赖于集体行动与用户共同体，借助共享空间试图将利润获取融合于日常生活之中。以零工经济为例，该经济形态通过将在线员工与招聘公司联系起来的平台所提供的碎片化微任务的形式，让组织或个人通过在线平台访问到愿意执行有偿任务的大量工人③。这使得经济交易与利润获取不必再拘泥于正式的交易场合与时间，由于数字经济将各主体都连接在网络空间中，双方随时随地可以按供需情况开展经济活动，利润的获取也变得愈加碎片化与日常化，经济活动由此变得更为灵活便捷。

乡村数字市场即为数字化技术导引下内生于乡村社会的市场。鉴于上述数字经济的强大优势，数字经济有望成为乡村经济发展方式转型升级、缩小与城市发展鸿沟的重要驱动力，为此，本章致力于立足乡村数字经济建设中的三组矛盾，探索如

---

① Allah M. Digital economy in Egypt：the path to achieve it. International journal of innovation in the digital economy，2019，10（2）：1-27.

② 二十国集团杭州峰会.《G20 数字经济发展与合作倡议》.（2016-09-20）. http://www.g20chn.org/hywj/dncgwj/201609/t20160920_3474.html.

③ Valenduc G，Vendramin P. Work in the digital economy：sorting the old from the new. Working papers，European Trade Union Institute（ETUI），2016.

何有效激活乡村数字市场，为数字乡村建设开拓新的局面。

乡村数字市场激活的理论框架

社会系统动态体系论是卢曼对社会系统展开的别有洞见的理论归纳，其认为系统与环境的关系是一种动态性的关系，社会系统本身也是一种以要素和关系构成的动态体系，并且与周围环境合成复杂性的空间结构[①]。这一理论观点一方面强调要维护系统内部各子要素的协调，从整体性和系统性的视角进行系统内部的结构性调整，使其发挥最大功能；另一方面强调系统与周围环境的开放互动，要在与环境协调一致的基础上增强自身活力。从这一理论视角出发，激活乡村数字市场不是一项单一的封闭式工程，而是一项需要联动多要素的开放性、系统性计划。激活乡村数字市场实质上是激活乡村数字经济生态系统，进而维护这一系统运转、引导这一系统与周边环境形成持续性互动关系，以保持系统活力。

乡村数字市场激活的理论框架如图 3－1 所示：

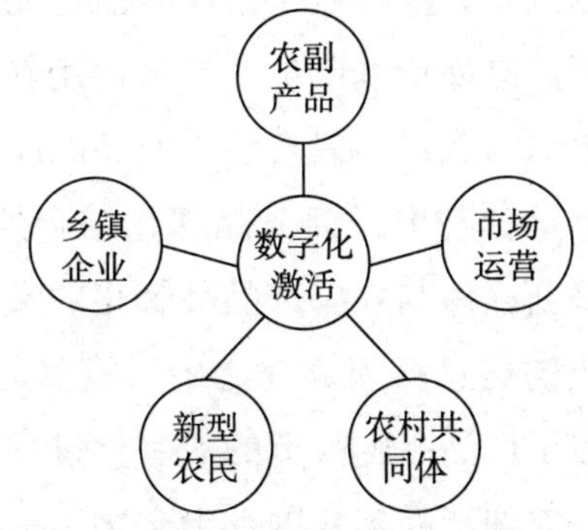

图 3－1　乡村数字市场激活的理论框架

如同传统经济形式涉及诸多主体和要素以及它们之间的互动，数字经济也是一种经济生态系统，但因数字经济将数字技术融入经济运行过程中，经济运行的各主体与要素必然需要经历数字化的阶段，才能充分利用信息通信技术在数字网络空间中实现经济行为的互通往来，并将数字化知识与信息作为经济生产要素继续维持着数字经济生态系统的良好运行。因此，乡村数字市场的激活是一项系统性工程，需要在乡村社会共同体、乡镇企业、个体农民、农副产品、市场运营上统筹推进数字化工程。

① 乔治·克内尔，阿明·纳塞希. 卢曼社会系统理论导引. 鲁显贵，译. 台北：巨流图书公司，1998.

社会共同体（community）的数字化激活

以往乡村建设乡村却不动的很大一部分原因在于乡村资源、要素的分散，乡村各主体未能在乡村建设中树立共同体的意识，动员者也未能找到将乡村各主体、资源、要素整合起来的载体。无论是普通的乡村建设还是如今的数字乡村建设，都需要将建设对象凝聚成一个共同体，激活他们的能动性，才能在建设中取得实效。乡村数字市场的激活需要从乡村社会共同体的数字化激活开始，完善乡村数字经济发展的硬件基础设施建设，畅通乡村社会共同体与外部数字世界的互动渠道，营造数字乡村建设的数字化氛围与环境，在潜移默化的环境熏陶中、在日常行为的数字化便利中唤醒乡村社会共同体的数字化发展意识与思维。

农副产品品牌营造的数字化建设

农副产品是乡村数字经济发展的重要货源，现行农副产品多为当地特色产品，货源分散且质量参差不齐，产品知名度低，行业竞争力弱，未能形成品牌效应和规模效应，极大地降低了市场效率。乡村数字市场激活行动须充分考虑农副产品品牌营造的数字化问题，在保障产品质量基础上，灵活运用新媒体手段打造品牌、运营品牌。品质是农副产品的生命与底线，只有注重产品的品质才能在众多同质性产品中脱颖而出，这也是新媒体运营与电子商务品牌化结合的关键[①]。而如何将品质优良的信息传递给消费者则是新媒体与农副产品品牌化的又一次结合，商家可借助二维码等数字技术将产品品质的信息存入媒介之中，将其与产品一起销往顾客手中，让产品的质量有证可循。除了产品品牌打造的数字化过程，品牌的运营同样可借数字技术开拓多样化的方式。农副产品集我国乡土文化于一身，在品牌运营过程中可充分利用数字化手段将产品的文化意涵嵌入品牌中，同时可选择符合产品特质的代言人依托抖音等自媒体平台进行产品品牌的数字化宣传，以品牌打造、运营、宣传的数字化过程提升农副产品的市场效益。

市场运营的数字化激活

农村电子商务的发展已存续多年，但农村电商始终面临工业品下行容易，农产品上行困难的困境。究其原因，不能忽视农村数字经济薄弱的现状。城市社会以其系统完善的数字经济系统促使工业品流通、下行能够达到畅通无阻；而农村地区尚处于数字经济萌芽阶段，农产品市场运营的数字化程度还不够深，因此激活乡村数字市场需要在农产品的市场运营上投入更多的数字化要素。网络信息技术、大数

① 李秋燕. 新媒体背景下农副产品电子商务品牌化运营研究. 中国商论，2021（10）：42-44.

据、云计算等新型信息通信手段能为农产品在市场探测、产销对接、产品物流配送等市场运营的不同阶段提供高效精准的智能服务。乡村数字市场的激活需要为农产品市场运营提供坚固的数字基础设施，配备专业的数字技术人才和市场营销人才，同时将农产品数字化品牌营造纳入市场运营之中，在乡村经济数字化进程中开拓农产品市场、提升农产品上行效率。

新型个体农民就业创业的数字化激活

乡村数字市场激活离不开“人”的要素，不仅需要从外部注入数字型人才，还需要在乡村社会内部挖掘、培育本土的数字能人。作为乡村社会的主体，农民数字化素养的提升对乡村数字市场的激活至关重要，不仅体现在农民参与乡村电商等数字经济的建设过程中，更体现在农民个体的就业创业上。数字时代的农民不再拘泥于传统的农耕生活，多元化就业甚至自主创业成为新型个体农民的选择，而数字时代也为新型个体农民就业创业拓展了选择的范围。乡村数字经济是一个生态系统，其间的硬件设施建设与维护、软件系统开发与应用都需要大量的人力投入。此外，新型个体农民的就业形式也将逐步趋向于数字化，数字乡村的发展将使零工工作这一新型劳动形式延伸至乡村地区。零工经济可以让组织或个人通过在线平台访问愿意执行有偿任务的大量工人[①]，以实现资源的巨大整合。零工经济下的农民就业将更具包容性和开放性，其能够缓解工人因地域障碍面临的工作困境，从而实现技能供需之间的更好匹配[②]。数字经济下多样化的劳动形式将赋予劳动者更大的就业自由和创业动力，乡村数字能人的示范效应也将成为乡村数字市场激活的重要活力源泉。

乡镇企业平台的数字化激活

核心企业是数字经济生态系统的价值中枢，它们通过组织、协调和数据挖掘等方式充分利用顾客信息和社会资源，设计运行规则，维护系统运转，促进价值生态系统的成长，寻找并拓展价值空间[③]。例如阿里巴巴等中枢企业，作为数字经济生态系统的主要构建者，其在发展过程中又演化出多个子系统，子系统中的各小型企业平台又成为当地数字经济运行的神经中枢。乡镇企业在乡村数字经济发展过程中处于关键性环节，其不仅是数字技术运作的载体，也是吸纳当地村民加入数字经济

① Valenduc G, Vendramin P. Work in the digital economy: sorting the old from the new. Working papers, European Trade Union Institute (ETUI), 2016.

② Shibata S. Gig work and the discourse of autonomy: fictitious freedom in Japan's digital economy. New political economy, 2019 (3): 535-551.

③ 孟方琳，汪遵瑛，赵袁军，等. 数字经济生态系统的运行机理与演化. 宏观经济管理，2020 (2): 50-58.

建设的平台。激活乡镇企业平台的数字化，会产生巨大的辐射效应，使企业平台的运营、产品的产销、人员的配置都趋于数字化，大大拓展数字经济在乡村的发展市场和前景。

二、基于实地研究的乡村数字市场激活模式分析

自移动互联网、大数据等新兴信息通信技术在我国蓬勃发展以来，各地区的数字经济规模不断扩大，广大乡村地区也显示出数字经济迅猛增长的苗头。在这些乡村地区数字经济的萌生阶段，各种推动因素交织汇聚，产生了巨大的力量。尽管在乡村数字经济后期发展过程中不断有新的共性因素加入，如不同模式中存在的示范效应，但从数字经济兴起的本源来说，可以大致划分为以下几种不同的乡村数字市场激活模式。

草根驱动模式

就乡村数字市场的激活来看，山东曹县的例子提供了最具示范效应的内生型数字经济发展模式。曹县依托电商经济使自身从一个区位优势不明显、经济发展水平低的贫困县转变为如今的电商大县。2018 年，曹县电子商务销售额达到了 158 亿元，淘宝村个数达 113 个，成为山东省首批电子商务示范县、全国最大的演出服产业集群、全国第三大淘宝村集群。目前曹县电商及相关产业形成了“3＋1”集聚模式，即三大产业集群和一个跨境电商产业带：表演服产业集群、木制品产业集群、农副产品产业集群以及木制品跨境电商产业带[①]。曹县呈现出“家家忙网销，户户皆淘宝”的数字经济繁荣景象。曹县能有如今活跃的数字市场，得益于内部草根力量的奋起和带动作用，是一种自下而上的自发型数字经济发展模式。当地第一家淘宝店就源于外出打工的本地人接触到互联网和外界的数字经济发展情况，产生以网络平台促进家乡产品销售流通的想法，继而开始了他们回乡创业的致富之路。随着第一批乡村数字能人的成功实践，陆续吸引了更多村民加入，也获得了曹县政府的高度重视与大力扶持，政府部门在基础设施配套、信贷、资金周转、人才引进与培训等多方面提供了辅助性支持。在草根能人的“涟漪效应”和政府的扶植下，村民们的数字化发展思维得以开拓，乡村共同体的数字化发展氛围得以营造。

---

① 郭红东，刘晔虹，龚瑶莹，等. 电商发展与经济欠发达地区乡村振兴：以山东曹县为例. 广西民族大学学报（哲学社会科学版），2019，41（5）：94-95.

中部地区政府主导模式

不同于草根驱动模式中以村民自发的内生型动力为起源，有些地区数字市场的激活是以政府的推动为发力点。政府部门通过招商引资的方式引进数字经济企业落户当地乡村，在税收、信贷、租金等政策上予以优惠，借此吸引村民参与数字企业进行数字化的产品生产和销售，锻炼村民的数字化技能，挖掘乡村内部可供数字化利用的资源，同时形成示范效应，激励更多的村民采取数字化就业创业形式，从而借从外输入的数字化企业的空间辐射效应带动整个乡村共同体的数字化进程。笔者在安徽 7 个县区的调研中发现，项目制的方式在这些政府推动而成的乡村数字市场激活过程中发挥了支柱作用。如安徽省淮南市李郢孜镇的智慧辣椒种植项目，当地政府通过招商引资，引进河南一家公司，利用物联网、互联网、大数据和 5G 技术，将智慧技术运用至辣椒种植与运营中，类似于订单农业的运营形式，但比订单农业更为灵活，收效显著，吸纳了当地多数劳动力，成为该地示范性数字经济发展平台，也带动当地其他农业合作社走上数字化发展之路。

西部地区政府规划模式

与中部地区的政府主导模式相似，政府规划模式同样起源于政策的扶植。但不同的是，政府主导模式中有乡村主体能动性因素的存在，政府只是在起步上做了助推器，而西部地区长期信息闭塞，地理位置偏远，且多民族共居、人口分散，村民数字化意识淡薄，人们生活自给自足，甚至可能怀疑数字化对区域经济发展的必要性：数字化在该地区缺乏内生基础。政府在激活当地数字市场时缺乏着力点，往往只能单方面规划全局，而这样又会导致“乡村建设，乡村却不动”的尴尬局面。近年来甘肃等西部地区省份越来越重视与数字经济中枢企业的战略合作，与腾讯等企业合作推进区域内智慧产业建设，推动互联网与当地经济、社会等多领域的深度融合，并紧跟国家“一带一路”建设步伐，利用政策优势积极部署区域内数字经济发展蓝图。2020 年 5 月，甘肃省发布《甘肃省 5G 建设及应用专项实施方案》，力图通过加快区域内 5G 网络建设，推动工业互联网联合创新，释放区域经济发展活力并提高经济发展质量[①]。然而以甘肃省为代表的政府规划模式未能在辖区内引起连锁反应，只有少数几个省会城市表现出发展势头，其他地区的村民参与度仍较低，究其原因，与政府规划不够“接地气”、视角单一的缺陷不无关联。

① 甘肃四部门联合发布《甘肃省 5G 建设及应用专项实施方案》.（2020-05-20）. http://gansu.gscn.com.cn/system/2020/05/20/012387724.shtml.

发达区域成熟经济加成模式

江浙等东部沿海省份数字化进程的深入得益于区域内发达经济的加成，这些地区的经济发展水平长期处于国内领先水平，经济基础厚实，数字化水到渠成。从全球趋势来看，数字经济发展主要经历了以单机应用为主要特征的数字化阶段和以互联网应用为主要特征的网络化阶段，目前正在进入以大数据驱动为主要特征的智能化阶段[①]。无论处于哪个阶段，江浙等发达区域都以其地理位置和发展基础优势，能够迅速接收数字经济更新迭代的要求，在基础设施建设、政策扶持、软件系统开发、核心技术研发以及人民数字化思维等方面做出能动性回应。

以浙江省为例，早在20世纪90年代，浙江省就注重电子信息产业的发展，认准高、精、尖的发展方向，对数字经济发展做出了较早的战略谋划与部署。而浙江省之所以能在战略部署上就领先国内其他地区是因为其具有区域内本就发达的产业基础作为后盾，同时因地理位置和人才优势得以率先吸收领先技术与资讯，在产业转型升级之际迅速调整，培育出淘宝、阿里巴巴、支付宝等一批数字经济平台——这些企业平台如今也成为全国数字经济的中枢神经。作为全国传统产业发展高地，东部沿海发达省份深化数字技术对传统产业的改造升级，同时加大对科研院所的建设投入，为新兴数字企业平台的建立培育创新人才，同时为中小型企业的数字化转型提供综合性服务，最终走出了一条以发达经济为基础的数字市场激活模式。

企业资本带动下的“借力而为”模式

上述几种数字市场的激活模式带有一定的区位特征，还有一些地区的数字市场开发是以企业资本的情感偏好为机遇借力而生的。如京东在宿迁的投入与运营直接加速了当地数字经济的发展进程。近年来京东在宿迁持续加大投资，将京东的客服中心建在宿迁，又将京东的云计算基地、信息研发处理中心、财务结算中心、物流管理中心等都搬迁至此，又计划在此投资建设京东智慧城、淮海经济区仓储物流中心等数字经济枢纽平台；除了京东自身的投资，其也带动了数字经济生态系统中其他资源、要素的入驻。在京东这个数字经济强企的“智慧技术”赋能下，宿迁以辖区内乡村电子商务的高质量发展为重要抓手实现了从经济发展水平落后的不知名小城到如今“电商名城”的形象转变。据有关报道，2018年宿迁的电商交易额超过1 200亿元，电商从业人员超55万人，在各级知名电商入驻当地国家级电子商务产

① 徐梦周，吕铁. 数字经济的浙江实践：发展历程、模式特征与经验启示. 政策瞭望，2020（2）：49-53.

业园后，宿迁电商产业园电商交易额突破510亿元[①]。宿迁的案例既不是区域内部自发的内生型模式，也不是政治力量的外部干预模式，而是因企业创始人的地缘情结衍生出的一种独特而又典型的“借力而为”模式，在各地区数字化程度和行业竞争日益加剧的今天，熟人网络的情感因素或许能为地区数字市场的激活提供新的思路借鉴。

三、数字乡村建设中市场激活的主要瓶颈

尽管数字乡村建设在各地正紧锣密鼓地展开，很多地区也在实践中形成了数字乡村市场激活的一套典型性模式，但乡村数字市场的激活不是一蹴而就的，已有模式中也存在或多或少的短板亟须填补。主要来看，数字乡村建设中市场激活的瓶颈表现在以下几个方面。

乡村数字市场激活中的主体动力不足

数字乡村建设抑或乡村数字经济发展的首要因素是乡村中人的数字化发展，无论经济、社会等建设采取何种模式，本质还是需要与之相匹配的人去践行各种发展实践。没有具备数字化意识与思维的乡村主体为支撑，不仅内生型数字乡村发展无法产生，就连外部注入式扶持发展都将是无源之水，难以维持系统化成长。就已有的乡村数字市场的激活实践来看，着眼点都放在了招商引资、硬件设施配给、政策规划上，但如何培育相关主体适应逐步构建的数字化发展框架却遭到忽视。一方面，缺少吸引乡村主体自觉加入数字化进程的要素，以及对其数字化素养与技能的培训。乡村地区尤其是广大经济发展落后、地理位置偏远的乡村地区长期存在“信息贫困”问题，不仅表现在信息接收上，更表现在信息使用上。长期以来以经验为核心要素的农业发展模式在一定程度上阻隔了人们对智能化、信息化技术价值的重视，也降低了人们对于将数字技术的价值转换为生产力之必要性的认识。另一方面，缺乏吸引外界数字化人才入驻和本地离土数字化人才回归的空间条件与资源。农村空心化和人口老龄化等不利的空间特征使得乡村数字市场的激活缺乏充足、匹配的主体支撑。

---

① 京东集团宿迁投资超百亿元.（2019－05－20）. http://njrb.njdaily.cn/njrb/html/2019－05/20/content_536491.htm?div=0%EF%BC%89.

系统化发展受限致使发展成效难以维系

当前广大农村地区的数字化发展还处于萌芽阶段，部分经济发达地区的农村虽走在前面，但并未能形成比拟城市地区的数字经济生态系统，其还只是处于城市数字经济生态系统的边界位置，无论是承接发达地区的数字产业转移，抑或是内生出较为单一的电商数字经济形式，都尚未形成系统化的发展格局。这一方面导致各地的数字经济发展趋于同质化，甚至因发展形式的格式化而滋生数字产业结构转型的困难；另一方面乡村数字经济发展未能与当地制度等宏观环境、数据等微观资源进行整合，使得数字乡村建设缺乏内生型的升级动力，往往只成了发达地区数字经济发展模式的模仿者。实地调研中很多地区都正在大力发展电商经济，忽视了本地原有的产业基础和资源调拨能力，使得有些地区的电商发展停滞不前，甚至出现恶性竞争等市场问题。数字经济不单是电商经济，更不是千篇一律的“直播带货”，只有立足当地发展基础和社会资源，以利于当地数字化进程的制度措施为指导，充分开发利用有价值的数据资源实现发展模式创新，构建区域内数字经济生态系统，才能维持住已经取得的发展成效。

“景观化”问题显现

国外也有数字经济发展的“景观化”问题，比如，有学者对英国农村数字经济的研究表明，在广大农村地区的数字化发展程度更加深入之前，提供足够的电信基础设施只是实现后续一系列数字化转变的第一步①。除了基础设施建设外，还有许多变量会影响当地数字经济发展水平，例如公司规模、行业类别，甚至是企业平台中人的想法和态度。然而现实情况却是，大部分乡村都能够建立发展数字经济所必要的通信基础设施，却不能收获同样的发展成果。许多农村地区正在数字化转变的企业也只是在挖掘自身潜力方面采取了最基本的步骤，硬件设施配置跟上了，但软件系统运作还停留在“前数字化阶段”。这些乡村数字经济发展中的“景观化”问题犯了最简单的谬误，即认为完善信息通信技术的配置就可以代替企业、行业、乡村共同体在创新技能和数字化素养上的不足，而后者才是乡村数字化发展至关重要的推动力。数字乡村建设需要基本的硬件设施为基石，也需要成功的经验做示范，但如果不考虑各个地区的差异化条件和需求，千篇一律地配置所谓“必要的”设备、设计“应该”如何发展的套路，那各地乡村的数字市场开拓就会成为事倍功半

---

① Grimes S. The digital economy challenge facing peripheral rural areas. Progress in human geography，2003，27（2）：174－193.

的景观式工程。

数字经济发展的环境营造欠缺

乡村数字市场的激活之所以会出现主体动力不足、系统化发展受限及“景观化”问题，一定程度上是因为数字经济在当地缺乏发展所需要的社会环境基础。一方面，虽然很多乡村地区都已逐步实现“网络户户通”，但偏远地区的乡村通信基础设施建设的难度仍然很大，网速慢、维护成本高等问题使得这些地区在初始阶段就落后于外界的数字化进程。另一方面，在普通乡村地区，数字经济虽然亦步亦趋地进行着，但缺乏城市地区发达的金融、物流、智力、制度体系支持，项目审批管理服务、乡村金融借贷等营商环境要素还比较薄弱。很多乡村的电商平台是由个体农民经营的，他们反映在向银行贷款时经常遇到门槛高、审查严、进度慢、额度低等问题，严重影响了经营规模的扩大和产业的转型升级。缺少必要的营商环境基础，即使受到城市数字经济的反哺，也难以落地生根。

城乡资源要素互通受阻

城乡发展不平衡的矛盾延伸至今，在经济结构向数字化转型升级之际，这种发展不平衡也成为城乡数字鸿沟拉大的历史性原因。Seamus Grimes 指出整个欧洲地区数字经济的参与水平也存在显著差异，城市和农村之间长期存在数字鸿沟，因为发展数字经济所需要的电信服务在供给上表现出一定的空间结构特征，无法给予所有地域空间平等的供应①。城乡数字鸿沟的存在，使得城市资金、技术、人才、信息等资源未能与乡村土地、乡土文化等资源实现很好的互通有无。数字乡村的建设无法离开城市数字经济生态系统单独启动，作为数字化的先行者，城市必定能够在项目投资、智力输送、信息传递等方面给予农村连带作用，乡村同样需要城市这一大的消费市场的繁荣来丰富自身的数字经济发展。城乡在资源要素上的区隔严重影响了乡村数字市场激活的路径通畅。

四、数字乡村市场行动激活的优化策略

乡村数字市场激活实质是乡村数字经济生态系统的激活，已有实践中出现的瓶颈实际是该系统中诸要素自身未能很好地做出数字化的回应，以及要素之间没有在

① Grimes S. The digital economy challenge facing peripheral rural areas. Progress in human geography，2003，27（2）：174－193.

数字化进程中形成协同共进的互动关系。为进一步拓宽已有的乡村数字市场，激活尚未开化的乡村数字市场，需要对系统中的诸要素进行优化。

政府的数字化引领

地方政府在乡村数字化过程中发挥着举足轻重的作用，不仅自发型数字乡村市场激活模式的后续稳固发展需要政府力量的保障，而且很多农村地区的数字化是由政府规划而成的，因此政府在乡村数字市场激活中应处于“总揽全局、协调各方”的引领地位。这就需要政府充分考虑激活数字乡村市场所囊括的各个要素，同时“早谋划、早布局”。首先，政府须以自身的数字化辐射所管辖区数字化，更新治理理念，重视数字技术的价值与数据资源的使用，在充分利用数字技术、分析数据资源的基础上制定政策规划，以总体政策为纲领因地制宜地细化符合本辖区实际情况的政策安排，使得各乡村地区的数字经济发展有科学、针对性的制度体系保障。其次，广泛收集地方数字经济发展过程中遇到的新问题，破解乡村主体参与乡村数字经济发展的瓶颈，为乡村主体在数字化技能培训、金融信贷、资源调动等方面的需求提供有效帮助。然后，聚焦地方特色的淘宝村提质升级与示范打造问题，挖掘本土特色资源，助力当地淘宝村品牌打造与产业链延伸，培育一批实力雄厚的本土数字化企业。最后，政府需要为城乡资源要素互动创造可行的制度环境，完善乡村数字经济的市场运行机制，在数字化人才流动、农产品上行、城市优质项目投资等方面提供开放性的制度安排。

体验式策略激活乡村村民

村民的数字化更多的是一个主动的过程，长期在农业生产实践中形成的经验思维模式决定了广大村民更相信亲身实践。尤其是在接触新鲜事物时，熟人社会中有人亲身做出示范，才能带动其他人的模仿与超越。因此在打开乡村数字市场、激活村民行动的过程中，注重村民亲身参与的体验式激活效率可能更高。无论是对村民进行数字知识与技能的培训，传授他们推广产品和服务以及打造个人品牌的技能，还是吸引村民加入乡村数字企业平台甚至自己进行数字化创业，都需要村民前期在熟人的成功经历中看到数字经济带来的创收与实惠，并在自身尝试中感受到可行性，才会提高接收外部数字化扶持的长久性和融入乡村数字化发展的主动性。首先，各地可以以乡村能人为抓手，培养一批本土数字化能人，以他们的数字化带动其他村民的数字化，形成“以点带面”的连锁反应。其次，发挥本土数字化能人在传递经验中的重要作用，密切数字能人与其他村民的联系，畅通沟通渠道和合作机制，使数字乡村主体间互通有无。最后，乡村数字经济发展需要面向外界广阔的消费市场，可以充分利用离土离乡人士的乡土情感，拓展村民数字化生产的销售市场，提高收益，反向激发村民数字乡村建设动力。

资本市场价值选择的合理性引导

数字经济生态系统中的中枢企业入驻可以直接拉动一个地区的数字化发展，如阿里巴巴、支付宝对浙江数字经济的中流砥柱作用，这也是政府竭力希望通过招商引资拉动区域数字经济发展的原因。然而，资本市场的选择是逐利的，往往政府提出的条件足够优惠，且有一定发展基础和前景的地区才能得到商业资本青睐，而在这方面不具吸引力和竞争力的地区则被抛弃在资本市场的拓展浪潮中，从而形成“强者更强、弱者更弱”的数字乡村格局。资本市场如若一味遵循工具理性，将使数字时代的区域发展鸿沟逐渐拉大，因此乡村数字市场的激活需要资本市场做出正确的价值选择，兼顾利益的追逐和社会责任的承担。如学习京东对宿迁的帮扶，发挥企业的人文关怀和乡土情感，尊重价值理性在企业运作中的作用。

乡村基础设施优化与数字化氛围营造

数字经济的发展以数据为新型生产要素，并将其融合进经济结构的优化升级，而数据的获得离不开硬件数字基础设施配套和软件数字系统的开发与应用。激活乡村数字市场亟须优化乡村基础设施，实现数字化升级，在政务服务、项目审批、普惠金融、市场营销等方面给予农村全方位、优质的智能服务支持，营造一种乡村“事事皆数字化”的生活氛围，在潜移默化中培养村民数字化意识与思维方式。同时以数字技术助力乡村文化产业的数字化，充分利用3D、AI等智能化技术增强消费者的乡村文化体验，并用数字技术挖掘更多的文化创意，实现乡村产业的多元化、创新性发展，刷新外来人士对乡村数字技术落后的刻板印象，也有助于吸引更多商业资本的入驻。

乡镇企业平台的数字化升级

数字乡村市场激活战略必须关注乡镇企业平台这一乡村经济发展的重要主体尤其是在其寻求利用新技术增强自身比较优势面临巨大挑战时。以往经验表明，农村地区要想更紧密地融入外界更加广泛的经济体系，乡镇企业就必须积极参与新技术的使用，才能确保其生存①。在数字化浪潮中乡镇企业唯有自觉进行数字化升级才

① Grimes S. The digital economy challenge facing peripheral rural areas. Progress in human geography, 2003, 27 (2): 174-193.

能继续与外界经济体系进行交易互动，其需要在以下几个方面做出努力：首先，致力于解决农副产品的品牌打造与线上销售问题。当前市场上的乡村农副产品多为民间土特产品，知名度不高，质量参差不齐，甚至出现假冒伪劣等恶性竞争行为，乡镇企业平台要充分利用数字技术研究培育本土特色品牌，结合自媒体直播带货、本地网络名人代言等方式促进产品线上销售，拓展产品知名度，巩固品牌基础。其次，致力于解决农业合作社的数字平台推广问题，推动建立线上农业合作社，利用数字平台的大数据收集、处理、分析能力帮助农业合作社创新合作形式、疏通合作路径、破解合作瓶颈、提高合作效率。最后，致力于解决绿色农业发展中的数字化升级问题，利用人工智能、大数据、区块链等技术识别病虫害、极端天气等不利生产条件，促进绿色产品保质生长，为品牌化发展奠定基础；同时搭建农业信息平台，充分利用农业大数据信息规划当地的农业发展，夯实数字乡村的农业产业根基。

结　语

数字时代已然到来且进程日趋深入，在这样的时代背景下，乡村要想提高自身地域竞争力，只有积极融入数字化浪潮，享受数字化文明带来的红利。数字乡村的建设只能是内生的过程，尽管可以依靠外部资本市场的优待和政治力量的帮扶，但如若乡村自身不动，再优越的前提条件也会付诸东流。因此激活乡村市场主体的内生动力是首要举措，同时需要基层政府的政治驱动，应将数字乡村建设的政策安排下沉到村一级，动员广大乡村干部与群众积极参与数字乡村的建设行动。在动员过程中可以依据受教育程度、家庭社会资本、职业类型等特征对不同乡村主体参与数字乡村实践的条件和潜在需求进行摸底，分类设计差异化的数字化培育方案，着力激活不同主体参与数字乡村实践的积极性、主动性和能动性[①]。同样地，数字乡村建设也是因地制宜施策的过程，本章实地调查总结的模式只是其中较为代表性的经验，不同地区有其独特的历史背景、发展基础、人文环境、自然地理资源等要素，必将形成独特的数字市场激活模式和数字乡村建设模式，也就需要因类施策的差异化安排。在这些多样性的发展模式中，仍须把握稳定秩序与激发活力有机结合的共性要求，警惕数字技术中蕴含的技术性风险和大型电商经济垄断的风险，避免电商

① 苏岚岚，彭艳玲. 数字乡村建设视域下农民实践参与度评估及驱动因素研究. 华中农业大学学报（社会科学版），2021（5）：168-179.

巨头在进入门槛、价格歧视和技术改进上垄断信息、滥用支配权力①。数字技术是把双刃剑，如何最大限度地扬长避短是激活乡村数字市场后，深化数字乡村建设亟须思考的新命题。

参考文献

[1] 二十国集团数字经济发展与合作倡议.（2016-09-20). http://www.g20chn.org/hywj/dncgwj/201609/t20160920_3474.html.

[2] 甘肃省5G建设及应用专项实施方案.（2020-05-20). http://gansu.gscn.com.cn/system/2020/05/20/012387724.shtml.

[3] 郭红东，刘晔虹，龚瑶莹，等. 电商发展与经济欠发达地区乡村振兴：以山东曹县为例. 广西民族大学学报（哲学社会科学版），2019，41（5).

[4] 京东集团宿迁投资超百亿元.（2019-05-20). http://njrb.njdaily.cn/njrb/html/2019-05/20/content_536491.htm?div=0%EF%BC%89.

[5] 李秋燕. 新媒体背景下农副产品电子商务品牌化运营研究. 中国商论，2021（10).

[6] 孟方琳，汪遵瑛，赵袁军，等. 数字经济生态系统的运行机理与演化. 宏观经济管理，2020（2).

[7] 乔治·克内尔，阿明·纳塞希. 卢曼社会系统理论导引. 鲁显贵，译，台北：巨流图书公司，1998.

[8] 苏岚岚，彭艳玲. 数字乡村建设视域下农民实践参与度评估及驱动因素研究. 华中农业大学学报（社会科学版），2021（5).

[9] 徐梦周，吕铁. 数字经济的浙江实践：发展历程、模式特征与经验启示. 政策瞭望，2020（2).

[10] 中华人民共和国中央人民政府. 数字乡村发展战略纲要.（2019-05-16). http://www.gov.cn/zhengce/2019-05/16/content_5392269.htm.

[11] 中华人民共和国中央人民政府. 中共中央关于制定国民经济和社会发展第十四个五年规划和二〇三五年远景目标的建议.（2020-11-03). http://www.gov.cn/zhengce/2020-11/03/content_5556991.htm.

① Nuccio M, Guerzoni M. Big data: hell or heaven? Digital platforms and market power in the data-driven economy. Competition and change, 2019 (3): 312-328.

[12] Allah Mohamed. Digital economy in egypt：the path to achieve it. International journal of innovation in the digital economy，2019，10（2）.

[13] Grimes S. The digital economy challenge facing peripheral rural areas. Progress in human geography，2003，27（2）.

[14] Jordan T. The digital economy. Cambridge：Polity Press，2020.

[15] Nuccio M，Guerzoni M. Big data：hell or heaven? Digital platforms and market power in the data-driven economy. Competition and change，2018（3）.

[16] Ritzer G. The McDonaldization of society into the digital age. Thousand Oaks，California：SAGE Publications，2019.

[17] Shibata S. Gig work and the discourse of autonomy：fictitious freedom in Japan's digital economy. New political economy，2019（3）.

[18] Sundararajan A. Commentary：the twilight of brand and consumerism?：digital trust，cultural meaning，and the quest for connection in the sharing Economy. Journal of marketing，2019，83（5）.

[19] Valenduc G. Vendramin P. Work in the digital economy：sorting the old from the new. Working papers，European Trade Union Institute（ETUI），2016.

第四章 谁是数字乡村的建设者：从平台经济与农业经营方式谈起

引 言

《数字乡村发展战略纲要》对“数字乡村”做出如下界定：伴随网络化、信息化和数字化在农业农村经济社会发展中的应用，以及农民现代信息技能的提高而内生的农业农村现代化发展和转型进程，既是乡村振兴的战略方向，也是建设数字中国的重要内容①。《纲要》提及两个重点任务：发展农村数字经济与激发乡村振兴内生动力。在实地调研中我们发现，激活主体、激活要素、激活市场，是农村实体经济与数字经济融合的基础，同样有利于培育适应整体经济发展、社会转型、国家建设的乡村内生动力。

数字乡村建设是国家为推动乡村振兴提出的新发展战略，发起伊始属于政府行为，但随着其在广大农村地区的逐步展开，企业、社会组织、个体农民等在数字乡村建设中的存在感则越来越强。国家早已在城镇化、信息化、网络化的进程中为数字乡村建设奠定了一定的基础，而数字乡村建设则在国家发展和社会转型的新情境下重新整合了以往促进乡村发展与振兴的力量，放眼未来且赋予过往改革与当下战略新的时代价值和意义。

数字乡村建设得以开展和拓宽依赖科技、企业、群众等多方力量在具体经济社会场域内的汇聚和运动，国家和政府并不能，也没有必要包揽一切，这一方面是因为人力、财力、物力有限，另一方面数字乡村建设的动力、过程、成果的可持续性

① 中共中央办公厅 国务院办公厅印发《数字乡村发展战略纲要》.（2019-05-16）. http://www.gov.cn/zhengce/2019-05/16/content_5392269.htm.

要求建设者和受益者要保持一致，否则很容易变成“建设者疲于奔命，受益者坐享其成”——一旦建设者停止推动，则一切努力前功尽弃、难以为继。

数字乡村建设的地方实践高度依赖政府、企业、农村群众等三大主体的协同配合。政府从整体规划、制度改革、政策制定上为乡村建设的数字化转型破除相应障碍，提供良好环境；企业在资本扩张中兼顾推动乡村建设的社会责任；农村群众则是转变思维方式，结合自身情况接纳数字化带来的生产、生活上的变化。不过，各类主体内部存在一定的层级、实力差异，政府有中央与地方的差别，地方又有省市县乡村的差异；各企业之间存在资金规模、行业规律上的差异；农村群众内部也存在着性别、年龄、流动与留守、受教育水平等方面的差异。因此数字乡村建设表现出区域性差异、资本化扩展、群体性分异等特征，因地制宜、因人而异、因势利导是稳步推进数字乡村建设的重要原则。

一、数字乡村建设的大背景与小环境

数字乡村建设具有一定程度的集成性特征，是对城镇化、信息化、网络化社会发展的一种继承、总结和升级，同时又具有一定的超前性特征，是国家为应对未来跌宕起伏的数字经济大潮做的基础性准备，它不仅在改变着人们的生产生活方式，而且也在从科技新发展、经济新转向的角度出发改变着人们生存与发展的世界观。

大背景：从城乡社会走向网络社会

费孝通在《乡土中国》的“乡土本色”一节中开篇即言：从基层上看去，中国社会是乡土性的。自此，乡土中国成为中国社会学界观察乡村社会的主流视角，依托于费孝通提出的“差序格局”“双轨政治”等概念，学者们深入到田间地头，以底层视角审视着社会的整体性变革。社会学界徐勇对村民自治的研究，贺雪峰对新乡土中国方方面面的研究，于建嵘、吴毅、应星等众多本土学者对乡村社会政治的跟踪研究，都在从中国社会基层的乡土性出发不断更新我们对中国社会变革的总体性认知。乡土性一直是大家讨论乡村社会的一个主基调，其背后蕴含着城乡二元结构的社会现实状况；不过随着城乡关系从对立走向融合，从融合走向一体化，越来越多的人从城市发展的角度看待乡村，出现了“城市中国”“城乡中国”的提法，对城市扩张和快速城市化等现象做出了概括和分析。

以上对乡村社会的看法还都处于城市与乡村的文明分野框架内，当下乡村社会其实已经发生了一种继城市化之后新的翻天覆地的转变——网络化。

进入21世纪之后，社会信息化、网络化水平快速提升，我国快速步入网络社会。当下我国又提出了“数字中国”的发展理念，“数字化”跳出了技术研讨、学术研究的范畴，成为社会大众普遍谈论的话题，同时也成为我们当下看待乡村社会的一个新视角。从信息社会、网络社会、数字化转型及其智能化应用等方面观察乡村社会的新变化，并不排斥城乡文明分野下积累的对乡村社会的分析和认识，只是更强调对数字鸿沟等社会数字化现象的审视，关注人工智能、数字孪生等新鲜事物对乡村人口、经济和社会的影响，从网络社会演变的维度观照城乡社会的发展，适时推动农村社会转型。从全球竞争、国家发展、技术革新等总体视野和思维框架出发，数字乡村建设，一方面是为了保证农村发展在原有基础上迈入新领域，从而不至于在某些方面拖国家的后腿，另一方面也为农民能较好地抓住时代变革的良机，适应新变化，为自身拓宽生存与发展的新空间。

网络社会之于城乡社会，不是一种完全的继替关系，而是一种补充，不过却昭示着一种社会整体结构中新板块的成形及其与老板块组合、互嵌和共同演变的新局面。从时间秩序上看，城乡社会在网络社会之前，在空间认同上网络社会也建基于人们对城乡社会的深度认知，城乡二元社会结构可以看作是数字乡村建设的前提和基础，城乡社会关系从二元对立走向融合，进而呈现出一体化趋势，这为乡村步入网络社会创造了良好的条件。

第七次全国人口普查数据显示，2020年我国常住人口城镇化率达到63.89%，比2010年提高了14.21个百分点，与前一个10年相比提高13.46个百分点，常住人口城镇化率在近10年间提升速度有所加快①。

改革开放以来，我国流动人口规模持续增长：根据历年人口普查数据，流动人口规模从1982年的675万增长到2015年的2.47亿人。第七次全国人口普查数据显示，2020年流动人口规模近3.8亿人，比2010年大幅增加1.5亿人，与上一个10年流动人口增长1亿人相比，我国流动人口增长速度加快②。

在城镇化率提高和流动人口增加的同时，这两个方面还表现出一些特点：一是流向城镇的流动人口比重仍在提高。2020年，流向城镇的流动人口为3.31亿人，占整个流动人口的比重达到88.12%，比2010年提高了3.85个百分点。其中从乡村流向城镇的人口为2.49亿人，较2010年增加1.06亿人。这10年间增加了1亿人。二是流向城镇化率较高地区的流动人口比重仍比较高。东部地区吸纳跨省流动

①② 国家统计局. 我国人口发展呈现新特点与新趋势.（2021-05-13）. http://www.stats.gov.cn/tjsj/sjjd/202105/t20210513_1817394.html.

人口 9 181 万人，占比达到 73.54%，中部地区吸纳 955 万人，占比是 7.65%。西部地区吸纳 1 880 万人，占比 15.06%，东北地区吸纳 468 万人，占比 3.75%①。

城镇化率节节攀升，人口流动规模持续增长，在乡村社会表现为 20 世纪 90 年代打工经济的兴起，第一代农民工、新生代农民工在地域流动、行业流动上的规模化和代际差异，乡村社会普遍形成了以代际分工为基础的半工半耕生计模式，还有当下农民的市民化趋势，农民进城买房潮一波接一波，诸多连带现象数不胜数。城乡社会一体化程度的不断提升，极大地改变了农民在职业流动、家庭教育、生活消费等方面的选择与品位，农民家庭再生产与阶层流动的压力也随之增加，因而他们需要寻找更多的增收渠道。

随着城乡社会关系的改变，乡村居民的社会认同已经极大地突出了传统农业社会和村庄社会关系的重围，在获得更多自由选择权的同时也被纳入了更大更多元的结构化空间，技术革新创造出的网络社会是其中的主流。网络社会的发展依赖计算机技术、互联网技术、信息通信技术、数字技术等技术家族的进化，同时把技术的进化与人的社会适应和心智进化结合起来，在人与社会的关系框架内实验、定性、定型。凯文·凯利在其《必然》一书中总结了新兴技术孕育而生的 12 种相互关联的动能和力量：形成（becoming）、知化（cognifying）、流动（flowing）、屏读（screening）、使用（accessing）、共享（sharing）、过滤（filtering）、重混（remixing）、互动（interacting）、追踪（tracking）、提问（questioning）、开始（beginning）。当下我们的日常生活已经充斥着这 12 项动能，其背后是源源不断爆发的技术革新浪潮，它们提供的生命新体验将越来越多的人吸纳进一个统一的社会系统中，这个系统可以叫作网络社会，但却并不止步于网络社会这一认知层面和结构形态，就在我们看这本书的时候，很多新奇的事物还在不断涌现。

虽然资本、技术的高门槛只允许少部分人成为网络社会的精英，而实力较弱的人很容易沦为“陪太子读书”的人，但是，相对于地理与社会界限分明的城乡社会，网络社会在某种程度上表现为一种“扁平的世界”，允许每个人参与其中，谋求发展，即便是“陪太子读书”的人也在“伴读”的过程中提升了适应新型社会结构的能力。著名网络社会研究学者曼纽尔·卡斯特在其“信息社会三部曲”中以一种信息主义的思维方式把网络社会界定为一种流动空间，资本、信息、技术、人口等都处于各种“流”之中。所谓的流动，就是在社会的经济、政治与象征结构中，

① 国家统计局. 第七次全国人口普查主要数据结果新闻发布会答记者问.（2021－05－11）. http://www.stats.gov.cn/ztjc/zdtjgz/zgrkpc/dqcrkpc/ggl/202105/t20210519_1817702.html.

社会行动者所占有的物理上的分离的位置之间那些有所企图的、重复的、可程式化的交换与互动序列。流动爆发出的社会革新动力在网络社会中表现得淋漓尽致。迈向信息时代的过程，其实就是一个围绕着信息流动与象征操弄而组织的社会结构，要想在网络社会中谋得一席之地，就必须建立对信息时代各类意义系统的合法性认同，对不适宜个人和组织发展的认同加以分解、改造，这既是一种社会认同，同时也在导向一种新的自我认同。

社会学家阿兰・图海纳曾提到一种社会结构的变化：从一种金字塔式的等级结构变为一场马拉松，个人生存状况从“同一结构中的不同等级”转向“跟不上队就会被甩到社会结构之外”。不努力就会被淘汰，这在社会结构形态转变的过程中表现尤其显著。城乡社会是社会发展中长期积累并得到反复论证的社会认知框架，网络社会则是我国近 20 年来快速崛起且在当下仍具有超强活力的社会结构形态，它对大众的心智模式产生了相对独立、自成系统的影响，是社会发展活力的新源泉。5 亿多乡村人口是网络社会发展的巨大宝藏，反过来如此规模的乡村人口也需要在网络社会中找到实现自身价值的路径和舞台。

小环境：乡村居民的数字化生存

“数字化生存”是尼葛洛庞帝在其《数字化生存》一书中提出的一个经验概括，起初并不是一个严谨的学术概念，但为人们了解信息时代、网络社会，探索当下我们正经历的数字化、智能化社会现象提供了一个很好的思考方向。尼葛洛庞帝曾说，要了解“数字化生存”的价值和影响，最好的办法就是思考“比特”和“原子”的差异。原子直接指向物质实体，比特则属于数字信息，因为信息是对物质实体的反映，所以一定意义上脱离了实体的自然约束，拥有较强可塑性和自主变化的空间，对比特进行编辑和组织，可以生产出具有一定倾向性的信息，进而影响信息接收者的社会行为。

有部电影叫《楚门的世界》，主人公楚门自小生活在一座叫桃源岛的小城，却不知小城实际上是一座巨大的摄影棚，楚门似乎过着与常人完全相同的生活，但却不知每一秒钟都有上千部摄像机在对着他，记录他的每个表情、每个动作，每时每刻全世界都在注视着他。数字化生存之于个人而言有类似的内涵和意义，结合社会学家米歇尔・福柯对规训社会、全景敞视主义的空间性解读，我们对数字化生存的理解已经超过了对数字技术的器物性、功能性的认识，在数字技术应用于一切可以改变人与社会关系的方面时，数字化生存富有了更多的层次和深度。

概而言之，从个人与技术的互动关系看，数字化生存可以区分为四个经验层次：

（1）数字技术产品的使用。数字技术产品带来生产生活上的便利，同时对个人行动的时间与空间秩序的安排形成新的总体性约束和方向上的诱导；

（2）个人的数字化或比特化。数字世界中依据对个人各类属性的数字化素描勾勒出一个数字化的你，它与物理世界中的你形成一一对应的映射关系，而且会随着你与数字技术互动的深度而变得更加像你；

（3）私人数据的价值化与产业化。对私人生活与行为网络进行密集的数字化编织，海量数据被当作一个不断更新、扩大的富矿，数字化产业正是开发这个富矿的方式，数据成为经济发展新的核心生产要素，这是从宏观层面对个人数字化或比特化的一种加工处理。

（4）数字化的社会规训与实时监控。这是从国家政治与社会治理方面对个人数字化或比特化的一种系统性整合，使利用技术对具体到个人层面细微到分秒和价值观念的方面进行干预成为可能。

四个经验层面，层层深入，人人都在经历一种"数字化解剖"，正如尼葛洛庞帝所言：在数字化生存的情况下，我就是"我"，不是人口统计学中的一个"子集"。数字化生存是从细枝末节中潜移默化地刷新着个人的三观，我们在玩网络游戏时经常会察觉到，每一个网络游戏都意图为玩家设定一个世界观系统，把消费群体吸引并限制在一定的思维框架内。

数字化生存的逻辑及其展开依托数字技术的更新迭代，在数字资本化的过程中快速渗透到生活的方方面面，身处网络社会中的乡村居民也概莫能外，从乡村网民的数量规模、生活网络化的尺度、价值世界所嵌入的社会情境等方面可见一斑。

据中国互联网络信息中心（CNNIC）统计数据，截至2021年6月，我国网民规模为10.11亿，较2020年12月新增网民2 175万，互联网普及率达71.6%，较2020年12月提升1.2个百分点。我国城镇网民规模为7.14亿，占网民整体的70.6%，城镇地区互联网普及率为78.3%；农村网民规模为2.97亿，占网民整体的29.4%，农村地区互联网普及率为59.2%，较2020年12月提升3.3个百分点。城乡地区互联网普及率差距降低4.8个百分点[①]。

网络社会是一体的，数字化生存也跨越了城乡之别。近些年来国家致力于缩小城乡数字鸿沟，信息通信基础设施覆盖面得到极大扩展，只要不是与世隔绝的村

① 中国互联网络信息中心. 第48次《中国互联网络发展状况统计报告》.（2021-09-15）. http://www.cnnic.net.cn/hlwfzyj/hlwxzbg/.

庄，我们可以在村里搜索到很多 Wi-Fi 信号。乡村居民早已身处信息爆炸与网络互联的新社会情境中，不分男女老幼，越来越多乡村居民具备了通过互联网获取信息的能力，在网上消费、娱乐已经不再是什么新鲜事物，有心者还可以利用网络学习文化知识、提升专业技能，用于增加个人收入，线上活动已经成为广大乡村居民生活不可分割的一部分。

数字化生存是当下个人社会化的一大趋势，婴儿一出生就接触到了智能手机、iPad、各类软件系统等数字化产品。如果说现在的中老年人是网络社会的“移民”，“80 后”、“90 后”是网络社会的“原住民”，那么在 21 世纪出生的人们则带有网络社会的基因，他们对网络社会中的数字化、智能化、元宇宙等新鲜事物具有天然的亲切感，不存在“数字贫困”的烦恼。

据相关报告显示：城乡未成年人互联网普及率基本拉平，两类群体网络应用存在差别。2020 年，城镇未成年人互联网普及率达到 95.0%，农村为 94.7%，两者差距从 2018 年的 5.4 个百分点下降至 2019 年的 3.6 个百分点，2020 年下降至 0.3 个百分点，目前已基本一致。随着移动互联网向农村持续渗透，农村未成年网民通过手机上网的比例达到 92.7%，比城镇高 0.7 个百分点。在应用方面，城镇未成年网民使用搜索引擎、社交网站、新闻、购物等社会属性较强的应用比例均高于农村 6.0 个百分点以上，而农村未成年网民使用短视频、动画或漫画等休闲娱乐的比例高于城镇①。

不过，从知识思维、文化水平、技术习得等方面来看，乡村居民与城市居民仍然存在相当大的差距，而且乡村内部不同年龄群体也存在一定的差异性。这两年数字技术和数字产品供应商越来越重视产品的适老化设计，毕竟技术的更新速度之快难以想象，而人终归会老去，在适应技术打造的新世界时难免会出现力不从心的情况。

当代社会，一个人可以没听过“数字化生存”，可以不了解它的内涵、外延等学术概念，但不能不适应数字化生存，因为在信息化、网络化、数字化、智能化等一波接一波的浪潮下，网络社会早已把每个人都卷入了数字化生存的旋涡。数字技术让计算机算法、机器学习、人工智能等新创造不断进化，个人和群体在人机互动、网络互联中也不得不加快自身智能、心理、技能等方面的提升，这依赖于人的技术属性、制度属性、文化属性等三大属性的重塑。原本乡村居民的生活世界主要受到血缘、地缘、业缘、姻亲等多元关系互动的结构化，现在网络社会、数字技术则把

① 中国互联网络信息中心.《2020 年全国未成年人互联网使用情况研究报告》在京发布.（2021-07-20）. http://www.cnnic.net.cn/hlwfzyj/hlwxzbg/qsnbg/202107/t20210720_71505.htm.

他们拉入了“数缘”关系网络，这种关系网络可由计算机技术、互联网技术、信息通信技术、数字化技术等技术家族加以排布、有效调控，在其中数字世界借由技术手段对现实世界进行仿真模拟，以数字孪生等形式反向干预现实世界的演变进程。

技术既以器物、制度的形态方便了人们的生产生活，自然在人机互动、人际互动过程中孕育出相匹配的文化，熏染着乡村居民的价值世界。数字化产品的可塑性极强，表现形式五花八门，可以迎合人们的多样化需求，往往能使人们依恋、沉浸其中。但是还有另一面，人们在使用网络、数字产品的同时，其日常行为与生活偏好也逐渐受到全息化的技术监控，数字化内容的生产、推送在智能算法的操控下能够更精确地迎合个人偏好——网民们经常说要“逃离大数据”，其实就是在谋求自身在数字化生存中的个性自由和本体性安全感。个人使用数字技术产品的范围越广、时间越长，其能够接纳的技术进化和渗透的尺度就越大。最初我们用电脑办公，现在的数字网络已经对个人的行为方式形成了一种反制，它们之于个人，已经不再仅仅是最初的媒介，而是成了塑造个人新的“类本质”不可回避的要素，人人都变成了阿尔文·托夫勒在《第三次浪潮》中所说的产消者，其消费的过程本身就成了产品生产的一个环节。

网络社会集虚拟性与现实性于一体，个体要在数字化生存中谋得生机，就需要能够在虚拟中洞察现实，在现实中整合资源为己所用。当代每个人都从数字化过程中获得了新的社会身份即数字身份，个人的比特化催生了一种新的社会整合系统，个人的真实身份信息被转变为数字代码，生产生活的方方面面、细枝末节逐渐受制于数字代码制作的各类便民技术产品，人们的社会认同、身份认同、自我认同都受到数字化、网络化的引导和约束。

二、平台经济与农村生活的连接

中国信通院在《中国数字经济发展白皮书（2021）》中把数字经济界定为，以数字化的知识和信息作为关键生产要素，以数字技术为核心驱动力量，以现代信息网络为重要载体，通过数字技术与实体经济深度融合，不断提高经济社会的数字化、网络化、智能化水平，加速重构经济发展与治理模式的新型经济形态[①]。中国信通院在近几年的研究中不断完善数字经济的分析框架，提出了集“产业数字化、数字产业化、数字化治理、数据价值化”于一体的数字经济“四化”框架，对于解

① 中国信通院.《中国数字经济发展白皮书（2021）》.（2021-04-23）. http://www.caict.ac.cn/kxyj/qwfb/bps/202104/t20210423_374626.htm.

析数字经济范畴内的各类经济与社会现象具有总体性的参考价值。

平台经济是以互联网等现代信息技术为基础，基于平台向多边主体提供差异化服务，整合多主体资源和关系，从而创造价值，使多主体利益最大化的一种新型经济。我国平台经济保持快速发展态势，截至 2020 年底，我国价值超 10 亿美元的数字平台企业达 197 家，比 2015 年新增了 133 家，以平均每年新增超 26 家的速度快速扩张①。

从市场属性出发，有学者把平台经济的特征归纳为层次性、零成本复制性、协作共赢、交叉网络外部性、快速成长性等。有学者则从资本角度分析，认为在平台经济的资本积累过程中，最为核心的是占有数据并形成数据商品，数据商品是一种基于数据资源，用于交换的劳动产品。从数据利用方式看，平台经济以数据为核心生产要素，运用大数据网络技术来克服传统经济中的信息约束、认知约束，以此来整合、挖掘各类型、各层次的资源，全面提高资源配置效率。无论是追溯技术支持的源头还是资本生成的机制，平台经济无疑是数字经济的一部分，是一种新的经济发展模式。

掌控生活的数字平台

单从“平台”这个词的内涵来看，乡镇的地方性市场就是一种平台，乡村居民在乡镇集市上购买大部分的生活用品，有多余的农副产品也都到周期性集市上售卖，因此乡民的生活与这些固定的集市和周期性的集市紧密相连，城市生产的各类产品也都通过这些集市流向了乡村，乡村区域内的社会关系也在这类市场活动的展开过程中得到延展，变得更复杂。著名社会学家施坚雅在其作品《中国农村的市场和社会结构》一书中构建了一种分析社会结构的市场体系理论，即是概括了这种跨越地理空间而形成的不同层级的经济活动平台。

平台本质上是市场的具象化，可以表现为地域上的具体空间场所，如集市、超市、商场等；在信息时代、网络社会中则表现为一种网络平台，如京东、苏宁、抖音、淘宝、拼多多等。虽然平台都是在制造双边市场，但是地理空间和网络空间的差异造就了两类平台经济迥然不同的运作机制，商场、集市等平台运行的侧重点还在于商品的流通和营销，而京东、抖音等平台则把侧重点放在了对消费者群体中每一独立个人的产品营销和思维诱导。

有学者认为，可以对平台本质进行三方面界定：其一，平台是一种利用数字技

---

① 中国信通院.《平台经济与竞争政策观察（2021）》.（2021-05-28）. http://www.caict.ac.cn/kxyj/qwfb/ztbg/202105/t20210528_378126.htm?continueFlag=07e6f46829dc4ed115d1642310b57283.

术构建起来的数字化基础设施；其二，它是一种虚拟市场，为互联网用户提供互动的场所；其三，平台能够获取、提供一系列生产资料，比如数据、数字知识和信息等，使不同主体能够构建、出售自己的产品和服务。结合人们对各大平台的使用体验，可以发现，平台经济是一种流量经济，一种注意力经济，一种有深度的体验经济，一种围绕用户和市场的数据搜集、加工再利用的经济。它通过把数字产业从业者、数字产品使用者等纳入大数据生产加工利用的数字劳动系统中，提供日常生活消费、娱乐等各类数字产品，“羊毛出在羊身上”是数字产业的服务市场不断扩大的一大奥秘。

平台经济的数字化发展，使得信息技术在平台中的应用从信息中介的角色转变为信息平台的角色，因此经济活动中的数据都在这里集结并做出数学化的、结构化的、价值化的加工处理。中国信通院的李强治博士总结了互联网平台经济的主要模式，将其区分为媒体平台、交易平台、分享平台等三大类型[①]，因此平台经济的另一面是把商品流通作为媒介对网民日常生活的平台化、商业化，对其经济行为数据的价值化。个人和地方被纳入网络互联的空间中，受到数据驱动力的约制，在网络中基于内容的资源配置过程也是平台发挥社会经济属性功能的过程，这个过程背后暗含了此类信息内容平台的逻辑机制。有学者认为，认知计算和数据智能生成了一种解析社会，这是升级版“控制革命2.0”，各类算法在经济活动中日益显现出一种算法权力，这是一种普遍存在于社会运作和个人生活的“泛在”的权力关系，表现为对人或主体无处不在的行为引导和可能实施的操纵。

越来越多人的生活离不开数字平台，这与数字平台的几大关键属性和生存机制密切相关：

（1）数字平台是连接商品供给双方的市场空间，在实体经济与数字经济的对接与融合中扮演了中介的角色。就电子商务而言，自产生以来衍生了B2C、B2B、C2C、O2O等商业模式，把个人、组织的生产生活、线上线下的活动空间连为一体——通过一部智能手机，你几乎可以购买任何你需要的商品与服务。

（2）数字平台依托计算机、互联网、数字通信等各类技术打破了时空限制。这给予了平台用户随时随地、随心所欲使用信息服务的享受，相对于原来刻板的时空安排，人们拥有了前所未有的时空体验和生命体验。

（3）数字平台渗透到了个人生活的方方面面，计算机算法、机器学习、人工智能等技术的应用者通过数字代码对个人行为和思想的细枝末节进行深度素描，反过

① 中国信通院．互联网平台经济的主要模式及其演进．（2016－04－28）．http://www.caict.ac.cn/kxyj/caictgd/201804/t20180428_159296.htm.

来诱导个人，对个人的生活形成一定程度的掌控能力和动态化、系统性的控制。平台经济的发展让越来越多的企业如美团、抖音、京东等掌握了海量的用户数据，很多企业成立了专门的科研团队如阿里研究院、腾讯研究院，它们可以挖掘这些数据背后客观的个人情况，对用户的网络行为、价值偏好等情况做出统计学判断，对个人生活做出有理有据的“数字化深描”。每个人都拥有了一个数字形象，网民也普遍意识到自己的网络行为很大概率逃不过大数据的监测。

平台经济里的农村生活

随着平台经济的资本扩张，农民中网民比例的增加，农民生活早已不是“关起门来就可以过日子”的境况了，农业生产、农村建设、农民生活都需要和村庄社会外的各类社会系统展开物质、能量、信息等方面的流动与交换。

在平台经济中，农村电商是发展较早的一种平台形式，它从生计、生活、消费等方面实现了农民与网络文明的对接，把农业劳动与数字平台挂钩，农产品通过网络在更广的空间范围内实现了大流动，农民跳出了地方小社会圈子，体验到了跨时空连接的生活。

农业农村部管理干部学院、阿里研究院 2021 年发布的研究报告称，截至 2020 年 6 月，中国淘宝村数量达 5 425 个，较 2019 年增加 1 115 个，分布于 28 个省（区、市），淘宝镇 1 756 个，这些淘宝村、淘宝镇年销售额超过 1 万亿元，带动就业机会 828 万个[①]。

农村电商平台在更大规模的社会网络中、更广的时空范围内促成农产品上行与工业品下行，在商品流通方面增加了新的可操作性杠杆，如算法推送、电商直播、网红带货、粉丝经济等。

商务大数据监测显示，2020 年全国农村网络零售额达 1.79 万亿元，同比增长 8.9%。其中，农村实物网络零售额达 1.63 万亿元，占全国农村网络零售额的 90.93%，同比增长 10.05%。2020 年全国农产品网络零售额达 4 158.9 亿元，同比增长 26.2%[②]。

2019 年，淘宝直播已积累 4 亿用户，全年 GMV 突破 2 000 亿元，其中双 11 当

---

① 阿里研究院：2021 阿里农产品电商报告.（2021-07-28）. https://www.sohu.com/a/480083877_483389.

② 商务部电子商务和信息化司.《中国电子商务报告（2020）》.（2021-09-15）. http://dzsws.mofcom.gov.cn/article/ztxx/ndbg/202109/20210903199156.shtml.

天直播GMV突破200亿元，177位主播年度GMV破亿[①]。

被纳入平台经济大数据与算法系统的不只是围绕商品生产、流通、消费等方面的主体行为与社会现象，还包括网络用户和社会主体的行为偏好、思想动态和价值观念，后者不仅仅是通过分析人们的经济行为可以有所发现，还得益于数字化产品如APP、短视频等透露出来的不同生活面向和细腻情感。

《2020快手三农生态报告》显示，截至2020年12月，快手上“三农”兴趣用户已超过2亿。其中，相关短视频日均播放量6.5亿，每日5 500万人次观看直播；短视频日均消费时长500万小时，短视频日均直播观看时长超过220万小时；短视频每日超过1 200万点赞，直播日均1.4亿次点赞[②]。

2021年6月22日，抖音发布首份“三农”数据报告。2020年，抖音农村视频总获赞量129亿，农村视频创作者收入同比增长15倍。抖音“三农”创作者中，返乡创业青年占比54%，城市白领返乡创业比例最高，其次为农民工[③]。报告从“三农”创作者的省份县域来源、创作内容等多角度解析抖音“三农”内容生态。数据显示，抖音最受欢迎的“三农”视频内容前三名分别是农村生活、农村美食、“三农”电商。养殖技术、赶海、种植技术、农村手艺人、农业机械、“三农”资讯、“三农”学者分列第4至10位[④]。

数字平台不只是在经济领域大有作为，在数字乡村建设中，数字产业的各大资本企业也把数字平台、数字产品与社会治理关联起来，成为数字乡村建设中专业数字产品如政务APP、电商扶贫网站等等的供应商。

腾讯推出了“腾讯为村”APP，把它定位成一个用移动互联网发现乡村价值的开放平台，以“互联网+乡村”的模式，为乡村连接信息、连接财富、连接情感。腾讯为村助力每个村庄打造云端上的党群服务中心、村民手机里的精神家园和属于咱村自己的互联网名片[⑤]。

在“为村”调研报告中，北京大学邱泽奇教授的科研团队对“数字化乡村”的

---

① 阿里研究院：2020淘宝直播新经济报告.（2020-04-01）. http://finance.sina.com.cn/stock/relnews/hk/2020-04-01/doc-iimxyqwa4391616.shtml.

② 《2020快手三农生态报告》发布：“每两位农业创作者就有一位在快手获得收入”.（2021-01-20）. http://www.rmzxb.com.cn/c/2021-01-20/2765461.shtml.

③ 抖音发布首份三农数据报告 农村视频创作者收入同比增长15倍.（2021-06-23）. https://it.gmw.cn/2021-06/23/content_34942582.htm.

④ 抖音发布首份三农数据报告，农村生活和美食内容最受欢迎.（2021-06-24）. https://finance.ifeng.com/c/87L3FekYLbB.

⑤ 腾讯为村. https://weicun.qq.com/.

概念做了高度提炼，分析出其中的两重意涵：一是“连通”，二是“计算”。“为村”平台正是从“连通”和“计算”这两个方向切入，从党务、村务、事务、商务这四个领域着手，助力基层社会治理①。

数字平台在实物商品流通和信息流动方面大有作为，而且很多数字产品——特别是网络游戏、短视频等偏娱乐化的产品——逐渐瞄向了人们的精神生活和思维世界，在信息轰炸和反复灌输的策略下改变人们的观念倾向。“重复就是力量”，这样就把数字产品消费者的生活圈子限制在网络社会的关系空间中，在虚拟中获得一种仿真体验，从而反作用于人们对现实世界的认知和判断。

平台经济的繁荣得益于“放手发动网民”，依赖网红经济、直播带货、粉丝经济等层出不穷的经济新业态，立足实体经济，变换数字形态，迎合社会需求，传播生活价值，丰富表现形式。农村生产生活、地方社会治理、人民多样化需求都在平台经济助力下取得了巨大改变，全民直播、短视频等为网民的社会表达和自我展示提供了更大的发挥空间，资本企业利用技术搭建各类平台引导网民成为数据要素的生产者和数字产品的消费者。

数字平台对社会建设的干预机制依赖网络流量的生产、分配和利用方式，曼纽尔·卡斯特的“网络社会”概念强调一种网络化关联逻辑及其社会建构作用。有学者基于这一概念，结合网络空间中的流量现象，提炼出一种“流量社会”的结构形态，其中流量逻辑的生成与信息流动、符号消费密不可分，而在接下来的发展中还会出现新的派生逻辑。总体而言，从农民到网民的身份变化，从小村庄到大网络的空间变革，使农村生活再也离不开数字平台，而且借由这些平台获得了新生。

三、农业经营方式的变化

数字乡村建设属于乡村振兴的战略方向，是对乡村发展内生动力的新一轮激活，而内生动力的源泉归根结底是对人民群众的动员，是对根源于群众力量的各类行动主体的激活，虽然经济市场和生产要素的激活可以通过利益整合调动主体的积极性，调整主体行动的方向和策略，但是社会建设的落地扎根和持续发展最终依赖行动主体的社会改造和自我认同。

实体经济与数字经济的融合是数字乡村建设的关键任务之一，而融合需要合宜

---

① 北大报告：腾讯“为村”是目前覆盖性最好的数字乡村平台.（2019－10－20）. https://new.qq.com/omn/20191020/20191020A0I1V500.html.

的行动主体对内整合实体经济的生产要素和生产关系，对外承接数字经济的新形态、新业态，经济融合及其中包含的价值观念、思维方式等方面的融通都需要在主体的实践过程中转化为实际有效的社会生产力。

农业经营立足于劳动力与土地资源的组合配置，人多地少是我国的基本国情。改革开放以来，农村仍然是小农经济为主，在家庭联产承包责任制下土地归村集体所有，实行家户经营。但是随着农业的土地人均产出率在精耕细作下达到极限，劳动的边际报酬递减，农业经营内卷化明显，随着打工经济等非正规经济成为普遍现象，农业经营形成了著名学者黄宗智教授所称的“制度化了的半工半耕过密型农业”。为了防止和减少因人口外流、人口老龄化带来的土地撂荒，优化配置农村的土地与劳动力资源，国家展开农村土地产权制度改革，在经过三权分置、土地确权等政策实践之后，从制度和法律上赋予了个体农户自由决定土地流转的权利。另外，国家鼓励发展村庄集体经济，农民合作社遍地开花，虽然这个过程出现了许多空有其表的合作社组织，但毕竟还是保留下了一些实体化的集体经济。当下广大农村普遍形成了以种养大户、农业合作、家庭农场、农业产业化龙头企业以及近几年以县域为基本单元的农业产业化联合体等各类新型农业经营主体。

第三次全国农业普查结果显示，2016年末，全国规模农业经营户398万户；农业经营单位204万个，农业经营单位数量较10年前增长417.4%。农业经营单位数量增加的主要原因是农民合作社数量大幅度增加。2016年末，全国以农业生产经营或服务为主的农民合作社数量达91万个，占农业经营单位的44.6%①。

国家着力培育各类新型农业生产经营主体和服务主体，农民合作社、家庭农场、龙头企业等数量快速增加，规模日益扩大。2018年农业产业化龙头企业8.7万家，在工商部门登记注册的农民合作社217万个，家庭农场60万个。新型职业农民队伍不断壮大，农民工、大中专毕业生、退役军人、科技人员等返乡下乡人员加入新型职业农民队伍。截至2018年底，各类返乡下乡创新创业人员累计达780万人②。

除了土地资源的配置，农业经营方式的变化与人口流动密切相关，青壮年劳动力大量外流导致乡村社会的空心化和农村家庭的空巢化，农业经营规模化已经成为社会共识。另外，我国已经进入老龄化社会，2020年，我国60岁及以上人口占全

---

① 国家统计局．国家统计局高级统计师黄秉信解读第三次全国农业普查主要数据公报（第二号）．(2017-12-15)．http://www.stats.gov.cn/tjsj/sjjd/201712/t20171215_1563554.html.

② 国家统计局．农村经济持续发展 乡村振兴迈出大步：新中国成立70周年经济社会发展成就系列报告之十三．(2019-08-07)．http://www.stats.gov.cn/ztjc/zthd/sjtjr/d10j/70cj/201909/t20190906_1696322.html.

国人口的比重为18.7%，65岁及以上人口的比重为13.5%，分别比第六次全国人口普查结果上升了5.44和4.63个百分点[①]。农村社会老龄化较之城市更为严重，从全国看，乡村60岁、65岁及以上老人的比重分别为23.81%、17.72%，比城镇分别高出7.99、6.61个百分点[②]。土地流转普遍化，土地细碎化等妨碍农业集中连片、规模化耕作的问题得到解决，老人农业可以借助机械化条件的改善顺利开展，保证农民家庭的温饱和家庭再生产，这一定程度上满足了国家粮食生产的需求，但从中获得的收入尚不足以帮助农民轻松应对当下教育、医疗等方面带来的高消费压力。出于家庭增收和阶层流动的动力，农户普遍选择了半工半耕的生计策略，个体农民的非农化程度也随着他们流向城市、流向其他产业而得到提升。

农业生产要素的流动与重新配置，导致越来越多的小农不再直接从事农业生产劳动，土地逐渐集中在新型农业经营主体身上，农业也不再是小农的专属就业领域，农业的机械化、技术化、产业化已经使农业生产经营具有了工业化型式，智慧农业和农村电商的出现则进一步把数字经济的发展思维带入了农业经营领域。“互联网＋农业”的发展方式借助数字平台把小农户与大市场连接起来，数字经济对人们日常生活的强渗透性为新型农业经营主体的农业生产、农村旅游等经济活动开拓了新空间，小农户的生计资本、新型农业经营主体的经营资本也都逐渐互联网化。

农业经营方式的革新，一是取决于经营主体的变化，二是受制于经济社会的总体转型。新型农业经营主体的经营规模化程度高、产业化程度深，生产要素在不同产业之间流动为农业生产资本化创造了条件，这对农业经营的资本化运作、产业化运营提出了更高的要求。数字经济中的资本扩张到农业领域，一方面有利于加快农产品流通速度、缩短农业生产经营周期，提高资本的社会化程度，增强其与金融资本、数字资本等其他类型资本的流通与转换程度；另一方面把农业、农村、农民全部纳入了数字经济系统，这无疑对国民经济发展是一次空间拓展和深潜，有助于社会转型发展的总体性平衡。对于数字乡村建设而言，农业经营方式的革新不仅仅意味着农业经营主体的变化，因为，从农业生产经营的社会关系结构看，围绕新型农业经营主体和数字资本产业进入农业领域，普通小农户与国家、与村集体、与市场资本在土地产权、权力结构、利益分配等方面都发生了关系变更，其中新型农业经营主体是一个桥梁，是农业整个经营方式转变的关节所在，对下直接与村民、村集

① 国家统计局. 国家统计局新闻发言人就2021年5月份国民经济运行情况答记者问.（2021-06-16）. http://www.stats.gov.cn/tjsj/sjjd/202106/t20210616_1818488.html.

② 国家统计局. 第七次全国人口普查主要数据结果新闻发布会答记者问.（2021-05-11）. http://www.stats.gov.cn/ztjc/zdtjgz/zgrkpc/dqcrkpc/ggl/202105/t20210519_1817702.html.

体打交道，对上则直接与大资本、大产业对话。

结　语

一面讲平台经济，一面又讲农业经营方式，看似风马牛不相及，但是它们在数字乡村建设的具体实践和乡村数字化的客观变化中联系起来了。平台经济是当下农产品营销的新渠道，是农民生活的新舞台，农村变迁的新势力。农业是农村当下的主导产业，5亿多农民与农村、农业有解不开的联系。围绕农业经营，农民、新型农业经营主体、数字经济的彼此关联性日益增强。

现在回到本章主题，谁是数字乡村的建设者？

首先，我们有必要区分一下两个范畴，一个是“乡村数字化”，另一个是“数字乡村建设”。乡村数字化，与城市化、市场化、现代化这类概念的界定类似，强调社会的客观演变，对它的认识和理解需要充分考虑到科学技术、社会制度、文化观念、社会关系等各类系统内部、系统之间的结构性关联，反映的是那些“看不见却有实效”的社会力量。数字乡村建设则突出主体的推进策略与行动方式，是对乡村数字化过程的操作化，其中既有国家行为，也有资本行为、农民行为等，每一类行动主体都有自己的立场观点、方式方法，他们之间相互影响，因此最终得到的结果未必就是他们期望的结果。

其次，这个主题的发问并不是为了要寻求、确定出一个人、一个群体或一类组织作为数字乡村的建设者，而是要思考数字乡村建设的主体性，这在社会结构层面表现为社会共识、价值认同，在社会行动层面表现为不同行动者之间的一种趋同行为。

总之，数字乡村建设不单是国家和政府行为，还需要调动企业、农民群众等社会力量参与进来。从农业经营主体上做文章，推动农业实体经济与平台经济等数字产业的对接、融合，在推广数字技术、完善基础设施的同时，注意观察农业经营主体变化带来的农业、农村、农民与数字社会、数字经济的结构性关系变化。从主体的行动意志和社会关系层面保障数字乡村建设对基层社会发展需求的有效回应，承接、转化来自社会总体转型、经济总体发展的新资源、新空间。

参考文献

[1] 段伟文. 人工智能与解析社会的来临. 科学与社会，2019，9 (1).

[2] 段伟文. 数据智能的算法权力及其边界校勘. 探索与争鸣，2018（10）.

[3] 费孝通. 乡土中国（修订版）. 上海：上海人民出版社，2013.

[4] 黄宗智. 制度化了的“半工半耕”过密型农业（下）. 读书，2006（3）.

[5] 刘威. 王碧晨. 流量社会：一种新的社会结构形态. 浙江社会科学，2021（8）.

[6] 曼纽尔・卡斯特. 认同的力量. 夏铸九，黄丽玲，等译. 北京：社会科学文献出版社，2003.

[7] 曼纽尔・卡斯特. 网络社会的崛起. 夏铸九，王志弘，等译. 北京：社会科学文献出版社，2001.

[8] 尼古拉・尼葛洛庞帝. 数字化生存. 胡泳，范海燕，译. 海口：海南出版社，1997.

[9] 曲佳宝. 数据商品与平台经济中的资本积累. 财经科学，2020（9）.

[10] 孙立平. 我们在开始面对一个断裂的社会？. 战略与管理，2002（2）.

[11] 王璐，李晨阳. 平台经济生产过程的政治经济学分析. 经济学家，2021（6）.

[12] 叶秀敏. 平台经济的特点分析. 河北师范大学学报（哲学社会科学版）. 2016，39（2）.

[13] 张虹. 论平台内容的社会经济属性及逻辑机制. 全球传媒学刊，2021，8（4）.

第五章 数字赋能的乡村农业实践：以寿光蔬菜产业数字化为例

引 言

党的十九大提出实施乡村振兴战略，加快推进农业农村现代化，这一宏观政策方针的提出意味着乡村振兴将是新时代“三农”发展的基本战略，农业农村现代化将成为新时代农业和农村发展的方向。2019 年中共中央办公厅、国务院办公厅印发的《数字乡村发展战略纲要》也提出要加快推进农业农村现代化，构建乡村数字治理新体系，弥合城乡“数字鸿沟”，培育信息时代新产业、新农民。而乡村振兴的关键在于解决乡村的“连通性”和乡村发展的“能力”问题，“数字技术赋能”则很好地实现了两者的结合。因此，为了更好地落实乡村振兴战略，必须大力推进数字乡村建设，让数字技术为乡村赋能，增强乡村可持续发展能力。要达成这一目标，离不开数字技术在农业农村的推广与应用，而寿光市作为我国蔬菜主产地之一更是肩负重任。

山东省寿光市地处山东省中北部，紧邻渤海，全市面积 2 072 平方千米，下辖 5 个街道、9 个镇，另设有 1 个园区①。寿光市有悠久的蔬菜种植历史，西红柿、西芹、韭菜等早在清代就已成为当地的重要农产品。在长期的蔬菜种植实践中，当地居民逐渐积累大量蔬菜种植经验。1989 年，为克服冬季气温低，蔬菜不易生长的难题，三元朱村在党支部书记王乐义的带领下，建造多个冬暖式大棚并投入使用，成功在冬季生产出反季节蔬菜②。此举解决了北方冬季蔬菜供应品种单一、数量紧

① 国家统计局.（2022－03－07）. http://www.stats.gov.cn/sj/tjbz/tjyqhdmhcxhfdm/2022/37/07/370783.html.

② 王伯祥：“让百姓富起来是我的责任”.（2019－04－16）. http://news.cnr.cn/native/gd/20190416/t20190416_524579108.shtml.

缺的难题，成为中国农业种植历史上一次重大的进步。此后，在当地政府的大力推广下，寿光一跃成为北方深冬新鲜蔬菜的重要种植基地，并获得“中国蔬菜之乡”称号，成为全国人民的“菜篮子”。本章基于对寿光蔬菜产业的初步调研[①]，试图通过对当地数字农业实践及其所带来的现实改变的分析，为我国数字乡村建设提供有益的参考。

一、蔬菜产业数字化转型背景

寿光市抓住了 20 世纪 90 年代种植反季节蔬菜的机遇，成为我国设施蔬菜的发源地和中国最大的蔬菜集散地。依靠种植冬暖式大棚蔬菜，2020 年寿光市农村居民人均可支配收入达到 23 900 元[②]，超出全国农村居民人均可支配收入（17 131 元）[③] 6 769 元。但随着冬暖式大棚在全国范围内逐渐普及，国内蔬菜种植水平得以提升，普通蔬菜供需也日益平衡，甚至出现局部地区蔬菜滞销的局面，寿光市蔬菜种植的优势开始减弱。

蔬菜市场竞争压力增大

蔬菜一直是寿光市的一张城市名片，这很大程度上得益于当地设施蔬菜种植起步早、经验丰富，并逐渐形成了蔬菜产业集群。但随着当地农业用地渐趋饱和，已无法满足菜农的种植需要。许多村民因此选择怀揣成功经验和技术，到外地承包土地种植蔬菜，一些蔬菜品种外出种植已初具规模并可与本地农产品竞争。随着日光温室种植技术在全国范围内的推广，甘肃、陕西、新疆、青海等地也纷纷建立起日光温室。且西北地区普遍具有光照强、昼夜温差大等天然地理优势，更有利于作物糖分积累，借此成为寿光蔬菜产品的有力竞争对手，对寿光市蔬菜销售产生巨大冲击。

作为中国反季节蔬菜的发源地，冬季是寿光蔬菜产品的主要种植与销售季节，夏季由于高温、暴雨及多发病虫害等因素一般为当地“闷棚期”和蔬菜交易的淡季。这期间进入市场的本地菜逐渐减少，主要依靠甘肃、辽宁、内蒙古等地进行“北菜南运”，缓解蔬菜供需缺口。但在寿光蔬菜的销售旺季，也有云南、广西等地的蔬菜“南菜北运”与其竞争冬季蔬菜交易市场。此外，寿光蔬菜虽然产量大，产

---

① 本章涉及的案例情况和访谈资料，主要由本章第二作者刘见齐于 2021 年 7、8 月间实地收集。

② 寿光市统计局.《2020 年寿光市国民经济和社会发展统计公报》.（2021-03-21）. http://www.shouguang.gov.cn/zwgk/TJJ/202103/P020210923592552776521.pdf.

③ 国家统计局. 2020 年居民收入和消费支出情况.（2021-01-18）. http://www.stats.gov.cn/tjsj/zxfb/202101/t20210118_1812425.html.

品流通范围广，但缺少像“章丘大葱”“马家沟芹菜”等国家地理标志产品，蔬菜产品品牌效应不显著。最后，由于土地连年耕作，为了克服土壤肥力下降严重问题、减少土壤传播病虫害，当地滥用农药、化肥导致产品农药残留超标等现象时有发生，影响了寿光农产品的声誉。

产业定位情况

与全国闻名的“蔬菜之乡”不同，很少有人知道寿光还是“中国建筑防水之乡”。2001年，寿光市提出“工业立市”战略，“年产近6亿平方米防水卷材，产销量占全国三分之一，成为全国最大的防水材料主产区”[①] 是全国建筑防水协会对寿光市的评价。据寿光防水协会官网介绍，其共有219家会员企业，是全国地方防水社团中会员规模最大的，仅台头镇登记注册的与防水相关的产业链上的企业就有680家[②]。防水企业可以称得上是环境污染的重灾区，生产过程中不可避免地会产生沥青、锅炉烟气、污水等废弃物、污染物，尤其是金属类防水材料的电镀工艺会产生大量含有重金属的污水。

同时，寿光还拥有“世界纸业30强”的晨鸣纸业，而造纸所产生的大量污水、油墨渣、废塑料渣更是环境污染的重要来源。这些都是寿光生态环境所面临的巨大的潜在危机，一旦废弃物处理不当，必将会污染当地土壤、水源，从而影响蔬菜品质。面对当地既是工业聚集区又是农产品产区的双重定位和蔬菜销售竞争压力不断增大的挑战，寿光蔬菜产业急需一个新的发展机遇。

农业数字化浪潮来袭

数字化是我国农业发展的新方向，自党的十九大提出实施乡村振兴战略，加快推进农业农村现代化以来，国家积极推动新兴技术在农业农村中的应用。2019年中共中央、国务院印发了《关于坚持农业农村优先发展做好“三农”工作的若干意见》，其中明确提出“数字乡村战略”要求推进“互联网＋农业”模式，扩大农业物联网在农业生产中的应用。2019年5月，中共中央办公厅、国务院办公厅印发了《数字乡村发展战略纲要》，强调数字乡村建设要激活主体、激活要素、激活市场。2020年1月，农业农村部、中央网络安全和信息化委员会办公室印发《数字农业农

① 山东寿光：“中国建筑防水之乡”十年升级路.（2017-06-28）. http://www.cnwb.net/list/newscontent/23416.html.

② 庞正其. 质量提升、转型升级，寿光防水迎来产业发展新格局：2017中国（寿光）防水行业质量提升暨年度大会在山东寿光隆重召开（2017-07-19）. http://www.zgsgfszx.com/a/xiehuijianjie/xiehuijieshao/2017/0719/544.html.

村发展规划（2019—2025年）》，对新时期推进数字农业农村建设的总体思路、发展目标、重点任务做出明确部署，擘画了数字农业农村发展新蓝图。新时期的数字乡村建设，要大力发展数字农业，支持农业生产、加工、流通等各环节的数字化改造，深化农业供给侧结构改革，从而提升农业规模、效益和效率。在农业生产、经营数字化的浪潮下，寿光蔬菜产业也迎来转型和发展的机遇。

二、蔬菜生产数字化实践

数字农业是数字技术在农业领域的重要实践，是指在数字乡村战略和云计算、大数据、物联网、人工智能的支持下，对传统农业进行数字化改造，使现代信息技术与农业有机结合，并在农业生产体系、经营体系和产业体系中实现融合发展。数字技术赋能现代农业生产，充分发挥现代科技对促进农业生产的重要效能，对改造传统农业、转变农业生产方式具有重要意义。

“企业＋合作社＋农户”模式

以宽带通信、移动互联网为代表的乡村信息基础设施，以遥感、全球卫星定位系统为代表的数字农业基础，以及以乡村邮政和快递网点普及为中心的农村流动服务体系的建设与应用，为数字技术嵌入传统农业提供了技术要素的必要支持。经过30年的发展，蔬菜已成为寿光市的支柱产业，从上游的种业研发、农药化肥生产、冬暖式大棚建材交易，再到下游蔬菜加工、果干制造、仓储物流等，围绕蔬菜生产形成了完整的产业链条。作为全国最大的蔬菜生产地，当地蔬菜种植种类繁多，村民普遍从事相关产业，更形成了“一村一品”的局面，例如西红柿主要集中在古城街道，化龙镇则主要种植胡萝卜。为最大程度发挥产量优势，当地还建立了大批蔬菜合作社，形成“合作社＋农户”模式，村民只需从事农业生产，而无须为其他环节付出精力，从而提高了种植效率。这些蔬菜合作社的覆盖范围一般包括周边一到多个村庄，为社员提供种子、化肥等生产资料购买渠道，并设有统一的生产标准，对社员种植的蔬菜产品进行统一贴牌销售。

社会学研究对“资本下乡”后使农业经营方式发生的转变进行了探讨，有学者认为这种以龙头企业带动农业转向产业化经营的模式可以增强农户在市场中的竞争力，并实现公司与农户的双赢局面[①]。但也有学者担忧，此种模式可能使农业完全

① 尹成杰. 关于农业产业化经营的思考. 管理世界，2002（4）：1-6；万俊毅. 准纵向一体化、关系治理与合约履行：以农业产业化经营的温氏模式为例. 管理世界，2008（12）：93-102.

资本主义化，从而产生更多的无地雇工[①]。受“资本下乡”现象影响，寿光市近些年涌现了一批以寿光蔬菜集团、潍坊农创集团为代表的综合性农业龙头企业，并在当地形成了一种“资本和劳动双密集”的“企业+合作社+农户”生产模式。此类龙头企业一般不直接从事农产品种植，而是与当地多家蔬菜合作社合作，整合周边蔬菜资源，然后合作社按照大宗客户要求，按一定标准进行农产品收购，再由龙头企业包销。交易完成后，企业将收购货款交付给合作社，再由合作社分发给社员。这一过程节约了三方签约、执行、监督的成本，因此成为当地一种重要的经营模式，也为数字农业的规模化应用提供了可能。

以寿光蔬菜产业集团旗下的蔬菜小镇为例。小镇总面积 9 348 亩，共划分为包括国际种业硅谷和设施蔬菜品种展示区、蔬菜专业合作社生产推广区、精细化农业推广示范区等在内的七大片区。在蔬菜小镇的物控中心里，占地 4 000 平方米的现代化日光温室通过燃烧天然气和抽风设施将室内温度常年维持在适合植物生产的 25 摄氏度，并且仅需两名员工进行日常管理。为了克服传统土壤病虫害，提高作物产量，温室采用“椰糠无土栽培技术”，将天然的椰糠作为无土栽培的基质，并通过水肥一体机和滴灌系统将植物生长所需要的养分直接输送到其根系。通过放置特定种类的蜜蜂进行授粉、张贴捕虫胶带、天敌昆虫生物防治，最大程度上减少作物化学药品残留。温室还配备智能监控、环境精准调控设备等技术，对每一棵植物进行实时监测，以确保植株一旦出现生长缓慢或遭受病虫害等情况，工作人员就可立即采取措施对其进行管理。但在蔬菜小镇，我们观察到的更多是当地数字农业技术的构想与蓝图，上述技术并未得到大范围的推广与应用，那么农业数字化在乡村的具体实践到底有哪些呢？

果蔬合作社数字化改造

位于崔岭社区的众旺果蔬合作社是当地有名的合作社，与其他合作社不同的是，它所生产的蔬菜会走出国门“一路向北”直至莫斯科。据社员介绍，截至 2021 年 8 月合作社有社员 161 户，主要种植西红柿、彩椒、甜瓜等品种，并与俄罗斯多地建立长期合作关系，年出口蔬菜达到 2 万吨，年销售额达到 1 亿元以上。合作社成立之前，蔬菜上市季节村民要耗费巨大的时间和精力跑到当地蔬菜批发市场进行销售，且经常会遇到收购价格波动幅度大所带来的困扰。2014 年，为了解决本村居民蔬菜销售难的问题，在崔岭西村党支部书记 C 的带领下，众旺果蔬合作社正式

① 黄宗智.《中国新时代的小农经济》导言. 开放时代，2012（3）：5-9.

成立。2016年寿光市大棚“两改”政策出台，提倡“大田改大棚，旧棚改新棚”。在此背景下，崔岭西村号召本村村民自行出资对原有日光温室进行数字化改造，规划智能大棚园区，统一安装电子监控、稀土补光灯、放风机、电动喷淋等设施，建造“崔西智能标准化种植示范棚”。

在崔西智能标准化种植示范大棚中，劳动力得到了极大解放，温室管理不再依赖青壮年劳动力，女性和年长者也能参与其中。这主要得益于当地农业生产设施数字化改造，通过熊蜂授粉、自动放风机、自动卷帘机等技术和设备的应用，温室生产标准化得以实现。以往每日清晨，菜农来到温室所做的第一件事就是打开放风口放出温室内聚集的湿气，一段时间后再将放风口关闭以维持环境温度。经验不足的新手很难准确掌握通风时长，忘记放风或放风时间过短会导致烧苗，而通风时间过长则会影响室内温度，造成农作物生长减缓。自动放风机的出现则有效解决了这一难题，农户可以在手机APP中预设农作物适宜生长的环境参数，一旦监测数据达到农作物生长适宜范围内，机器就会停止工作以维持最佳环境，这极大降低了温室管理的难度。与此同时，熊蜂授粉等生物技术的应用则提高了蔬菜生产效率，并使作物的品质和口感也得到了提升。传统温室大棚多采用人工授粉，农户需要逐一对所有花朵进行点刷，十分费时费力。采用熊蜂授粉后，由于熊蜂对光照和温度适应性强，在8摄氏度以上的环境下便可出巢访花，因此可以在短时间内完成授粉任务，从而减少了农户的劳动量。除此之外，傍晚农户还可以通过手机一键控制自动卷帘机将保温被放下，极大节省了他们的体力与时间。

农业生产设施的数字化改造为农户提高生产效率提供了可能，对植物生长环境进行监测则可以进一步提高农作物产量与品质。经过数字化改造，崔岭西村中控室实现了对日光温室的全天监控，管理员可以通过观看监控录像观察植株生长过程从而及时发现异常植株以尽早进行干预，防止病虫害在温室内传播。并且针对当地主要病虫害控制对象，崔岭西村还提出了农业防治、物理防治、生物防治和以允许使用农药白名单为主要手段的化学防治四种方法，以最大程度上减少农产品化学残留。为了测定土壤内钙铁磷钾等微量元素的含量从而进行测土配方施肥，村里还配备了专业土壤检测设备，定期免费为村民提供服务。除此之外，每个温室的温度、湿度、二氧化碳浓度、光照强度等环境数据也会清晰地反映在农户的手机上，村民只需轻点屏幕便可对温室进行实时调控。水肥一体机与植物补光灯的应用则为各类农作物提供了更适宜的微观水肥环境。尤其在新作物移栽后，社员可以根据作物适宜生长环境进行外部调控，例如西红柿在幼苗期喜阳且不需要过多水分，因此农户在栽种后会降低滴灌强度，并适当加大补光灯强度，从而达到数字化科学生产。

经过5年发展，到2020年崔岭西村村集体收入已达到430万元，人均年纯收入4万元。在村民收入提高后，C书记却并没有安于现状，而是继续完善本村的发展模式。在外出走访与考察后，他决定在村里建立统一的楼房，让村民“就地上楼”。从2014年开始，根据土地增减挂钩政策，崔岭西村规划建成占地45亩的“崔岭社区”，其中包括12栋公寓楼、1栋老年公寓、一栋教学楼、一栋配套了党群服务大厅、医务室等设施的村委办公楼，共安置住户400户。“农户上楼”后，其居住方式和日常生活习惯不可避免会发生改变，农业经营方式也随之改变。但与成都市青白江区“资本下乡”企业集中流转耕地①不同，崔岭西村多为“家庭农场”，即使有农户退出蔬菜生产经营，也会优先将其土地流转给同村居民。这在很大程度上是因为当地农户普遍从事蔬菜种植，土地较为分散，很难形成大规模农场。这背后更深层的原因在于蔬菜种植年收益较为可观，吸引大批青壮年劳动力回流，使得当地人口结构更显“年轻”。青壮年劳动力回乡从事蔬菜种植收入与外出打工相差无几，因此在同等收入水平下，村民更倾向于选择在家享受天伦之乐，而无须背井离乡饱受相思之苦。

通过对崔岭西村农业发展模式的梳理我们发现，当地以建立果蔬合作社为契机，在乡村数字能人的带领下，通过对原有日光温室的数字化改造和扩展销售渠道最终实现了农户普遍增收，并吸引大批青壮年劳动力回流。这与全国农村普遍将农业生产交给留守妇女和老人，而男性青壮年选择进城务工的现象迥然不同。由于传统农业生产效益低，青壮年劳动力从事农业生产无法满足家庭收入的需要，因此多数适龄劳动力选择外出务工，而老年人和妇女出于流动能力较差和照顾家庭的考量，则留守当地从事传统农业生产，体力和精力成为限制他们通过农业生产获益的关键因素之一。但在崔岭社区，我们看到了一条农业现代化的可行路径，数字技术赋能以提高劳动生产率和农产品价值，使老人和妇女也能轻松完成农业生产活动，高收益则吸引流动人口回乡使用新型要素从事农业生产，这一过程既保留了传统的农村社会结构又使农业生产力水平得到提高，并使农村空心化现象得到一定程度的缓解。当然，农业现代化不等同于现代农业的发展，也并不是数字化程度越高农业发展得就越好，这点在寿光阿里数字蔬菜工厂得到了很好的印证。

阿里数字蔬菜工厂

寿光阿里数字蔬菜工厂由寿光港投集团和阿里巴巴集团共同出资设立并于2020

---

① 周飞舟，王绍琛. 农民上楼与资本下乡：城镇化的社会学研究. 中国社会科学，2015（1）：66-83.

年4月正式投入使用，生菜成为该“流水线”上的首个产品。工厂已经实现了数字化全自动生产，最大程度上减少了人工参与，育苗室通过仿日光灯和滴灌技术精准控制植物生长所需外部环境，工作人员只需在育苗工作开始前调整好育苗箱参数便无须进一步操作，机器人会将种子整齐地摆放在育苗格中并自动保持适宜生长环境，两周后，一批健康的植物幼苗就培育好了。育苗完成后，移栽机通过自动引导车将幼苗转移到指定苗床，并由推盘机最终完成移栽，其间实现全过程自动化。在生菜的剩余生长期中，工作人员通过手机就可控制水肥一体机，调整营养液配比、浓度和灌溉频次，将环境维持在最适合生菜生长的参数内。数字蔬菜工厂的另一个优势就在于产品病虫害少，水培和营养液消杀有效预防了土壤病虫害传播，温室的过滤系统也很大程度上减少了病虫入侵，避免农药的使用，使蔬菜生产过程绿色化、无污染。除此之外，无土栽培也摆脱了土地资源有限的限制，可以最大程度上合理利用空间，并且全年可种植12茬以上，是传统蔬菜大棚产量的6倍。但令人遗憾的是，这座建成仅一年的工厂如今已全线停工，曾经热火朝天的生产景象也一去不复返，空旷的温室中只剩闲置在侧的种植床。

从技术上看，工厂拥有如今最先进的技术，推盘机、移栽机、无人运输车、轨道机床等自动化生产设备和阿里云物联网平台的投用，实现了从育苗、移栽、培养、采收、包装的全程自动化。但农业现代化显然不等同于现代农业的发展，高度数字化也不等同于高回报。通过实地调研我们发现，数字蔬菜工厂难以维系的原因主要有以下两点：首先，蔬菜生产成本高且回报周期长。生产全过程自动化所产生的电费、机器维修保养等费用大大增加了产品的生产成本，且建造日光温室和全流程生产线前期成本巨大，企业短时间内很难收回前期投资。其次，工厂所生产的蔬菜价格高昂，销量有限。以生菜为例，其主要面向高消费人群，销售渠道为北京、上海等地的火锅店、盒马超市，价格是普通生菜的数倍。但我国高端消费群体需求有限，且生菜保质期较短，无法长时间储存，产销严重不平衡。即便无土栽培技术提高了生菜产量，还是无法保障工厂销售收入。在此种情况下，生产线开工一天的成本远远高于蔬菜销售收入，因此工厂选择停工以最大程度减少损失。以龙头企业为主导，流转大量土地建立生产基地的大农场模式的另一优势就在于可以减少人力投入，解决劳动力匮乏的问题。但目前来看，寿光市劳动力仍比较充足，当地所面临的就业压力较大。数字化蔬菜工厂节约劳动力的优势也无法发挥，且当地蔬菜种植户密集，一旦土地大规模流转，将会给当地带来大量结构性失业。因此，目前全流程自动化的蔬菜生产模式与我国消费水平和当地现阶段劳动力结构还并不匹配，阿里数字蔬菜工厂的停工并不令人意外。

三、蔬菜经营和产业体系数字化

除农业生产外，数字技术也为农业经营体系和产业体系建设带来了巨大的改变。传统蔬菜流通模式中的数字化应用提高了蔬菜交易的效率，电子商务、直播带货等新兴销售模式重塑了传统的消费模式，龙头企业更是将数字技术应用到了农业产业全链布局中，实现了现代农业和信息化的深度融合。

传统蔬菜流通模式中的数字化应用

寿光作为全国最大的蔬菜集散地，拥有亚洲目前占地最大的综合性农产品物流园——地利农产品物流园。物流园是蔬菜线下交易的主要场所，占地 54.5 万平方米，划分为水果、蔬菜、种子、电子商务交易等 6 个功能区，是我国南北蔬菜物流的枢纽，也是国内蔬菜交易主要的价格形成中心。我国幅员辽阔，区域之间自然环境差异巨大，蔬菜品种和上市季节也十分分散，因此销售价格普遍偏低。寿光农产品物流园作为大型批发市场流通模式中的代表，承担着全国蔬菜“南菜北运”“北菜南运”的重要任务。“别的地方卖不动的菜，拉到寿光来，一定能卖个好价钱”这句话在蔬菜行业内广受认可。内蒙古的青椒、河北的芹菜、莱西的紫甘蓝、广西的豇豆、云南的番茄都在这里汇集，甚至海南的许多蔬菜都是先运到这里再销售到全国各地。园区内还设有电子商务结算中心，采用 IC 卡“一卡结算”，通过网络将 IC 卡与电子商务结算中心相连，交易完成后便可即时结算，全程不需要使用现金，提高了交易安全度和便捷性。除此之外，2011 年创立“寿光蔬菜指数”，发布蔬菜当天成交价格及过往价格趋势变化，如今早已成为国家官方价格指数，并在园区内多块 LED 屏幕上进行实时更新以供交易双方参考。

电商合作

寿光本地蔬菜中进入农产品物流园流通的十分有限，更多的蔬菜则是由本村所创立的集体合作社进行统一收购和贴牌销售。这些合作社有固定的合作商家，有的会将蔬菜直接销往全国各地商超，有的则会将蔬菜销售给当地龙头企业，由龙头企业进行农副产品的加工和销售。农户只负责蔬菜生产，合作社扮演中介的角色。天猫、京东、橙心优选等电商平台也是当地合作社的重要合作伙伴，电商平台会根据往年销售数据对今年市场需求进行预测，然后通过与合作社订立契约来约定本年度的产品种类、数量及采收标准等其他指标。在当地一家著名的电商合作社——亮泽果蔬合作社，我们看到了其发展电商新平台的种种尝试。亮泽果蔬在山东省内拥有15 000亩种植基地，其中仅在寿光市就拥有500多个蔬菜种植棚并辐射2 500余家种植户，主要生产黄瓜、茄子、西红柿、甜瓜、西瓜等。合作社还将社员组织起来建立了连片的生产基地，统一采购种苗、农药、肥料等开展智能化园区种植，并收购合作社农户种植的蔬果进行统一销售。合作社2017年10月引进了互联网电商落户，主攻B2B生鲜供应链体系，以基地为依托，联合京东、天猫、拼多多各大平台，从原产地生鲜一件代发。例如，2021年寿光的网红产品羊角蜜，在平台上线一个月日均销售量就突破了一万单以上，日采购量达到4万～5万斤，使合作社单月流水突破1 000万元。

网购生鲜凭借其价格优惠、配送方便等优势近年来大放异彩，成为大家购买蔬果的重要渠道，农产品电商化更是势不可挡。寿光农产品电商发展早、销售品种多、产品知名度高，已形成从打印订单、采摘、打包、发货、售后完整的链条。尤其是农产品运输方面，因为合作社销量大，物流公司会为其提供非常优惠的单价，并在合同中订立详细的生鲜运输损坏赔偿条款，产品运输时也会根据产品种类选择恒温运输或加装冰瓶降温以保障蔬菜品相。在调研过程中我们了解到，亮泽果蔬合作社负责人认为产品质量问题是当前制约合作社电商化发展的最大困境，并表示只要蔬菜质量提升，依托合作社现有渠道销售不成问题。虽然寿光市设施蔬菜种植面积达60万亩[①]，但随着人们生活水平不断提高，蔬菜消费由原先关注产品“有没有”转变为现如今关注产品“好不好”，消费者越来越重视蔬菜的质量，营养、绿色、无公害蔬菜产品消费需求日益扩大。

直播销售

直播带货是近年来在网络直播和购物普及下发展起来的一种新型商业模式，主要是指主播通过抖音、快手、淘宝等互联网平台，在线提供商品展示、性能介绍、价格优惠，并与消费者进行实时互动的一种新型服务方式。2019年至今，网络直播带货热度全面爆发，成为近年来增速最快的电商形式，涌现出一些极具人气的互联网头部主播，频繁出现于大众视野，甚至吸引了中央电视台、《人民日报》、央广新闻等传统媒体也参与其中，开展“助力脱贫攻坚”“国潮好货”等主题直播活动。网络直播带货最初集中于美妆、日用品、零食等领域，后在各地政府和平台的大力支持下逐渐扩散到农产品销售领域，更形成了“电商助农”的新模式。2020年4

① 寿光：穷窝子上崛起“蔬菜产业硅谷”.（2019－04－20）. http://cpc.people.com.cn/n1/2019/0420/c419242-31040539.html.

月，习近平总书记在陕西柞水县小岭镇金米村考察时说："电商，在农副产品的推销方面是非常重要的，是大有可为的。"[①] 近年来中央下发的一号文件中都涉及利用互联网进行农产品销售，以解决农副产品滞销的问题。这些举措都带动了主播主体的多元化，从具有互联网影响力的大V、网红，到普通的种植农户，再到推荐家乡好物的县长，他们的直播活动均获得了不错的效果。亮泽果蔬合作社也培育了多名主播，平日里他们只是普通的蔬菜种植户，到了农产品上市季节却摇身一变，成为拥有众多粉丝的网络红人，在田间地头开启了他们的直播带货。直播间销售的产品通常价格比较优惠，再加上这种朴实的直播方式可以快速拉近消费者与生产者之间的距离，让粉丝形成一种"所见即所得"的真实感，增加了消费者对产品的兴趣和信任，从而愿意购买农产品。

在直播风潮的影响下，大批直播基地也应运而生，寿光盛阳宏域直播电商基地就是其中之一。坐落在寿光茶博城的盛阳宏域直播电商基地，主营业务包括MCN（Multi-Channel Network）机构服务、直播场地支持、短视频代理运营、主播孵化培训等。目前基地共自孵化主播2 100名，还拥有包括肃宁嘟姐鲜果、橙子哥、海陆空三兄弟在内的多位网红，并与快手生鲜产业带合作，积极推进寿光当地生鲜商家入驻快手平台。在直播基地，我们看到了许多慕名前来学习直播带货知识的"素人"[②]，当被问及为何要成为一名主播时，大多数人的回答都围绕着一个词展开，那就是"收入"。在他们看来，成为主播门槛低且对年龄、学历等硬件条件限制少，只要拿起手机经过简单的注册就可开启直播，工作时间自由且收入不菲，是一份相对理想的职业。在被追问到为何会选择到基地学习时，一位学员是这样回答的："自己在家也可以开播，但是直播流量，就是观看人数一直上不去，没人看没人买，我们怎么能赚到钱？后来听人家说这里有主播培训，上了这个课就能赚大钱，我就来了。"近年来随着直播带货行业的快速兴起，流量背后所蕴含的高额利润驱动越来越多的普通人开始尝试"流量变现"。但要想在竞争激烈的直播市场中站稳脚跟，仅仅依靠个人的力量是很难做到的，因此大多数新晋主播都会选择参与培训或签约公司从而获得一定的包装与支持。

在寿光盛阳宏域直播电商基地，前来学习的素人会进行培训和试播，学习内容包括镜头对话、镜头感练习、商品评述、沟通销售技巧等，直播基地的经理补充道："很多人都是刚刚接触直播这一行业，看到别的主播赚到钱就一拥而上，前期

---

① 习近平：电商在农副产品销售方面大有可为.（2020-04-21）. http://news.cctv.com/2020/04/21/ARTIelH4tfey4dx2uVrdHAZf200421.shtml.

② 与"网红"相对，指没有自带直播流量的普通人。

并没有相关从业经验，因此无法获得流量还经常被要求整改。例如有厂家直播销售木门时直播间总是被判定违规无法直播，他们一直不知道为什么，后来经过我们老师的指导才知道是将生产用的刀拍摄入镜了，（刀）这个是不能在直播画面中出现的。”而经过一段时间的学习后，原本对直播带货“一窍不通”的普通人则可以成为面对镜头侃侃而谈的专业人士，并能掌握一些吸引直播间观众的小技巧，从而提高其直播间产品的销量。

许多主播前来基地学习的另一个目的就是想借助快手电商所提供的“流量倾斜”，增加自己的曝光量。为了吸引、培育主播，基地和直播平台会达成协议，定期开展主题活动对新主播进行引流。除此之外，主播签约直播基地后，基地还会为其提供产品池、选品会、品牌授权、工厂对接等直播电商供应链服务，主播可根据自己目标粉丝群体从产品清单中进行选品销售。直播基地经理说道：“我们选品主要看价格、品质等符不符合主播要求，（选品）如果符合的话我们会列入名目。对接的大部分是公司，咱这边就是蔬菜基地特别多，一般是对接那些，因为它们能达到长期供货，我们对品质和供应链有严格把关。”蔬果作为当地的特色产品，一直以来都是直播基地的“明星产品”，与普通农户通过直播自产自销不同，直播基地常年对接多个蔬菜基地，基本可以实现农产品全年的不间断供应。例如春季销售羊角蜜，夏季则主要销售贝贝南瓜、西瓜、黄瓜、西红柿等，秋冬季节更是迎来了当地蔬菜集中上市的高峰期。因此，消费者一年四季都可以在直播间内购买到寿光蔬菜水果，最大程度上维持用户黏度以吸引消费者再次下单。

我们调研期间恰逢基地举办带货节活动，快手的工作人员和多名头部主播都来到了寿光市帮扶农户和企业销售生鲜产品。只要是在快手站内发布带有“携手助农”标签的生鲜果蔬类电商短视频或直播带货，快手电商会给予流量扶持，曝光上不封顶，同时快手工作人员还会为其提供专业运营辅助。在多名主播的共同努力下，榴梿、樱桃、水果黄瓜成为带货节爆款商品，为各地农户带来了可观的收益。直播这一电商销售的新方向，创造了巨大的经济效益和社会效益，蕴含着巨大的潜力。

国家农业开放发展综合试验区

此次调研的最后一站，我们来到了位于潍坊国家农业开放发展综合试验区内的潍坊三农创新发展集团有限公司（以下简称“潍坊农创集团”）。潍坊农创集团成立于2020年，是由潍坊市国有资产监督管理委员会控股的大型国有企业。作为农业产业的国有企业，潍坊农创集团具备资源整合能力和产业推动能力，业务板块包括产业投资、商贸流通、“三农”金融、园区运营、城乡开发等。潍坊农创集团设有独立的贸易公司从事农产品交易，进行自有品牌销售和统货销售两种贸易模式。其中自有品牌的核心产品包括西瓜、葡萄、萝卜、网纹瓜、白草莓等品种，主要采取自种自销，即在自营的100亩高端果蔬生产基地进行种植。统货路线的商品则根据新发地、京东、美团等客户的需求和标准在当地组织货源，通过协商确定收购价格并在以上平台销售。与前文中提到的寿光蔬菜产业集团相似的是，潍坊农创集团采用的也是“龙头企业＋合作社＋农户”的模式，为农产品销售提供一个平台，具体收购则是由各合作社进行。果蔬采摘后，就由合作社进行第一轮的检验收购并按照单果重量进行分类挑选，完成后再将果蔬集中交付给龙头企业，企业最后进行质量检验和定级。

与此同时，当地也在积极探索新的数字化交易模式，由潍坊农创集团控股的东亚畜牧交易所就采用了“大宗贸易＋数字仓储＋供应链金融＋风险管理”的业务模式。东亚畜牧交易所是2014年李克强总理在东亚合作领导人系列会议上倡导成立的东亚经济合作高端平台，2016年正式上线，2020年9月经历股权重组，由潍坊农创集团对其控股并于2021年3月重启运营上线。东亚畜牧交易所目前是国内唯一的国家级畜牧产业综合服务平台，通过建立产品的交易标准而提供系列产业服务和金融服务，主要交易商品包括鸡、鸭、猪、牛、羊五大类[①]。交易所与华为云合作，由华为公司提供云服务器，并与软件公司合作由其负责搭建和维护交易平台以最大程度缩减前期成本。与淘宝等C2C交易平台不同的是，交易所注册用户主要为各类企业，单笔订单交易数量较大且交易模式随参与企业类型不同而变化，例如：针对生产商主要有现货摘挂牌、竞价拍卖、产能预售；而针对贸易商则主要有现货购销，这一模式带有一定金融属性，所形成的电子仓单能够自由交易转让，同一批货物可能在一天内易手数次，提高了货物交易效率和流通速度。

东亚畜牧交易所的董事长介绍道：“传统的现场贸易可能是我卖给你了，你要把货提走对吧，你再卖给下一家。现在我们可以简单地理解成一种仓单的转让，或电子合同的转让。最后谁想拿货，直接到我们的交收仓库里去提货，而且可以选择离你近的仓库去提货，这样就形成一些数字化。所以这个简单地说就可以叫电子仓单，电子仓单就是一个符号，里面记载的东西是相对标准化的。交易的简单流程包括客户线上注册、在线开户、交易再到最后的交收。”电子交易平台可以实现交易主体多元化、提高交易效率、降低交易信用风险，是农产品大宗交易的一个重要渠

---

① 东亚畜牧交易所官方网站. https://ealce.com/gywm/jysjj/.

道，但接触物流、打通信息化平台耗时长、费用高，因此要建立全流程信息化平台仍需一定时间。

除此之外，目前交易所跨国交易中还面临技术和结算障碍。交易所客户交易结算资金统一由山东交易市场清算所有限公司（鲁清所）负责统一存管，但鲁清所本身并不支持外币结算，这就对产品跨国交易产生了阻碍。最后，由于我国制度政策多为属地管理（例如税收政策），但交易所客户却遍布全国乃至国外，导致当地政府很难对其提供政策支持与倾斜。总体来看，东亚畜牧交易所的数字化交易平台目前仍处于起步状态，虽然已极大提高了畜牧产品的交易效率和流通速度，但很多业务还没有开展，随着平台数字化程度的不断加深，其金融功能将得到更好的发挥。

四、数字农业发展的基础

寿光市本身并不具备蔬菜生产的区位优势却在20世纪80年代抓住了反季蔬菜种植的机遇，大力发展冬暖式蔬菜大棚，随后一跃成为我国蔬菜产业中心。经过40年的发展，如今寿光蔬菜面临高质量产品较少、同业竞争压力大、当地产业定位混乱等不利因素，前期积累的产业优势已逐步缩小，在农业数字化浪潮下，寿光蔬菜产业能否再次抓住机遇，实现新一轮转型至关重要。在对当地数字农业发展现状进行调研后我们发现其具有如下一些特点，为未来的发展奠定了一定基础。

农业生产全流程智能化已成为现实

寿光市乡村基础设施建设较为完善，乡村网络设施水平较高，已基本实现农村宽带通信网、移动互联网全覆盖。在乡村基础设施方面，冷链物流、公路、农业生产加工等基础设施也已经向智能化、数字化转型，为当地数字农业发展提供有力支撑。在此基础上，从种业研发到日光温室种植，再到产品加工和销售，云计算、大数据、物联网、人工智能，总能找到合适的环节进行融合，这表明我国部分地区农业已步入智能化、信息化时代，数字农业的大规模应用与推广已成为可能。无论是在蔬菜小镇还是阿里数字蔬菜工厂，当地龙头企业凭借其强大的资金支持与销量保障，建立了大规模、标准化的日光温室，将无土栽培、滴灌、水肥一体控制、自动移栽等多项信息技术集成化应用于农业生产之中，以此提高蔬菜产品质量和产量。而在当地普通果蔬合作社，农户也开始对其蔬菜大棚进行数字化改造，通过配备电动喷淋、自动卷帘机、电子监控等设施建立智能标准化种植大棚，实现对蔬菜生长环境的智能控制和一键管理。不同生产主体依据自身资源禀赋选择不同的农业数字化道路，为我国数字农业的推广提供了一种借鉴思路。数字农业生产并不是只有龙头企业才能选择的生产方式，也不意味着巨大的资金投入，普通农户也可在预算约束下进行生产设施数字化改造，从而提高农业生产效益。

农业经营网络化发展迅速

农业经营网络化主要是指通过电子商务渠道进行农产品网络销售，实现农产品流通的便捷化和交易的公开透明化，为农产品生产主体提供销售、电子支付等服务。电子商务和直播带货等新型产品销售渠道的出现为农产品流通提供了新的平台和基础，亮泽果蔬合作社依托自有果蔬生产基地，解决了当地农户农产品销售难、价格低的困境。盛阳宏域直播基地则将上游生产商和下游消费者整合起来，在销售农产品的同时为当地居民提供一种新的就业渠道，吸引新生代流动人口回乡创业。线上交易已成为我国农产品销售的一个重要渠道，我国农产品电商消费群体分布广泛且消费需求大，尤其是新冠疫情以来，生鲜产品送货到门的服务吸引了大量用户涌入。以亮泽果蔬合作社为例，仅羊角蜜一种产品的月销售量就在一万单以上，为合作社带来千万元销售收入，表明农产品流通电商化蕴含无限潜力。从寿光农产品网络销售现状来看，目前当地物流、销售和售后服务都已十分完善，制约农产品电商化发展的关键环节就是产品质量。以往批发商在收购统货路线产品时主要关注的是蔬果的品相而忽略了其品质，并不在乎农产品生产过程中是否过量使用农药。但农产品流通电商化使产品需要直面消费者，消费者出于对自身健康的考虑，倾向于购买绿色食品，这使农产品生产者意识到必须转变既有生产模式，提高农产品质量才能持续吸引消费者。但寿光市连年耕种导致土壤传播病虫害难以根除，作物生长不可避免需要施用化肥农药，当地蔬菜产业持续发展必须解决这一问题。

农业产业服务体系更加完善

在寿光市，我们看到互联网、云计算、大数据等现代高新前沿技术应用到农业产业服务体系当中，看到了新兴科技对农业规模、效益和效率的巨大提升。2011年，我国首个以蔬菜为对象的价格及流通指数在寿光农产品物流园对外发布，其中价格指数由各类蔬菜成交价格、成交量和金额共同决定。寿光蔬菜价格指数不仅反映了当地蔬菜交易价格变化趋势，还会对全国蔬菜价格造成一定影响，因此被纳入国家官方价格指数体系，成为指导全国蔬菜交易的重要参考指标。与此同时，东亚畜牧交易所作为潍坊农创集团农产品金融化试点平台，肩负着推动第三产业新旧动能转换的重要责任，显著提升了我国农业产业服务的便捷性和灵活程度，为畜牧产品生产与交易提供了更广阔的平台。除此之外，作为农村普惠金融服务的试验，众旺果蔬合作社与当地商业银行合作成立的资金互助合作社为社区居民进行农业生产设施数字化改造提供了有力的资金支持，解决了农户传统信贷借款难的阻碍。为农业经营主体提供金融服务，提高了正规金融对农村的覆盖率，是现代农村金融制度的有益尝试。最后，当地政府还通过建立农村创新创业中心，为农户提供现代农业信息科技服务，并推动产学研成果相互结合与转化，鼓励农业专家积极为当地农户解决农业生产难题。通过完善农业产业服务体系建设，让农户真正感受到现代农业服务中信息技术的灵活性与便捷性，共享数字红利。

结　语

有学者提出，中国农业的未来不在于大规模机械化的农场，资本—劳动双密集化的家庭农场仍将在中国未来的农业发展中占据主导地位[①]。这是由于中国的土地平均分配、城乡户籍等一系列政治经济制度强化了农民家庭经营的强韧性。从寿光市数字农业发展现状来看，无论是由龙头企业出资形成的大农场还是以家庭为生产单位的小农经济实现了并存。农业经营主体的分化并没有阻挡数字农业的发展，龙头企业由于拥有丰厚的资金支持和销量保证，有能力实现大规模农场的数字化建设；小农家庭农场则凭借传统村落社区的共同意识形成合作社和互助组，从而获得经济、情感支持进行农业生产设施数字化改造，并形成了“龙头企业＋农业合作社＋农户”的生产模式。但从当地生产情况来看，小农仍然是果蔬生产种植的主体。既往研究认为，农业资本化过程中农民被生产效率更高的机器所替代，就像费孝通先生在《江村经济》中观察记录到的一样，农村引入现代水泵、现代缫丝机等机器设备本是很大的技术进步，然而“失业”的问题却产生了深远的影响，农民被抛出农业，被迫脱离农业生产进城务工。但在崔岭社区我们观察到，数字赋能传统农业生产，提高了农业经济效益，促进了农民增收，从而吸引进城务工劳动力回流，为中国现代农业农村建设提供了一个发展思路。

此次调研我们深入探访了当地几家著名的蔬菜合作社，各合作社定位不尽相同，有的以蔬菜生产数字化程度高闻名，有的则以直播带货见长。相同的是，数字技术都对其农产品生产、流通中的某一或多个环节产生了很大改变。但在调研过程中我们也发现，农产品效益并不总与数字化程度成正比，并不是蔬菜生产过程中数

① 黄宗智.《中国新时代的小农经济》导言. 开放时代，2012（3）：5-9.

字化程度越高，其利润就越高。这点在港投集团与阿里巴巴共同出资设立的寿光阿里数字蔬菜工厂得到了很好的验证。这表明，农业农村现代化并不意味着大规模、机械化的企业农场，如果忽视小农经济的主体性，乡村振兴的目标将很难实现。与此同时，农业数字化专业人才紧缺也为数字农业的推广增加了难度。尤其是数字农业起步阶段需要大量懂技术、会运营的复合型人才，一方面，他们承担着规划、日常维护的责任，另一方面，他们还承担着将专业技术教给当地农户的重担。通过对寿光市多地调研走访我们发现，当地数字化专业人才缺口较大。以电商直播为例，虽然从业门槛低，但缺少专业指导会使新手主播面临错误设置优惠券金额等本可以避免的经济损失。因此，要推动数字赋能农业生产，培育新型职业农民不可回避，只有培养出一批爱农业、懂技术、善经营的新型职业农民队伍，真正做到"数字下乡"、缩小城乡数字鸿沟，数字农业的可持续发展才会成为可能。

在本次调研中，我们可以看到新兴技术在农业农村的应用，看到农业生产、加工、流通等各环节的数字化改造，看到数字农业对农业规模、农产品效益和农业生产效率的提升。发展农村数字经济，推进农业数字化转型已经成为农业现代化发展的必由之路。数字农业是实施乡村振兴战略、实现农业强国目标的关键一环，是数字经济的重要组成部分。数字技术赋能现代农业生产和经营，并实现有效融合，对改造传统农业、转变农业生产方式具有重要意义。从龙头企业再到当地农户，寿光市农业经营主体在发展现代数字农业方面做了许多尝试。虽然各地农村发展条件各异，很难总结出一条普遍适用的发展道路，但寿光市的数字农业经验或许能为我国农业农村现代化提供一些有益参考。

参考文献

［1］东亚畜牧交易所官方网站. https://ealce.com/gywm/jysjj/.

［2］国家统计局. 2020年居民收入和消费支出情况.（2021－01－18）. http://www.stats.gov.cn/tjsj/zxfb/202101/t20210118_1812425.html.

［3］国家统计局.（2022－03－07）. http://www.stats.gov.cn/sj/tjbz/tjyqhdmhcxhfdm/2022/37/07/370783.html.

［4］黄宗智.《中国新时代的小农经济》导言. 开放时代，2012（3）.

［5］庞正其. 质量提升、转型升级，寿光防水迎来产业发展新格局：2017中国（寿光）防水行业质量提升暨年度大会在山东寿光隆重召开.（2017－07－19）. http://www.zgsgfszx.com/a/xiehuijianjie/xiehuijieshao/2017/0719/544.html.

［6］山东寿光："中国建筑防水之乡"十年升级路.（2017－06－28）. http://www. cnwb. net/list/newscontent/23416. html.

［7］寿光：穷窝子上崛起"蔬菜产业硅谷".（2019－04－20）. http://cpc. people. com. cn/n1/2019/0420/c419242－31040539. html.

［8］寿光市统计局. 2020 年寿光市国民经济和社会发展统计公报.（2021－03－21）. http://www. shouguang. gov. cn/zwgk/TJJ/202103/P020210923592552776521. pdf.

［9］万俊毅. 准纵向一体化、关系治理与合约履行：以农业产业化经营的温氏模式为例. 管理世界，2008（12）.

［10］王波. 乡村振兴"潍坊模式"研究. 潍坊学院学报，2020（3）.

［11］王伯祥："让百姓富起来是我的责任".（2019－04－16）. http://news. cnr. cn/native/gd/20190416/t20190416_524579108. shtml.

［12］习近平：电商在农副产品销售方面大有可为.（2020－04－21）. http://news. cctv. com/2020/04/21/ARTIelH4tfey4dx2uVrdHAZf200421. shtml.

［13］尹成杰. 关于农业产业化经营的思考. 管理世界，2002（4）.

［14］周飞舟，王绍琛. 农民上楼与资本下乡：城镇化的社会学研究. 中国社会科学，2015（1）.

第六章 电子商务助推数字乡村内生发展的实现路径：以浙江白牛村电商发展为例*

引 言

根据2019年5月中共中央办公厅、国务院办公厅印发的《数字乡村发展战略纲要》（以下简称《纲要》）定义，“数字乡村是伴随网络化、信息化和数字化在农业乡村经济社会发展中进行应用，以及农民现代信息技能的提高而内生的农业乡村现代化发展和转型进程，既是乡村振兴的战略方向，也是建设数字中国的重要内容”。《纲要》中的基本原则明确指出：“充分发挥网络、数据、技术和知识等新要素的作用，激活主体、激活要素、激活市场，不断催生乡村发展内生动力。”数字乡村建设离不开各级党委和政府以及市场和社会力量的支持，但更需要对乡村内生力量的挖掘与培育。回顾历次乡村建设行动，首先表现出来的是外在推进力量与内在动力不足之间的矛盾①。推动乡村内生发展是建设数字乡村的题中之义，更是数字乡村建设实现高质量、可持续发展的依托。

《纲要》中的战略目标提出：到2025年，“城乡‘数字鸿沟’明显缩小……培育形成一批叫得响、质量优、特色显的农村电商产品品牌，基本形成乡村智慧物流配送体系”。数字鸿沟可以分为互联网接入机会的差异（一级数字鸿沟）和互联网运用上的差异（二级数字鸿沟）②。信息基础设施上的鸿沟比较容易解决，随着《纲

---

* 本章内容获国家社科基金青年项目“电商扶贫进程中农民市场能力建设研究”（18CSHO25）支持。

① 刘少杰，林傲耸. 中国乡村建设行动的路径演化与经验总结. 社会发展研究，2021（2）：13-22.

② 邱泽奇，张樹沁，刘世定，等. 从数字鸿沟到红利差异：互联网资本的视角. 中国社会科学，2016（10）：93-105.

要》2020年农村互联网普及等战略目标的完成，我国城乡一级数字鸿沟差别缩小了，但互联网运用上的二级数字鸿沟依然存在，数字乡村建设攻坚克难的关键在于如何弥合城乡在网络和信息技术运用能力上的差异。这需要牢牢抓住农民的兴奋点，从最直接的现实利益入手，只有这样，农民运用（而非简单地使用）网络和信息技术的热情才会高涨。电子商务为数字乡村内生发展提供了一条较为可行的路径。电子商务是借助互联网技术缩小乡村地理空间劣势、拉近农民与市场距离的重要渠道，能够在实践层面为农民提供数字技术运用的工具，通过实际的生产经营活动提升农民的数字素养。农村电商属于单一方面的农业农村信息化，数字乡村的概念内涵更加丰富，即通过推进现代信息技术的综合应用，实现农业全产业链信息化和农村社会全方位信息化①。农村电商是数字乡村建设的重要组成部分，可以作为数字乡村建设的重要抓手。

浙江省早在2003年开始就陆续出台了关于“数字浙江”建设的政策文件，如《数字浙江建设的规划纲要》（2003年）、《浙江省促进大数据发展实施计划》（2016年）、《浙江省数字化转型标准化建设方案（2018—2020年）》（2018年）、《深化数字浙江建设实施方案》（2018年）等。前期的数字化建设以城市为重心，集中在政府和社会治理层面，为全省乡村的数字化奠定了技术和经验基础。2020年，杭州市临安区成为浙江省唯一同时入选全国“互联网＋”农产品出村进城工程试点和国家数字乡村试点的地区。临安区目前有4个省级电商镇，27个省级电商专业村，有活跃网店1 730家，亿元规模企业4家，2020年实现网络销售额93.9亿元。其中，昌化镇白牛村电商起步较早，2012年成为阿里巴巴集团评选的全国首批“淘宝村”。白牛村是数字化推动乡村振兴模式中较为典型的村落。典型性主要体现为：白牛村依托周边优势资源较早在电商平台中销售农副产品，至今依旧保持较好的增长势头，在发展的过程中，网络化、信息化和数字化融入产业发展之中，电商从业者的数字素养得到明显提升；同时，白牛村电商发展也存在一些值得反思的问题，包括农产品电商和农村电商的局限、如何实现共享发展以及数字乡村建设和村民需求的匹配问题。

基于此，本章在总结以往乡村内生发展相关研究的基础上，以浙江临安白牛电商村的发展为案例，回顾当地电商产业内生发展的历程，分析当地推动数字乡村建设的可取经验和面临的问题，为其他地区探索电子商务助推数字乡村内生发展的路径提供参考。本研究所用资料来自以下几个方面：（1）临安和白牛村电商产业调

① 曾亿武，宋逸香，林夏珍，等. 中国数字乡村建设若干问题刍议. 中国农村经济，2021（4）：21-35.

研。笔者曾在2014—2015年间三次到临安昌化镇白牛村进行调研。在此基础上，本章第二作者于2021年7月到临安进一步收集相关文件和访谈资料，对临安商务局负责人、白牛村村干部、不同电商、电商协会负责人、普通村民等20余人进行访谈。(2)其他地区电商产业调研。在分析临安电商产业发展面临的问题时，参照了笔者前期调研的江苏沭阳花木电商（2018年2月）、山东曹县演出服饰电商（2021年6月）的情况。(3)对数字乡村试点地区的调研。笔者于2021年7月针对临安数字乡村建设展开调研，同临安农业农村局、商务局、科技局、工信局、大数据局等部门进行座谈，调研“天目云农”系统。此外，还调研了甘肃省高台县（2021年5月）、浙江省德清县（2021年7月）两个数字乡村试点地区。

一、已有关于乡村内生发展研究的启示

乡村内生发展凸显的是乡村的主体性，即尊重乡村的特质，注重挖掘乡村自身的资源与优势，激发乡村能人和群众的积极性和能动性，赋予村民决定乡村如何发展的主导权以及拥有乡村发展的收益权等。已经形成的研究视角包括本土和关系的视角、改革和创新的视角、权力和参与的视角。

本土和关系的视角。鹤见和子认为现代化的演化过程根据初始状态的不同可以大致分为两类，即“外发的发展”和“内发的发展（土生土长的发展）”[①]。乡村振兴需要摒弃标准化、模式化的农业乡村现代化原则，重视村庄特质，将现代要素与村庄特质重新整合起来，实现乡村振兴的多样化发展[②]。具体到电商产业中，曹县电商中的模仿与创新离不开熟人社会提供的社会正当性[③]，这体现了乡村人际关系对地方产业发展的影响。费孝通先生辩证地看待乡村发展的自发性，指出了自发性存在的局限。他在调研温州小商品市场时发现，温州农民所创立的“大市场”具有自发性和原始性，表现为个体经济的盲目性和基于亲戚、朋友及其延伸的社会关系形成的流通网络，随着开放和改革的深入，它的局限性会逐渐显露出来，因此需要正确引导和不断完善[④]。内生发展的原初形态体现为发展的自发性，是自然而然的发展过程，并没有外力干预和人们有意识的改革创新。

改革和创新的视角。单靠乡村的自发性或者说野蛮生长，往往不能实现乡村的

---

① 王志刚，黄棋. 内生式发展模式的演进过程：一个跨学科的研究述评. 教学与研究，2009（3）：72-76.
② 陆益龙. 村庄特质与乡村振兴道路的多样性. 北京大学学报（哲学社会科学版），2019（5）：141-148.
③ 邱泽奇，黄诗曼. 熟人社会、外部市场和乡村电商创业的模仿与创新. 社会学研究，2021（4）：133-158.
④ 费孝通. 小商品 大市场. 浙江学刊，1986（3）：10.

发展，这需要农民自觉地不断改革和创新。1978 年，安徽凤阳小岗村 18 位农民私底下进行包产到户并掀起全国范围家庭联产承包责任制改革极大地调动了农民从事生产劳动的积极性。苏南模式、温州模式、珠江模式，是我国改革开放以来三大区域经济发展模式，它们突破计划经济的束缚，率先发展乡镇企业、民营经济与外向型经济[①]，展现出来的是当地人的务实、变通和创新精神。改革与创新离不开乡村能人，他们具有先试先行精神，在村域经济发展中起着关键作用[②]。只有农民尤其是青壮年农民意识到乡村建设的重要价值以及可能带来的巨大发展潜力并积极主动参与乡村建设，乡村建设才能获得持续的发展动力[③]。与此相反的是，很多地区和农民存在“等、靠、要”思想。乡村的发展依赖村民自觉地发现乡村的价值、机遇与未来，而不是都到城里务工，农村电商的兴起赋予了乡村新的价值和发展机遇。

权力和参与的视角。乡村振兴战略必须确立农民的主体性地位，所谓农民的主体性，就是农民在经济、社会、政治、文化等方面都有主导权、参与权、表达权、受益权和消费权等，想要破解乡村振兴中农民主体性地位缺失问题，需要增权赋能或者还权赋能[④]。很多学者都过度强调了乡村自己决定如何发展的权力，忽视了外部资源和支持的重要性，新的内生发展概念要求辩证地看待乡村内外部资源及其关系，在承认资源、参与、认同三个核心要素的基础上，强调地方“发展选项的决定权”“发展进程的控制权”“发展利益的享有权”三权是确保乡村发展的关键[⑤]。只有农民能够自己决定如何发展，能够在发展中获得收益，才能够调动广大农民的积极性和主人翁意识，提升乡村发展的凝聚力。需要注意的是，乡村内生发展并不是不要外部资源和支持，而是强调避免自上而下强制变革、不赋予农民相应权力、损害农民主体性地位等问题的发生。

数字乡村建设，不能把乡村居民看作等待教育、推动和救助的被动对象，而是应当把他们看成具有寻求发展内生动力的主体[⑥]。借鉴以上研究，本研究需要区分乡村发展的自发性与外部干预，挖掘乡村熟人社会等本土性的资源与优势，分析村民和地方能人自觉地进行改革创新的意识和能力，以及村民在决定如何发展问题上的主导权和参与权。区别于过去的乡村建设，数字乡村凸显了网络化、信息化和数

---

① 宋林飞. 中国“三大模式”的创新与未来. 南京社会科学，2009 (1)：1-6.

② 符钢战，韦振煜，黄荣贵. 农村能人与农村发展. 中国农村经济，2007 (3)：38-47.

③ 王春光. 乡村建设与全面小康社会的实践逻辑. 中国社会科学，2020 (10)：26-47.

④ 王春光. 关于乡村振兴中农民主体性问题的思考. 社会发展研究，2018 (1)：31-40.

⑤ 张文明，章志敏. 资源·参与·认同：乡村振兴的内生发展逻辑与路径选择. 社会科学，2018 (11)：75-85.

⑥ 刘少杰，林傲耸. 中国乡村建设行动的路径演化与经验总结. 社会发展研究，2021 (2)：13-22.

字化对乡村生产生活的影响，这些信息技术源于互联网和科技公司，它们位于乡村之外却融入乡村生产生活之中。因为有网络空间和信息技术的融入，数字乡村的内生发展不再局限于乡村地域范围之内，所调动的资源也不再局限于乡村本土的社会资源，还包括信息技术平台、数据产品和应用工具等资源，但内生发展的核心没有变，即特别强调农民的主体性，体现为他们对这些信息技术的掌握以及跨越地理空间障碍进行生产交易活动的能力。

二、临安白牛电商村内生发展的历程

杭州市临安区地处浙西北，是浙江省陆地面积最大的区。临安多山，特色农产品主要有山核桃、天目雷笋、小香薯等，在这些特色产业基础上形成了临安的电商镇和电商村。临安民间加工山核桃有数百年历史。被誉为“中国山核桃第一镇”的临安区岛石镇因其独特的地理环境，所产山核桃在质量和产量方面均为临安最佳，但说到销售山核桃最多、最早的镇却是离岛石镇40公里之外的昌化镇。昌化镇的白牛村有省道穿村而过，交通较为便利。早在2006年，白牛村就有人开始尝试电商销售，2012年，白牛村成为全国首批14个“淘宝村”之一。白牛村的电商以山核桃为主打产品，有手剥山核桃、山核桃仁等。2020年全村从事电商销售的共有69户，电商全年销售额达到了4.7亿元，人均收入39 030元。通过电商产业不少村民实现了致富。白牛村还出现了“电商＋旅游”“电商＋文化”等相关产业。

电商起步的自发性与传播的乡土性

在发展电商产业之前，白牛村和其他传统靠农业和外出打工的乡村并无二致。白牛村的土地90％都是山地，土地资源稀缺，原本是一个无自然资源、无特色经济、无产业项目的“三无”村。白牛村本村种植的山核桃非常少，主要以售卖其他村的山核桃为主，山核桃电商产业萌生于这个经济并不景气的普通村庄。当地提到最先开淘宝店铺的是一位名叫潘晓忠的退伍军人，实际上将电商“思维”带入白牛村的是他的小舅子汪平波。

2006年，汪平波在杭州的大学读外贸专业，他的父母往返于村里与当时的临安市（2017年改为临安区）售卖山核桃。那一年山核桃价格突然骤降而且销量不佳，为了把家里囤的五六百斤山核桃卖出去，汪平波向父亲提议可以在淘宝上开一家网店售卖山核桃，并注册了“逸口香”临安山核桃网店。汪平波一开始抱着试一试的态度，让他父亲先炒两三百斤放到网上卖，结果一举获得成功，在几周的时间里就卖掉了这“试水”的两三百斤山核桃。获得初步成功之后，汪平波进一步放开手去做网店销售，在运行平稳之后将店铺交给父亲汪玉彪打理，“逸口香”成为白牛村第一家网销山核桃的店铺。对比当时线下销售售价低、销量低的亏本生意，汪平波一家通过这一尝试不仅将自己的囤货卖了出去，还收购了其他山核桃商家的滞销炒货，而且销售价格高于线下渠道的售价。

这个时候的潘晓忠一家在绍兴自己开实体店铺卖炒货，生意做得也没有什么起色。在2007年过年回家团聚的时候，汪平波向他介绍自己帮助父亲开淘宝店铺的成功经验，并帮助他注册店铺“山里福娃”。潘晓忠在刚开始接触电商的时候也是什么都不懂。他不会电脑打字，文化水平不高的他需要经常查字典，他的店铺没有什么装扮，也不会拍出吸引人的照片，更不懂网店运营技巧，关于计算机的一切他都是从头学习，最开始的电商之路真是跌跌撞撞。最大的担忧是不知道从网上销出的产品能不能收到钱，等到第一单山核桃交易成功、收到钱款以及商品好评之后，潘晓忠才放下心来，准备把实体店铺关掉，回到白牛村专心做电商。

到2007年底，村里潘晓忠的亲朋好友们听闻电商可以赚钱之后，纷纷向潘晓忠和汪平波请教开网店的方法和经验，他们也都将线下销售转为线上销售。“兴农山核桃”“洪斌山核桃”等白牛村最早的一批网店都是汪平波的表哥、伯父等亲戚开设的。除了亲戚之外，现在白牛村规模最大的电商“盛记炒货”也是2008年初学习了潘晓忠的经验。在随后的几年里，汪平波还接触了医疗外贸电商，并在2010年将“逸口香”店铺以及场房全部转卖给自己的表兄弟汪超一家，选择专心做利润更高的医疗外贸电商，也由此潘晓忠成为坚持到现在的最早的电商，是白牛村电商产业起步的“领路人”。白牛村电商从发展伊始就是一人带动全家人一起参与山核桃电商产品的销售—客服—包装—发货的家庭式电商模式，随后在熟人社会中以血缘关系、朋友关系作为纽带扩散开来，形成了“一户带一户”的传播路径①。

当时的“山里福娃”和“逸口香”都是将生产加工好的成品放到网上去卖，他们自己并不加工山核桃等坚果。几年过后，随着线上炒货销量越来越大，潘晓忠等电商开始购买厂房以及炒货加工器械。“山里福娃”“盛记”“逸口香”等发展规模较大的电商逐渐形成了自己收购原材料—炒制—包装—线上销售—快递—售后等完整的生产销售链条。小商户以家庭成员为主要参与对象，老人帮助孩子从事生产、包装等力所能及的工作，年轻人则主要从事网店运营、售后等，发展规模大一点的电商需要雇人从事客服、包装发货等。很快白牛村电商辐射带动了周边乡村电商和

① 邵占鹏．规则与资本的逻辑：淘宝村中农民网店的型塑机制．西北农林科技大学学报（社会科学版），2017（4）：74-82.

其他相关产业的发展，如物流、包装、印刷、生产加工等。

2006—2013年，属于白牛村电商发展的早期阶段，电商自己以及市场起了决定性作用，政府以及协会组织较少干预，可以说是白牛村电商野蛮生长的阶段。早期电商平台比较少，进入白牛村的只有“淘宝”“赶集”等电商平台。由于山核桃等炒货的同质性强，电商们为了抢占市场以及获得更多的流量展开了恶性竞争，为了冲销量、冲排名，电商们压低价格甚至以低于成本的价格进行销售，价格战是各家电商或多或少都用过的竞争方式。据他们回忆，2009年打价格战的现象就开始出现了，一直到2011年低价恶性竞争还是困扰电商的难题。明明知道价格战对谁都是一种损耗，但对于刚开店的电商来说价格低才能让自己的店铺迅速走进买家视野，有了第一次购买，才可能有回头客。在激烈的市场竞争中，有的电商坚持做了下来，也有一些小的电商被市场淘汰。

电商初入白牛村的路径基本符合能人带动模式。不同于村干部等能人引入新产业，在白牛村，是早期接触互联网的大学生为父母支着，将互联网的发展机遇与当地特色产业进行融合，涌现出大胆尝试线上销售的能人。相较于其他以农业为主要产业的较为封闭的乡村，白牛村人有经商的文化传统，最早开始尝试电商的人也是原本就从商的农民，他们在接触电商之前就一直进行线下销售，这使得他们比传统农民更容易接受新鲜商业模式和顺应商业发展趋势。

寻求组织创新的积极性

白牛村电商在发展过程中面临着恶性竞争的问题，不单他们与其他地区销售山核桃等坚果的电商进行竞争，就连白牛村内部的恶性竞争也十分激烈。他们亟须通过创新来避免村庄内部恶性竞争的问题。熊彼特的创新概念包括新产品、新生产方式、开辟新市场、控制原材料的新供应来源、实现企业的新组织等①。在产品类目、生产方式、市场和原材料供应方面难有突破的情况下，白牛村电商积极寻求组织创新。

白牛村在2014年筹划，2015年正式成立白牛电商协会。协会负责为电商提供所需的知识技能和服务指导，包括摄影、店铺装修、客服培训、快递议价等服务。协会成立之初就将全部电商纳入协会，并且建立微信群随时沟通联系。电商协会对于抑制恶性竞争起到了一定作用。电商协会的负责人从事多年电商，对于每一年山核桃的价格以及成本比较清楚，每一年电商协会都会制定当年山核桃网上销售的最

① 约瑟夫·熊彼特. 经济发展理论：对于利润、资本、信贷、利息和经济周期的考察. 何畏，易家详，等译. 北京：商务印书馆，1990：73-74.

低价格，原则上各家电商不得低于最低价格进行销售。网上可以看到各家的山核桃售价，协会负责人和村里同行会时常监督。虽然协会不能完全杜绝恶性竞争的现象，还是会有一些电商基于去库存的考虑进行低价销售，但对于大多数电商来说，协会具有一定的约束效果。

近些年，白牛村电商进一步强调品质和品牌，临安区政府一直关注对山核桃的质量把控。对于价格的控制与保证品质这一目标相关，协会已经制定好山核桃的质量和价格参考标准，如果低于最低价格很多，很可能意味着品质会打折扣，存在“以陈充新”“以次充好”问题。为此，村干部加强宣传，努力打造白牛电商品牌，经常开会苦口婆心地劝说，让电商们意识到白牛村品牌树立起来不容易，质量上面一定不能有半点马虎。“谁砸掉这个牌子，谁就是千古罪人”，这是村书记叮嘱电商的话。

单靠电商协会制定的规则有时难以起到很强的约束效果，通过乡土社会已经建立起来的关系共同体，来指导人与人之间获得生产、生活和交往的合理性往往更有效。如果单纯违反协会规定，电商只是面临被罚款或者退出协会的惩罚，但若是他们违反村规民约（比如恶意差评、抄袭等）的乡土社会的规范，则会受到共同体成员的舆论谴责，甚至有沦落为被孤立的个体的风险。不可否认的是，电商产业在白牛村的兴起对村庄原有的社会关系构成了冲击，市场的逻辑对原有的亲戚、朋友关系构成了考验。

除了成立电商协会，2015 年，洪斌山核桃、兴农山核桃等几家规模较大的网店为了避免恶性竞争，增强整体实力，共同成立了“奔跑公司”。成立奔跑公司的电商做到了线下资源和供应链的整合，但由于各个网店已经积累了前期的老顾客资源，如果新开网店打造共同品牌店铺难以实现顾客资源的迁移，以致他们没有做到线上销售渠道的整合，各家电商依旧销售自己店铺的商品。合作的模式减少了他们网店之间的低价竞争，并通过集体谈判快递费用降低了物流成本，起到了降低成本、提高效率的效果。但是，几家网店是根据当年的销售额比例入股，在奔跑公司运营一年之后，各家的实力会有所涨跌，年底分红还是根据年初的占股比例划分，于是出现分红不公的问题，这造成奔跑公司在运营两年之后就结束了。

政策资源争取的主动性

现任白牛村支书金书记是土生土长的白牛村人，曾经担任杭州市人大代表，他知道只靠村民自己解决遇到的问题是很难的。在 2012 年的时候，他就请临安市相关领导多关注白牛村电商发展，但当时对于乡村发展的思路依旧是“工业反哺农业、以工促农”，加上电商因为害怕需要交税，对自己的实际交易额有所隐瞒，所以当时临安相关领导没有认识到白牛村电商产业的重要性。金书记没有放弃，经过不断的宣传和争取，在2013年9月，正是在山核桃电商销售最火热的时候，当时的临安市领导到白牛村调研，发现电商已经是一股不可忽视的力量。该领导调研回去后便召集临安市的镇长书记以及农办主任开会，表示要通过政策支持来促进白牛村的电商发展。自此临安支持农村电商发展的政策才一步步出台落实。

相关的支持政策包括：提供免息贷款，提高信用额度，加大金融支持力度，搭建银行与白牛村电商产业合作的有效渠道和平台，改善基础薄弱电商的融资环境。提供场地资金补贴，凡是白牛村的电商去其他省市参加展销会，相关费用全部可以补贴。注重人才引进，对具有高素质的“新农人”群体给予返乡补贴，开展一系列如“天目e创客”的乡村电商人才培养工程。除了政府支持，白牛村的村民获取新信息、发现新机遇的手段主要有两方面：一是“引进来”，即大学生学习了相关商业知识能够返乡创业，帮助自己家人尝试新鲜模式的电商销售或者农产品种植技术；二是“走出去”，即村民主动参加商业展销会、培训班，到城里开线下店铺等。

白牛村还注重发挥党员的模范带头与上传下达作用，推动了乡村治理方式的创新。白牛村在2012年成立电商党支部，2014年提出“1＋1＋X”的“电商＋党建”模式，“1＋1＋X”是指“一位支部委员＋一位电商大户＋若干普通电商”。为了对电商进行有效管理和引导，成立5个支部委员分管5个团队，根据区块距离以及关系划分，一个支部委员带动一个电商大户再带若干名普通的电商，大户引导小户怎么做运营、推广、店面装修、拍照美工等。支部委员是电商大户和政府相关部门之间的桥梁，负责了解电商的需要以向上反馈并及时传达最新政策，在电商市场淡季负责对电商进行规范检查，对农产品品质进行监督。

白牛村村民先是自发克服困难发展电商产业，随后由村干部积极向上反映争取政策资源以及发展空间来解决发展中遇到的资金、场地、人才等问题。白牛村电商的发展赢得了各级政府部门的关注，成为全国有一定知名度的“明星村”，全国很多地区商界、政界、学界领导来到白牛村调研参观寻求合作，每年接待国内外参观考察500余次，这让白牛村吸引了更多的社会资源。

面对疫情冲击的模式变通与不断学习的能力

2020年初新冠疫情暴发，白牛村电商产业面临传统电商平台销量降低的问题。在此情况下，白牛村涌现了直播电商和微商（在此之前也有，但销售规模不大），这给白牛电商发展带来了新的契机。与传统电商平台销售相比，拍摄短视频对知识水平要求不高，但传递的信息更为丰富，短视频更容易直达底层民众[①]。做微商也不像开网店那样需要很多技术劳动，如店铺装修、美工和运营等，微商就是通过微信朋友圈发一些商品短视频和图片，采用口碑和社交网络进行营销，所以微商特别强调品质，很多客户吃得好了会介绍朋友购买或者回购很多送给亲戚朋友。

最早进行直播电商销售的是当地的林之源天猫网店，林之源的店主在2019年就有做直播的想法，为了应对疫情冲击正式进行直播销售。一开始店主爱人每天晚上播两三个小时试水直播，随后逐渐延长直播时长。现在林之源的客源白天主要来自传统电商平台，晚上主要来自直播平台。经过一年多直播带货的探索，林之源的直播号现在有8万粉丝关注，是当地山核桃电商直播的模范。很多电商都想要尝试直播带货，不过他们苦于自己不会直播（有方言或不知道讲什么），想要聘请主播但成本太高还难以聘到人——城里的主播不愿意到村里直播和生活，村里会直播的年轻人许多都有自己的直播账号。针对这一问题，政府相关部门已经做出反应，联合淘宝村播学院，建立“淘宝村播基地”，着力培育“草根”网红。

传统电商模式的成本投入较大，新开网店流量有限，从他人那里购买皇冠等级的天猫店铺要好几十万元，再加上店铺装修和付费推广费用（有的网店一年广告费用上百万元），很多电商吃不消，这促使一部分电商寻求其他销售平台，如微商、微店。村里一位经营较好的微商2019年有300万的销售额。不同于淘宝网上销售的多是小订单，微商销售山核桃一般都是大订单，少的3斤起，多的有几十斤。访谈中这位微商认为，做淘宝、拼多多成功的也有，相对而言这两年并不好做，她才选择尝试微商，能够成功主要是靠努力和坚持，在经营状况不好的时候也不要轻易放弃。相较于传统电商平台，微商注重自己建立起来的社交网络，每一次展会活动都能让电商之间增强联系，他们可以招代理商来销售商品，通过这种方式拓宽电商产品的销售渠道。

总体来看，白牛村电商产业具有内生发展特征。先是有知识的能人根据本土实际情况将网络销售的方式引入乡村，通过人际关系的纽带，由从事商业的能人将观念化为实践，并以亲戚朋友网络推广开来。发展到小有规模后，当地村干部更有责任和底气去向上一级政府部门争取政策资源，通过人才吸引政策以及“足不出户、居家致富”的口号宣传把更多能人吸引到乡村，由此推动当地电商产业不断向前发展。同时，服务型政府定位给予了当地较为自由的市场空间，自上而下的政策扶持并没有采取强制措施。临安商务局、昌化镇政府等领导均尊重市场原则，认为行政

---

① 邢小强，周平录，张竹，等．数字技术、BOP商业模式创新与包容性市场构建．管理世界，2019（12）：116-136.

管理发展的方向是越少干预商家的经营越好，很多政策在制定时会考虑如何调动村民参与的积极性，比如，提供政策补贴给电商，相关部门不会一开始就给予直接物质帮助，而是在看到电商自己投入一部分资金、已经进行实践探索的情况下再进行补贴，这就保留了当地人内生发展的活力。

三、电子商务助推数字乡村内生发展需要注意的问题

农村电商是数字乡村建设的重要组成部分，相较于以往的乡村建设，数字乡村建设不只强调数字技术赋能乡村产业发展，还期望村民能够共享数字红利，提升数字素养和信息技术应用能力，能够利用互联网和数据产品克服农村固有缺陷，从而实现农村第一、第二、第三产业的融合发展。

如何让村民共享数字红利，实现共同富裕

数字乡村建设重在让广大农民得到实惠，想要避免数字乡村建设自上而下、缺乏内生动力的问题，需要让老百姓得到看得见的利益。在看到白牛村电商产业兴旺的同时，我们还应该注意，白牛村一共有农户 553 户，在山核桃销售旺季也才只有 60～70 户开网店，从事电商的比例并不高。而且，这些网店之间的规模差异较大，有一户年销售额超过 1 亿元，还有 6 户年销售额为一千万元到几千万元不等，有 3 户年销售额在 500 万元至 1 000 万元之间，有 22 户年销售额在 100 万元至 500 万元，剩下的则是年销售额几十万元的小商户。白牛村的旅游产业尚没有形成规模，如果发展得比较好，可以覆盖更多的人，但也只限于沿省道两旁的村民（做电商的村民也主要是这些人），这说明，白牛村电商产业发展还没有让更广大的村民受益。

相比起来，山东曹县虽然不是数字乡村试点县，但当地儿童演出服饰、汉服等产业发展兴旺，借助电子商务寻求了一条草根创业、政府和电商平台赋能的发展模式。短短 10 年时间，曹县大集镇已经有 18 000 余家网店、3 000 多家企业，27 家快递公司驻镇设点，其预计 2021 年网络销售额可以突破 100 亿元。大集镇的丁楼村、孙庄村、张村等几乎家家户户开网店，很多农民电商一年能够收入几十万元到几百万元不等。江苏沭阳很多人从事花木、盆景、多肉电商，其中新河镇、颜集镇很多村庄从事电商的户数占比达到了一半及以上，占比最高的也是全村人都做电商，尽管很多网店销售额并不如白牛村高，但覆盖人群广，做到了村民共享数字红利。

造成这种差异的原因有几个方面：一是商品类目上的差异。相比演出服饰、花木和多肉等，山核桃商品的同质性强、产业链短，不易形成村民的差异化竞争，尽

管白牛村电商也在销售其他坚果，但他们没有产地等竞争优势，这导致白牛村电商的资本积聚效应更加明显，很多小商户竞争不过大商户便被淘汰了。二是低价跑量模式的制约。白牛村电商之间的竞争过于激烈，虽然几家大的电商有亲戚关系，但也都发生过恶性竞争，他们曾尝试合作成立奔跑公司共同发展却难以长期合作。在临安区其他品牌电商公司看来，白牛村电商走的是低价跑量模式，并没有多少品牌观念，因为压低价格追求规模效益，利润空间有限，所以能够存活下来的电商自然便不多了。曹县和沭阳的电商也存在低价竞争的问题，但受到产品差异化和产业链长的影响，能够存活的电商数要远多于白牛村。三是白牛村村民从事电商的积极性并不如沭阳和曹县等地，从最开始出现电商到从事电商的户数占全村的10%左右，之后的从业比例就一直没有增长。白牛村现在发展较好并且能够做下去的电商都是在当地最早一批做电商的人，被问及后来才开始做的电商有没有可能实现弯道超车，无论是电商还是村干部都认为不可能，这反映了白牛村后期发展的动力一定程度上会受到阻碍。

以家庭为单位的个体经营模式造福了曹县和沭阳，所以并不是电商商业模式造成白牛村电商产业只是让一部分人致富的问题，最主要原因仍是在山核桃的商品特质上。因为商品的同质性强，电商之间竞争激烈，容易形成资本积聚效应，很多新网店难有销量，新进入者需要投入较多成本才能和原有电商进行竞争，所以广大村民从事电商的积极性没有那么高。

如何推动产业提档升级，超越农村电商固有缺陷

白牛村电商产业存在几个固有的缺陷：一是山核桃等农产品电商受季节和自然灾害因素影响非常大。2021年受到自然灾害影响，山核桃单价相比2020年翻了一倍。当地电商销售旺季是从每年山核桃成熟的9月份到过年期间，最长延伸到次年4月份，很多商户不敢囤太多货，担心旺季销售不完，后面卖陈货影响店铺口碑，所以淡季选择停业在家，只有存货量大的网店能够全年售卖山核桃。为了克服半年经济的弊端，白牛村电商在山核桃淡季销售笋干、小香薯，但笋干和小香薯的收益远不如山核桃。二是农村电商发展严重受到农村土地政策的限制。因为有耕地红线的存在，农村很难申请到工业建筑用地，白牛村的几个大商户都表示场地问题严重制约着他们扩大再生产，尤其是仓储囤货以及旺季包裹堆放需要很多场地空间，场地不够用就只能控制销量避免发不出货。三是农村人口流失和人才不足的问题。尽管白牛村吸引了近100人返乡创业，其中有一些是返乡大学生，但依然存在人才短缺的问题，包括主播、网店运营人才、旺季的客服等。在中国城市化进程中，大量

农村青壮劳动力离开乡村到城市工作定居，很多农村地区留守的主要是老人、妇女和儿童，这让数字乡村建设缺少人力基础和服务对象。

上述第一个缺陷是农产品电商面临的普遍问题，后两个缺陷是农村电商面临的普遍问题。相比而言，曹县电商选择的儿童演出服饰产业，不存在农产品电商销售季节、自然灾害等影响因素。对于场地问题，曹县大集镇丁楼村和孙庄村利用过去废旧的养殖场打造电商产业园，并且通过向上争取资源寻求土地置换的飞地形式来拓宽场地。沭阳的花木、盆景、多肉电商也会受到季节因素的影响，当地村民开发了干花产品，打破了季节限制。场地问题并非沭阳电商的限制因素，通过温室大棚培育花木、盆景、多肉等，并不改变土地性质。不过，两地电商依然需要突破，探索如何将原有产业提档升级，形成一些中高端品牌，避免同行低价恶性竞争，如何不断创新思路，开发新的产品，开拓新的市场，持续保持高增长态势。

很多固有缺陷是难以克服的，但如果能够保持农村电商的本土优势，积极迎合未来电商的发展趋势，尽可能地发挥外部的技术优势，依然可以寻求产业的提档升级。在信息化、数字化背景下，产业的发展越来越离不开数据驱动，只有充分利用大数据和数字技术才能够实现产业的高质量发展。

电商平台为电商提供了数据分析产品，在阿里平台中有“生意参谋”数据分析工具。阿里平台的大数据显示，月销量超过30万元的卖家中，约有90%是生意参谋的用户，关注本店业绩数据的卖家平均每月的销售额比没关注的高出10%以上，开始关注付费模块信息的卖家也会带来同等幅度的销售额增长①。根据山东曹县、江苏沭阳和浙江临安三地电商农户的问卷调查数据，在农村电子商务发展较好的地区，已有近三成的电商农户在其网店经营过程中使用大数据产品，大数据使用型电商农户比普通电商农户的收入高出53.4%②。2021年5月17日和7月1日，阿里巴巴将电商后台数据分析工具生意参谋的多项数据产品改为免费。目前，上述三个地区的电商能够使用生意参谋提供的店铺流量分析等基础性服务，但缺少专门的数据分析和运营人才，农民电商较难利用大数据进行深入分析。如何进一步提升农民电商的数字素养和数据分析能力是数字乡村建设中需要攻克的难关。

如何避免数字乡村建设与乡村生产生活需求脱节的问题

数字乡村建设要求不同部门、不同系统、不同类型数据之间实现互联互通，通

---

① 罗汉堂. 新普惠经济：数字技术如何推动普惠性增长. 北京：中信出版社，2020：135.

② 曾亿武，张增辉，方湖柳，等. 电商农户大数据使用：驱动因素与增收效应. 中国农村经济，2019（12）：29-47.

过数据集成、分析和运用推动乡村发展。目前，很多县的数字乡村建设往往喜欢做一个数字大屏，便于领导学者调研参观，但缺少应用实效。笔者调研的一个县反映，他们在制种、养殖和蔬菜种植过程中，安装了很多摄像头，全天候记录农作物生长过程，但这些视频资料除了具有科研用途外，并不能转化为便捷可见的关键数据服务于上下游用户需求，用户平时不可能花大量的时间去看这些视频，“收集这么多视频资料有什么用”成为值得深思的问题。如何避免大量的无效数据收集，如何开展关键数据的采集、分析、建模和应用是接下来数字乡村建设需要解决的问题。

临安区坚持数字赋能，构建了“天目云农”总体框架，打通了18个部门的数据，归集涉农数据5 165万条，对接数据接口312个，形成特色应用场景32个。以天目云农·山核桃产业大脑为例，它是浙江省首个农业全产业链数字应用平台，着力实现第一、第二、第三产业数据融合发展。在种植端，提供土壤评价、退果还林、山核桃干腐病防控、自然落果智慧监管、土地流转价值测算等服务，农民打开手机便可以查看相关数据，还可以拍照上传咨询和反映病虫害问题，系统会检测识别并根据上报数据进行病虫害预警。在生产端，推行透明工厂，对全区160家加工企业进行溯源管理，提供数字化管理，提升生产效率。在销售端，对接阿里巴巴平台，开展消费者画像服务、监测山核桃热销区域与商品热销排行榜。以品控溯源为例，临安区政府出钱购买传感器、监控探头等放在山核桃果园、加工厂里面，交给从白牛村电商运营发展起来的文远科技公司来负责系统开发和运营，消费者能像阳光厨房一样看到视频溯源，他们可以看到自己购买的山核桃来自哪里。

临安数字乡村建设目前还处于数字化技术服务于政府和社会治理的阶段，多数农民在数字乡村建设中的参与度并不高，农民更需要的是数字技术赋能他们的生产经营活动，更希望提高自己的数据分析和应用能力。不过，将数字技术应用到山核桃的生产加工环节是有难度的。整个临安的山核桃在产品本身上所做的创新局限于外包装和颗粒形态筛选上，加工工艺来自百年来传下来的方法，既方便又成本低，即便有新的数字化机器可以引入，如果成本较高，替代效应也不会很明显。白牛村走的是低价跑量的模式，缺少足够的利润空间用于生产环节的数字化，对他们而言，生产环节的提质增效尚不是重点，如何提高他们在销售环节的数据分析与利用能力，如何提高商品销量、降低运营推广成本、提高利润率更为紧要。

临安区曾想了很多办法解决白牛村电商发展的场地制约问题，最典型的是电商大楼的建设。2020年10月，由临安区商务局推动建设的电商大楼在白牛村交付使用。不过，到2021年7月，电商大楼的商户入住率很低，白牛村电商认为电商大楼的实用性不强，很多人不愿搬进电商大楼。对于生产经营规模较大的电商而言，电商大楼场地太小了，租用基本只能用于网上接单，生产和仓库依然需要放在家里，或者需要租用两层楼才够用，但电商大楼整体空间不大。另外，电商大楼盖的并不实用，电梯不够大，一般的铲车进不去，虽然施工前征求了电商意见，但他们也没想得很周到。电商大户依然倾向于在自己家里做电商，场地不够就想办法去租别人家的场地，实在不行就控制销量。对于规模较小的电商而言，家里的场地能够满足需求，一般也没必要搬去电商大楼。经村干部争取协调，直播电商入驻电商大楼，前期是免费的，但后期会收费，对规模较小的电商来说是增加成本投入。目前电商大楼主要起到宣传介绍白牛电商发展，以及提供直播场地、孵化本土网红的作用。

结　语

数字乡村建设离不开乡村发展的内生动力，如何将网络和信息技术同农民的切身利益紧密联系起来成为推动数字乡村持续发展的关键所在，电子商务为推动数字乡村内生发展提供了一条可行的道路。临安白牛村依托本地周边的山核桃资源，在中国电子商务发展早期阶段能够及时地抓住市场机遇开展网上销售，在发展过程中，白牛村村民拥有主体性，能够自主地决定如何发展，不断寻求组织创新，主动争取政策资源支持，面对传统电商平台不断提高的运营成本和新冠疫情冲击积极求变，开展直播电商和微商销售，整个发展过程展现了其内生发展的特征。白牛村的案例也有助于反思农村电商在推动数字乡村建设中可能存在的问题，包括：如何让广大村民共享数字经济发展红利，共同参与到数字乡村建设中，如何克服农产品电商和农村电商的固有缺陷，积极拥抱数据驱动产业发展的趋势寻求高质量发展，如何避免数字乡村建设同乡村的生产生活需求脱节的问题。

电子商务助推数字乡村内生发展的实现路径可以概括为：首先，结合本地优势资源，在乡村能人（或者在外求学的子女）带动下引入先进的电商销售渠道（从最开始的淘宝，到后来的拼多多、微商再到如今的直播电商）。其次，用实际可观的收益吸引广大村民积极地参与到电商行业之中，扩散传播过程以及市场竞争关系受到乡村人际关系的影响，在市场竞争中激发村民的草根创新，包括产品创新、营销创新和组织创新。再次，村干部积极向上争取政策资源，通过明星村建设吸引社会资源，努力克服农产品电商和农村电商的固有缺陷，吸引更多的返乡大学生等能人来到乡村。最后，在电商产业提档升级的趋势下，扩大数字技术的应用范围，如种植采购环节、生产加工以及销售反馈过程的品控溯源和数据分析，打通第一、第二、第三产业之间的数据反馈隔膜，以电子商务的“点”带动整个数字乡村建设的“面”。总之，数字乡村建设首先是要着力解决农民致富问题而非乡村治理的数字化问题，让数字技术、新的生产销售渠道赋能乡村产业发展和提档升级，这才能激发数字乡村建设的内生动力。

在电商从业者不断增加、很多行业和商品类目供大于求的情况下，电子商务的经营成本不断提高，很多农民抱怨电商越来越难做了。但网络化、信息化、数字化的趋势不可逆，乡村需要积极拥抱互联网和信息技术，通过电商渠道从事销售，用数字化打通第一、第二、第三产业融合发展是大方向。为此，本研究提出如下建议：

一是努力激活草根创新。在消费者越来越追求个性化、差异化需求和服务的情况下，草根创新有着不同于标准化工厂生产的竞争优势。其实农民和农村不缺乏创新，难点在于这些创新要符合市场需求，避免没人需要或者需求很少的创新。这要求农民电商依托数据分析（产品销售情况、热销商品特征、竞争网店特征、消费者人群画像以及目标人群分析等）瞄定特定人群、特定应用场景进行产品创新，努力做到精细化营销，避免商品同质情况下的恶性竞争。由于农村缺少这些既懂数据分析又懂产品创新的人才，政府在推进数字乡村建设时需要加大这方面的资金和项目投入，充分发挥现有代运营公司的服务效能，通过购买服务、引进服务专员等方式，为当地草根创新提供资金、数据和技术支撑。

二是强化电商平台赋能。内生发展特别强调，要避免外生发展容易出现的外部资本为了逐利掠夺农村资源的问题。农村电商发展中也暴露出一些外生发展的弊端，表现为几大电商平台抢占农村电商市场，农村电商更注重工业品下行而非农产品上行，农民电商依附电商平台需要投入很多资金用于付费推广等。为了避免出现这些问题，农村电商需要多平台参与，避免一家平台独大。多平台的竞争关系能够减少电商经营成本，更好地发挥电商平台赋能的作用。继续倡导电商平台流量、数据和技术资源向农村倾斜，包括平台助农专区、涉农补贴等。在农村引才难的情况下，需要鼓励微商和直播等那些门槛不高的电商平台的发展。引导电商平台积极参与到数字乡村建设中，让广大村民共享数字红利。

三是激活农民建设数字乡村的主体性。一定要避免数字乡村建设中自上而下强制推动、过度重视农业农村大数据管理和乡村数字治理，而轻视农民实际的生产生活需求的问题，避免出现资金和技术资源浪费而农民“不买账”的消极后果。现阶段很多地区的农民仍以致富为主要需求，数字乡村建设应围绕如何让农民致富做文章，部分发达地区乡村可以在致富的基础上响应村民其他方面的需求。各个地方在设立系统开发项目、具体功能设置、监控数据呈现以及使用效果反馈等环节，要牢牢抓住广大农民的需求，尊重农民的意愿，响应他们的期盼，调动他们的积极性，让农民成为建设数字乡村的主体，让数字乡村建设成为农民自己想干、实际能干、切实在干的一项事业。

参考文献

[1] 费孝通. 小商品 大市场. 浙江学刊，1986（3）.

[2] 梁漱溟. 乡村建设理论. 上海：上海人民出版社，2011.

[3] 刘少杰，林傲耸. 中国乡村建设行动的路径演化与经验总结. 社会发展研究，2021（2）.

[4] 陆益龙. 村庄特质与乡村振兴道路的多样性. 北京大学学报（哲学社会科学版），2019（5）.

[5] 罗汉堂. 新普惠经济：数字技术如何推动普惠性增长. 北京：中信出版社，2020.

[6] 邱泽奇，张樹沁，刘世定，等. 从数字鸿沟到红利差异：互联网资本的视角. 中国社会科学，2016（10）.

[7] 王春光. 乡村建设与全面小康社会的实践逻辑. 中国社会科学，2020（10）.

[8] 约瑟夫·熊彼特. 经济发展理论：对于利润、资本、信贷、利息和经济周期的考察. 何畏，易家详，等译. 北京：商务印书馆，1990.

[9] 曾亿武，宋逸香，林夏珍，等. 中国数字乡村建设若干问题刍议. 中国农村经济，2021（4）.

[10] 张文明，章志敏. 资源·参与·认同：乡村振兴的内生发展逻辑与路径选择. 社会科学，2018（11）.

第七章 数字乡村建设中的“外部性”与“地方性”：以砀山县数字乡村建设行动为例

引 言

2020 年 9 月，自古就因酥梨而闻名的安徽省砀山县良梨镇良梨村与中国农业银行安徽省分行、蚂蚁集团三方共同签订战略合作协议，成为中国区块链第一村。这是中国网络社会进程中各地开展数字乡村建设行动的一个缩影。可以说，互联网时代的到来为地方社会发展提供了新的机遇与挑战。尤其是在农村社会中，如何接入信息化、数字化、网络化的生产生活秩序，激发社会内生活力，同时抵御信息风险，构成了当前乡村建设的重要工作内容。2019 年 5 月，中共中央办公厅、国务院办公厅印发了《数字乡村发展战略纲要》，强调现代数字技术在乡村振兴中的拓展应用，明确指出数字乡村建设既是农村现代化的重要内容，也是乡村振兴的发展方向[①]。为进一步落实数字乡村建设工作，2020 年 7 月，中央网信办等七部门联合颁布了《关于开展国家数字乡村试点工作的通知》，并遴选出 117 个国家数字乡村建设试点。在中央政策的指导之下，各地政府及相关主体纷纷行动起来，推动当地的数字乡村建设工作。

在全国开展数字乡村建设行动的浪潮下，中央政府借助行政体制推动各个地方社会主体展开社会建设行动，以探索、总结数字乡村建设路径。数字乡村建设行动将数字化的生产生活方式引入到乡土社会之中，并重塑了地方社会的秩序。数字乡村建设行动在已有的地方社会关系上拓展了组织网络中的参与者，诸多科技公司、

① 中共中央办公厅 国务院办公厅印发《数字乡村发展战略纲要》.（2019－05－16）. http://www.gov.cn/zhengce/2019-05/16/content_5392269.htm.

数字平台、重点高校与地方社会通过数字乡村建设行动建立起紧密联系。在全社会的广泛参与和行动之下，各地的数字乡村建设呈现出百花齐放的状态。

从该社会建设行动的缘起上看，数字乡村建设并非是孕育于乡土社会之中，而是借由国家战略规划、跨越地方的市场秩序、全球化的技术发展等外部性因素，并经由以行政系统为主的渠道注入到地方社会之中，推动地方社会进行转型、发展，并入到规模更为庞大的网络社会秩序之中。新的经济模式与发展机遇遍地开花，为地方社会发展提供着新的路径与选择。与此同时，各个地方社会中的主体也会基于当地发展诉求去应用相应的数字化技术，并且在具体实践中因受到政治、市场、文化等多重外力作用而调整发展模式。从社会学的角度对各地数字乡村建设中的地方性与外部性深刻互动的过程进行分析，可以更深入地认识到在地方社会的发展中人们的生产生活如何被卷入到网络社会的秩序之中，立足于具体的日常实践理解中国网络社会进程中正在发生的深刻且复杂的变化。

本章将以安徽省砀山县数字乡村建设行动为典型案例，从该地开展的具体行动与取得的成果出发，进入到这些建设行动和建设成果得以可能的社会情境之中，去理解中国网络社会扩展进程中的地方社会与外部“触发机制”之间的广泛而深刻的互动进程。虽然说“外部性”与“地方性”在实践状态中是高度混融的，但这并不妨碍在分析层面上将两者进行简要区分，以理解当前推动的数字乡村建设过程中相关主体的政策认知、路径选择与实践行动过程。

一、身处数字化乡村建设浪潮中的砀山县

砀山县①位于安徽省最北部，皖苏鲁豫四省七县（市）交界处，辖 13 个镇、3 个开发园区，面积 1 193 平方公里，总人口 100.5 万。砀山县有着自身特色的产业，拥有近百万亩吉尼斯认证的世界最大连片生态果园，全县水果种植面积近 100 万亩，年产各类水果 170 万吨，其中“砀山酥梨”“砀山黄桃”“砀山油桃”获国家农产品地理标志认证。2015 年 8 月“砀山酥梨”获中国驰名商标称号，2016 年“砀山酥梨”被评为“全国名优果品区域公用品牌”，2020 年砀山酥梨入选国家优势特色产业集群，砀山酥梨区域品牌价值 190.64 亿元。2015 年砀山县被评为“国家级电子商务进农村综合示范县”，2019 年再次被评为“国家级电子商务进农村综合示范县（升级版）”，2020 年被评为“国家农产品出村进城试点县”。该县先后被评为

① 关于砀山县的介绍摘自地方政府提供的《打造电商发展“砀山模式”助力数字乡村试点建设》2020 年政府工作报告书。

“中国梨都”“中国果业之都”“全国无公害农产品生产示范县”“全国绿色食品原料（砀山梨）标准化生产基地示范县”“全国农产品加工示范基地”“国家级出口果蔬质量安全示范区”“国家级农业产业化示范基地”“全省首批农业产业化示范区”“省农民专业合作社信息化建设示范县”。作为世界三大最优质的黄桃产区之一，黄桃标准化示范区试点已被国家批准建设。

在全国范围内开展的数字乡村建设行动中，砀山县作为其中一个建设试点，同许多以农业生产为主的地县共享着相似的社会基础。具体表现在接入数字化秩序之前，砀山县长期以农业生产为主，且经济基础与东部沿海地区相比有着较大的劣势，基础设施建设相对滞后。而且该地农村居民的生产生活观念也相对传统，自我创新和发展的动力、能力不强。该地在2010年前后开始逐渐接入到数字化生产生活秩序之中，在时间点上与国内较多地方保持一致，而其密集的电子商务、数字治理等工作的开展，也是在近5年内伴随着国家政策的引导和平台经济的不断完善而进行的。作为一个典型个案，砀山县还具有另外一重意义，即在全国范围内不乏有一些和砀山县在基础条件上较为相似的地区，但这些地区并未像砀山县一样，在数字化生产生活模式的探索方面走在前列。砀山地方具有独特的数字化发展模式，同样为理解中国地方，乃至乡村的数字化建设过程提供了重要的切入点。

综合化的数字乡村建设体系①

砀山县地方政府在推进数字乡村建设的过程中，意识形态始终在统领实质工作的开展。具体表现在，砀山县地方政府将数字乡村建设工作纳入砀山县“十四五”规划，并成立砀山县国家数字乡村试点建设工作领导小组，加强数字乡村建设和试点工作的统筹协调，形成资源整合、部门协同、上下联动的统筹推进工作格局，以推进乡村信息基础设施建设、数字经济发展、数字农业农村建设、农村科技创新、乡村数字治理、信息惠民服务等工作。2020年下半年以来，砀山县开展第一批次公共品牌孵化、县级电子商务大数据服务、农村流通体系建设和农村电商人才孵化项目招标，中标金额671万元，中标单位为中国国际电子商务中心和阿里云计算有限公司。目前共举办了9期培训，累计培训1 650人次，其中致富带头人542人次，返乡创业大学生115人次，村两委86人次。

与此同时，砀山县大力发展农产品电子商务，支持搭建农产品出村进城电子商务平台，加快农村电子商务支撑保障体系建设，积极探索建立促进农村电子商务发

① 该部分内容整理自《砀山县数字乡村试点工作情况报告》，以及政府座谈会议期间各单位代表的发言。

展体制机制，不断提升农村电子商务应用水平，拓宽农特产品网络销售渠道，打出“互联网+水果”特色牌，催生出了“鲜果时光”“桃如意”“带澳飞”“背个果果”“蜜果恋”“童年的味道”等 2 100 多个农产品电商品牌。目前，全县共有电商企业 2 022 家，培育了 2 家省级电子商务示范企业和 15 家电子商务限上企业，网店和微商近 6 万家，带动 15 万多人从事电商物流等相关产业。2020 年电商交易额超 60 亿元。2021 年以来新增千万级企业 1 家，新增电商品牌 30 个。

在数字技术下乡的同时，与之相配套的基础设施建设工作也在同步展开。砀山幕天跨境电商冷链仓储物流项目主要建设内容为综合冷链仓库 9 942.72 平方米（2 万吨级）、冷库总计容面积 29 828.16 平方米、智能标准库 14 687.53 平方米、电商接待中心 7 595.71平方米；阿里农业、菜鸟乡村物流中心目前已建成万吨级冷库，分拣设备及 22 辆冷链车正在进行招标采购，33 条全国性直达线路已经批复。截至 2021 年 12 月，项目工程已建成主体办公楼，园区北面建有两层普通仓库，一层可做电商产品分拣包装中心，二层可存放大综类商品，每层 5 000 平方米，共计 10 000 平方米。

在更为具体、直接的数字化建设中，数字技术下乡直接推动果园创新升级。砀山县“数字果园”创新工程是综合水果生产、贮藏、加工、流通、销售等环节在数字化、智能化管理过程中的推广所打造的一项创新工程，大力实施了以集“果园数字管理”“专家在线咨询”“社会化信息服务”“质量安全追溯”“农业电子商务”“农业功能拓展”六大系统于一体的“数字果园”创新工程，建立了支撑整个砀山水果产业发展的综合服务体系，引领着砀山水果产业由“传统型”向“现代化”的转型升级。

信息进村入户、农产品出村进城则反映了数字技术下乡的同时也将乡村里的一些要素带到了城市。在信息进村入户方面，建成县级运营服务中心 1 个，建立村级益农信息社站点 155 个，目前已覆盖全部行政村。全县益农信息社站点累计开展便民服务 600 多万人次，服务总金额超过 5.2 亿元。以 12316 为核心的公益服务体系不断完善，市场化运营机制不断健全，可持续运营能力大幅增强。整个数字乡村建设过程中，地方重要主体全面推进信息技术在农业生产经营中的广泛应用，充分发挥网络、数据、技术和知识等要素作用，建立完善适应农产品网络销售的供应链体系、运营服务体系和支撑保障体系，促进农产品产销顺畅衔接、优质优价，带动农业转型升级、提质增效，拓宽农民就业增收渠道，以市场为导向推动构建现代农业产业体系、生产体系、经营体系，助力乡村振兴和农业农村现代化。

从“微商”到“电商”的发展路径

砀山县的数字乡村建设行动既综合全面，又有所侧重，其中数字化建设的重点被确定在电商领域。砀山县电商发展的一个重要特征便是微商起步，逐步转型到社群电商、社交电商，其中，2015、2016 年微商销售额占比曾达 70%以上。这不同于全国很多地方的淘宝村遍地开花景象，砀山县在发展电商的过程中选择了借助地方民众熟人圈的力量来形成互联网销售的产业基础。根据砀山县商务局徐局长的描述，砀山县 2015 年之所以没有接入成熟的电商平台，一个主要原因是平台抽成过高，地方民众很难承受。而到砀山县电商已经发展出了一定规模，且借助熟悉关系构造的市场遇到瓶颈之时，砀山又开始积极接入电商平台。

在与电商平台合作日益密切的过程中，砀山县不断推进与京东、阿里巴巴、苏宁等龙头电商企业深度对接，加强与云集、有赞、本来生活等中小社交电商平台紧密合作。通过在京东、阿里、苏宁等电商交易平台上开设砀山特产馆、扶贫馆、旗舰店等，不断扩大农产品销售渠道。同时加强与抖音、小红书等内容电商合作，通过小视频、直播等宣传推介、销售砀山特色农产品。与此同时，一些龙头电商通过自建商城或平台等不断扩大产品销售渠道。2020 年壹度品牌运营股份有限公司牵头成立的“壹度拼拼”“壹度易购”两个平台销售额超过 5 亿元，安徽省田丰牧业科技有限公司自建的“田丰牧业商城”销售额达 9 260 万元。安徽带澳飞农业科技有限公司、安徽趣乐街网络科技服务有限公司、砀山农家植保电子商务有限公司等企业也都有自己的销售平台。通过几年的快速发展，砀山电商已经实现从“买砀山、卖全国”到“买全球、卖全球”的转变，也构成了砀山在电商领域中扮演重要角色的象征。

在具体推动电子商务发展的过程中，砀山县主要围绕着地方特色产业发展相关的电商领域，体现出以下四个方面的特征：

政府引导。政府在电商发展的过程中始终保持强力的引导力，助力电商快速发展。砀山政府采取包括强化政策扶持、完善发展规划等措施，并出台《关于加快农村电子商务发展若干政策》文件，编制砀山果业区域公用品牌发展战略规划，建设了农旅结合的“壹号果园”。3 年累计投入资金 1.2 亿元，撬动社会资金 10 多亿元投入电商发展。在人才培育方面，坚持“走出去”受训，“请进来”授学，“沉下去”培训，为砀山电商的发展夯实了人才基础。

协会投入。砀山县积极发挥协会带动力，助力电商创新发展。县电商协会每月举办私董会交流发展经验，提高电商主体的管理和实操能力，3 年来共示范带动 3

万多名大中专毕业生、返乡创业青年等投身电商大潮。电商企业联合成立“壹度易购”“壹度拼拼”两个社区团购平台。砀山县通过协会的网络组织将数字化乡村建设和精准扶贫工作结合起来，对于农村贫困户以略高于市场的价格收购其农产品。

市场动力。政府在引导电商发展的同时还充分激发市场主体内生动力，助力电商自主发展。具体表现为砀山县科技食品、圣洁梨花等生产性企业以自主品牌开展电商销售；鹏顺水果专业合作社 2018 年开始在拼多多进行线上销售，目前日均销量 10 000 多单，位居拼多多梨类第二名。市场中的不同主体联合推动水果种植结构的调整、彩印包装、创意设计、快递物流等行业的发展。

产业效应。在市场主体发展动力的基础上，砀山县优化基础设施配置，改善地方创业、发展环境，促进地方产业全面发展，具体表现在：对交通、物流等基础设施的建设；与阿里巴巴、京东等电商平台签订战略合作协议；建设物流中心，并引入幕天跨境电商冷链仓储物流、申雪冷链、菜鸟乡村物流中心；推动“网红直播+电商”的发展模式，邀请千名网红直播销售农副产品，并开展电商直播大赛等活动；砀山联合阿里脱贫基金会，与优酷、聚划算等共同实施公益明星、网红直播，淘 Live 村播等项目免费为砀山农特产品代言。其中，在 2020 年“天猫 618”活动中砀山梨膏销售额位居全国贫困县第一名。

地方特色品牌/产业链的诞生

砀山实施数字化建设的过程中脱颖而出一批发挥着中坚力量的地方特色品牌，构建起基础坚实的产业链体系。这些企业/产业既有在互联网时代中应运而生的产物，也有地方连锁品牌在数字化建设浪潮中成功转型的样板。这些企业/产业采取诸如农村电商培训、提供发展经验等具体举措在数字乡村建设过程中发挥着重要作用。砀山县关于特色品牌/产业链的构建成果可以用产业化、规模化、平台化来概述。

产业化。砀山县在推动数字化建设过程中，充分与当地产业结合。其一是运用农业物联网、生态栽培等技术实现水果种植数字化、精细化管理；其二是在做强做大黄桃罐头、梨膏等传统优势加工品种产品的基础上，积极和大型院校、科研站所合作，研发生产果醋、果酒、果胶、果药、水果化妆品等高附加值的产品，进一步延伸拉长产业发展链条；三是积极加大农村流通设施建设，建立县、镇、村三级农村产品物流体系。全县范围内实现快递服务全覆盖，做到城区到村当日达，并建成申通快递全国第一个县级转运中心和全国第一个县级冷链存储运输中心，被国家邮政局评为“全国快递服务现代农业示范基地”。产业链在实际运作的过程中有着高度的分工合作，不仅仅体现在公司之间，也体现在具体的微观主体身上，比如一个村庄相邻家户之间可以围绕电商运行的生产、包装、运输等环节进行分工。

规模化。在砀山电商发展过程中，越来越多的大型电商企业开始尝试拓展多业态经营模式，从纯电商企业发展为集生产、销售为一体的综合性企业。安徽鲜果时光商贸有限公司通过网络销售鲜果及水果罐头，年销售额达 1.3 亿元。在电商销售取得成功的同时，该公司瞄准牛肉酱、香菇酱等网络热销产品，建立研发、生产车间，其生产的“方燕”牌系列产品日均销量达 1 万瓶。截至 2021 年 3 月底，砀山县共培育了 8 家省级电子商务示范企业和 25 家电子商务线上企业。安徽壹度品牌运营股份有限公司拥有 600 余家线下门店及网销平台，年销售额超 15 亿元，2018 年成功挂牌新三板，2019 年底被商务部评为全国线上线下融合发展数字商务企业，预计 2021 年底在主板上市。安徽龙润堂生物科技有限公司也正在筹备新三板挂牌。

平台化。在砀山县的数字化“基础设施”① 发展完善之后，各个产业开始与大的电商平台建立联系。在这个过程中，砀山县不断推进与阿里巴巴、京东、苏宁等龙头电商企业深度对接，与云集、有赞、本来生活等中小社交平台电商紧密合作，引导砀山县传统食品加工、商贸流通企业以自主品牌为支撑，入驻电商平台。与此相对应，砀山地方企业也在数字化建设中发挥着重要作用。砀山县在开展数字乡村建设试点工作中依托壹度、桃如意等本土龙头电商企业，组建社区团购平台“壹度易购”和拼购平台“壹度拼拼”，探索新零售模式，促使砀山电商由“多而小”向“精而强”集聚发展。目前，两平台活跃用户超过 100 万人，实现年销售额达 20 亿元，带动农产品销售 7 亿元。

这些“面”上的成绩仅仅是我们理解网络社会进程中各地数字乡村建设的一个起点，尚不能回答的问题便是这些不断显现出来的数字乡村建设成果、发展模式是在怎样的社会机制中被源源不断地生产出来的。只有透过已经呈现出的具体建设成果进入到数字乡村建设得以可能的社会基础之中，充分理解数字乡村建设行动的社会生成机制才能够帮助我们深入认识网络社会进程中的特定社会建设行动的内涵，以便在后续推进数字乡村建设的认识与行动过程中能够落到实处。

二、在约束与能动之间的数字乡村建设

数字乡村建设行动并非“在白纸上绘图”，而是基于地方社会中已经“沉淀”

① 其中包括实体的基础设施，也包含非实体的组织、制度、资金配套设施。

下来的结构去推进相应工作，且该过程之中还会有诸多外部力量参与到对地方社会实践形态的塑造过程之中。这便意味着数字乡村建设行动一方面不是完全根据试点建设者的主观想象去随意构建，另一方面，数字乡村建设也不应该是完全被结构制约，成为一个单纯被结构决定的结果。因此，理解数字乡村建设战略如何在地方社会被转化成具体行动，需要回到开展试点建设的具体情境中，考察行动与结构之间的“互构”进程。吉登斯发展完善的结构化理论为理解结构约束中的社会行动与策略建构提供了重要思考视角①。

结构化理论可以被视为对自然主义（实在论、客观主义）认识论的反叛。该理论批判性地引入关系的维度，认为社会结构并非是外在于主体的客观实在，而是在与主体实践与认知经验互动中建构起来的社会过程。吉登斯在构建结构化理论的过程中使用“实践意识”替代了“话语意识”，并在此基础上阐明人类的社会活动始终具有一种循环往复的特征，即“结构化”（structuration）的特征②。吉登斯立足于结构化过程试图在社会生活场景中弥合行动与结构之间的二元对立。始终贯穿结构化理论的一个主题便是社会系统的所有结构化特征，都同时是定位在情境之中的行动者权宜性完成的活动的中介和后果③。因此，吉登斯在构建理论概念的时候充分贯彻了“去实体化”的进路。例如在他的笔下“社会”具有双重意涵：一是指有具体界限的系统，二是指一般性的社会交往④。各种形式的社会行为不断地经由时空两个向度再生产出来，只有在这个意义上，才说社会系统存在着结构性特征⑤。

结构化理论的重要立场便是认为“以社会行动的生产和再生产为根基的规则和资源同时也是系统再生产的媒介（即结构二重性）”⑥。结构化理论中的“结构”⑦，指的便是社会再生产过程中反复涉及的规则与资源。而当人们说社会系统的制度化特征具有结构性特征，就是意味着各种关系已经在时空向度上稳定下来。吉登斯认

① 安东尼·吉登斯. 社会的构成：结构化理论大纲. 李康，李猛，译. 北京：生活·读书·新知三联书店，1998.

② 谢立中. 主体性、实践意识、结构化：吉登斯“结构化”理论再审视. 学海，2009（4）：40-48.

③ 安东尼·吉登斯. 社会的构成：结构化理论大纲. 李康，李猛，译. 北京：生活·读书·新知三联书店，1998：297.

④ 同③47.

⑤ 同③40.

⑥ 同③81-82.

⑦ 吉登斯在《社会的构成：结构化理论大纲》附录中对概念做出了更详细的界定。本章涉及结构化理论中的关键概念包括：“结构化”指社会关系凭借结构二重性，跨越时空而不断形成结构的过程；“结构”指循环反复地卷入社会系统再生产的规则与资源，作为记忆痕迹、作为人类认知能力的生物基础而存在，具体体现在行动之中；“结构二重性”指结构同时作为自身反复组织起来的行动的中介和结果，社会系统的结构性特征并不外在于行动，而是反复不断地卷入行动的生产与再生产。

为可以抽象地把“结构”概念理解为规则的两种性质，即规范性要素（normative elements）和表意性符码（codes of signification）。资源也具有两种类型，即权威性资源（authoritative resources）和配置性资源（allocative resources）。前者源于对人类行动者活动的协调，后者则出自对物质产品或物质世界各个方面的控制[①]。结构化进程也意味着对资源的重新配置，是通过情境中一系列的触发机制引起了社会中各要素的组合。概括而言，结构化理论预设了人们构建策略的过程始终发生在结构约束之中，研究者考察作为结构性关系之“转换关键”的各种实践是如何在日常惯例中相互交织在一起的，在此基础上进一步探讨制度化实践将社会整合与系统整合联系起来的方式。

模型与经验事实之间不是松散的对应关系，模型也不是对经验事实的简单模拟，而是抓住并揭示了将经验事实关联起来的重要机制和具有一定普遍性的规律[②]。结构化理论将帮助我们洞察实施数字乡村试点建设过程中的地方政府主体性以及它们在开展试点建设实践中如何在结构约束下建构行动策略。在这种分析视角中，将暂时悬置对社会层面上不断再生产出来的制度的分析，集中考察行动者是如何反思性地监控自身行动，如何利用规则和资源构成互动[③]。在对策略行为进行分析时，关注焦点则是行动者在构成社会关系时，以何种方式利用了各种结构性特征[④]。

在结构化理论的框架中，自上而下的相关政策并非直接决定了地方政府与地方社会的行为，而是如同“触发器”一般激活了地方社会主体的相关行动。数字乡村建设行动中的配置性资源和权威性资源深深根植于实践者建构策略的结构约束之中。其中，国家推行的一系列数字乡村建设政策与现行成熟的数字化市场模式被视为触发地方社会在数字乡村建设领域中的结构化机制的权威性资源。地方社会基础中蕴含的资源禀赋（如市场、主体、要素）则被视作数字乡村建设过程中重要的配置性资源。借用Barley对结构化理论的进一步操作化框架[⑤]来理解数字乡村建设中的结构约束和行动策略建构过程，可以将其视作在结构的约束中，数字乡村试点建设者基于结构化机制激活地方资源禀赋，以此来建构行动策略，在行动策略的建构过程中又同时建构出了新的结构特征，进而显现为数字乡村试点的相应建设成果。

---

① 安东尼·吉登斯. 社会的构成：结构化理论大纲. 李康，李猛，译. 北京：生活·读书·新知三联书店，1998：52-53.

② 王水雄，梁鹏飞. 抽象性与现实性的权衡：一种社会科学的理论观. 社会学研究，2017（5）：90-113.

③ 安东尼·吉登斯. 社会的构成：结构化理论大纲. 李康，李猛，译. 北京：生活·读书·新知三联书店，1998：521.

④ 同③417.

⑤ Barley S R. Technology as an occasion for structuring：evidence from observations of CT scanners and the social order of radiology departments. Administrative science quarterly，1986，31（1）：78-108.

地方社会在开展认知、实践数字乡村建设的过程中面临着两个关键的“世界”。首先是地方社会步入数字化的进程便是其中的主体、要素与数字化生产生活方式的结合过程，所需要立足的便是充满地方性特征的生活世界，这其中包含经过长期历史演化后形成的地方地理分布、关系网络、市场秩序、产业模式等等。而具有外部性特征的悬浮于生活世界之外的要素，在数字乡村建设过程中也会不同程度地降临下来，这其中包含在中国长期国家治理实践中积淀下来的行政运作体系、市场发展过程中形成的有较高接受度的市场秩序、更为一般性的科学技术影响。

三、“外部性”：推动数字乡村建设的“触发器”

在长期的实践中，乡村带有较为稳定的运转秩序，村民共享着稳定秩序中的熟悉性，这种秩序之下很难产生出内生的变迁动力。引起乡村社会生活生产秩序变迁的力量往往来自乡土社会外部。数字乡村建设行动肇始于中国网络社会向基层社会、乡土社会的扩展进程。在推动地方社会变迁的过程中，最为关键的两股力量来自中国国家治理体系中的政治力量和以数字平台、科技公司为代表的市场力量。这些力量通过丰富多样的渠道渗透到乡村社会之中，激活着乡土社会中主体、要素的内生动力，促进其并入数字化秩序之中，以外部“动”的方式推动地方社会与外部性要素的联动过程。

行政体系中的约束与激励

数字乡村建设主要透过行政体系传导到地方社会之中。而作为最直接承担数字乡村建设权责的地方政府需要回应治理体系中的规则与约束。在数字乡村试点建设过程中，地方官员知觉到的来自治理体系约束集中指向“央—地”非对称权力结构下的合法性要求，以及横向比较过程中面临的竞争压力，并希望在数字乡村建设行动中做出一定成绩来获得认可。

央—地非对称权力结构约束

地方政府不仅仅追求效率，还需要关注自身的合法性问题[①]。在中国国家治理体系之中，国家保留对地方官员人事的任免权，在具体事务上授权给地方官员进行

① Meyer J W., Rowan B. Institutionalized organizations: formal structure as myth and ceremony. American journal of sociology, 1977, 83 (2): 340-363.

灵活治理[①]。并且，对上级政策的有效执行在长久以来的治理实践中被强化成了突显地方政府治理合法性的惯例[②]。这意味着，上级释放出的微小信号都有可能在制度惯性下被地方政府过度执行。中央自上而下颁布的乡村振兴、数字乡村建设等政策与以往国家治理实践共享着许多相似的制度基础，其中地方政府迫于行政系统中的政策执行压力，需要在形式上呈现出积极响应的行动。相应地，地方官员通过展现自己治理地方的成效向上级表明自己的执政能力、创新能力。

横向比较与争当典型激励

在具体的社会治理实践中，不仅有来自上级的压力，地方政府也会有内在的动力去开展社会建设。与此同时，地方政府在开展治理实践的过程中既要回应上级要求又有相互比较，并希望在横向竞争中被塑造为典型。成为典型也意味着地方有可能获得更多的资源倾斜。地方政府希望在治理情境中做出对自己而言理性的行为，因此必须增加自身政绩的能见度，让上司能够简单明了地了解自己的政绩[③]。通过“典型”来增加自己政绩的可见度，既能展示自己的政绩，也能表示自己的工作积极性[④]。作为代理方的地方政府往往通过争夺头衔的方式获得委托方的政绩认可，这种争头衔的政府行为，并不直接指向治理任务的完成，而是透过头衔赋予的象征性权威彰显自己的政治绩效[⑤]。

在政治场域的长期浸染下，官员形成的认知图式/惯性在数字乡村建设行动中得到了充分激活，继而驱动着一系列惯性行动的产生。治理体系中结构性约束带来的最直接后果便是砀山县在推行数字乡村建设的过程中需要充分学习领会中央开展数字乡村建设的用意，明晰对于开展数字乡村建设行动的认识，并转化成具体行动，展现自己积极推进工作的姿态。

2020年10月被确定为国家数字乡村试点以来，砀山县认真落实砀山县国家数字乡村试点建设工作，扎实推进数字乡村发展，加快以信息化推进农业农村现代化，不断激发乡村发展内生动力和巨大潜力。（摘自《砀山县数字乡村试点工作情况报告》。）我们的理解是，要通过具体的产业才能实现乡村的长久发展。虽然说现在数字乡村建设要求的范围很广，但是在砀山，我们就集中力量发展电商……我们

---

① Xu C G. The institutional foundations of China's reforms and development. Journal of economic literature, 2011, 49 (4): 1076-1151.

② 周飞舟. 锦标赛体制. 社会学研究，2009（3）：54-77.

③ 冯仕政. 典型：一个政治社会学的研究. 学海，2003（3）：124-128.

④ 同①.

⑤ 练宏. 注意力竞争：基于参与观察与多案例的组织学分析. 社会学研究，2016（4）：1-26.

不仅仅要发展，还要把发展的成果展现出来，将电商打造成我们当地的品牌。（访谈记录，砀山县商务局徐局长。）

市场秩序中的规范与整合

在数字乡村建设行动开始之前，数字化的生产生活方式早已渗透到了民众的生活世界之中。乡村社会中的民众借助电商平台购物，通过社交软件交往，使用短视频软件、游戏软件进行休闲娱乐，一些民众已经自发注册了网店，在互联网中开展商品销售活动。相应地，数字化的规范机制也透过民众的接触、使用互联网行为渗透到民众社会生活的点滴之中。在开展数字乡村建设实践的过程中，已经确立下来的市场规范与数字化思维，是每个具体开展乡村建设的地方社会需要予以回应的“社会事实”。

网络社会中的数字“殖民”

卡斯特指出，伴随着信息技术的发展，人们的组织联系方式已经难以逆转地开启了从群体社会向网络社会的转变[①]。在社会网络化进行逐步推进的过程中，购物平台、数据云端、社交公司等纷纷崛起，在竞争与角逐中这些以数字化、信息化、智能化为根基的行业逐渐确立了运作规范，奠定了组织起人们生活生产秩序的基本沟通交往渠道。在科学主义、自然主义盛行的思潮之中，数字化的生产生活方式又被强化了正当性，采用数字化的生产生活方式往往被冠以高效、先进的名义。在将数字化的生产生活方式引入到地方社会的过程中，已经形成的规范将会重新组合地方社会的沟通交往形式，对以往的关系结构进行解构，重塑着使用者的体验与认知。

面向更多可能性的市场

已经确立的数字化生产生活方式在传递自身运转秩序的同时，也为地方社会提供了超越当地社会、当地市场的可能性。成熟的市场秩序本身意味着存在更多的发展空间，为地方社会中的能人探索在更为广泛的社会分工中的位置提供机遇。在主体的能动性驱使下，各式各样的组织分工形式在社会实践中被生产出来。且一部分人的成功也会激发地方社会中人们的相互模仿与学习，进而在种种微观的社会生产生活过程中与地方社会紧密联系在一起。

---

① 曼纽尔·卡斯特. 网络社会的崛起. 夏铸九，王志弘，等译. 北京：社会科学文献出版社，2006.

四、“地方性”：数字化进程中的社会基础

外部性因素“触发”了地方社会的主体在生活世界形成的认知、行动惯性，推动地方社会在机遇与挑战中渐进式变革。与此同时，数字化和网络化发展是高质量的发展，它对社会基础的依赖要远远高于工业化对社会基础的依赖[①]。数字乡村建设所身处的生活世界为各主体开展具体行动提供了最直接的基础，其既是社会建设的立足点，也是落脚点。“地方性”作为地方社会持续运转的源泉，在推进数字乡村建设的过程中，各类要素不断涌现出来。已经形成的社会秩序中形形色色的制约形式也都在不同方式上成为使动的形式，它们在限制或拒绝某种行动可能性的同时，也有助于开启另外一些行动的可能[②]。当进入到砀山县推行数字乡村试点建设的具体实践过程中，将会发现建设行动者并非被动执行数字乡村建设要求，他们也会充分结合社会情境评估发展优势，并建构出形式丰富的实践策略用以实现数字乡村建设目标。

地方社会中的约束因素

不同于工业化进程中生产与生活场景相分离的情况，数字化进程与地方社会生产/生活结合更为紧密。数字乡村建设不仅仅是接入特定技术，同样接入了与之相关联的数字化思维方式与组织方式。相应地，乡土社会中居民的认知图式（schema）同样会构成接纳抑或是排斥数字技术的力量。这意味着，数字乡村建设过程中需要持续回应地方主体在长期社会生活中形成的认知表象与数字化建设所预设社会秩序之间的张力。这种张力主要体现在数字化秩序与农民生产生活习惯之间、数字化秩序与地方市场秩序之间，呈现出“数字技术换人”困境与既有市场秩序限制。

“数字技术换人”困境

在生产生活方面，推行数字化建设行动一定程度上也是“数字技术换人”的过程。对于经验丰富的农民而言，他们会认为自己的经验相较于数字化的技术监控要更为有效。认知层面的阻碍导致农业生产中的很多数字化技术难以被农民接纳。此外，数字化技术、机械设施在农业生产中实际也受到限制，一些农作物的生产过程

---

① 刘少杰. 积极优化区域发展的社会基础. 社会学评论，2021（1）：40-50.

② 安东尼·吉登斯. 社会的构成：结构化理论大纲. 李康，李猛，译. 北京：生活·读书·新知三联书店，1998：277.

中尚难以通过机器取代人工。

现在搞的农业数字化技术也主要是政府给建个模子。农民是不稀罕用这个的。这么给你说吧，现在老农到地里走一走都知道要不要卷帘子，根本用不着这些仪器。况且说这些仪器用不几年还要更换，每年还要交几百块钱，推广的效果就很不好。（访谈记录，砀山县农业农村局程局长。）

已有市场秩序限制

地方社会经历了长期的发展过程已经形成了特定的市场秩序，而该秩序稳定运作过程中本身也预设有一定的排他性。当既有市场秩序能够满足地方生产生活需求的时候，地方社会接入互联网、构建新型市场秩序的动力便不够充足。与此同时，在市场秩序的背后，是地方能人之间形成的紧密关系网络，存在一定的共同利益。在引入新的数字化秩序进程中也要不断调整既有利益分配方式。并且在构建数字化市场秩序过程中，财力（抑或是经济）同样会限制选择新的市场模式的过程。例如砀山最初在发展电商经济的过程中，不是直接接入成熟的电商平台，而是以微商起步，正是因为民众与地方社会经济水平的限制，尚且不能承受比例较高的电商平台抽成。

现在我们又跟阿里、京东开始搞合作，它们现在老是开玩笑说我们之前看不上它们，它们现在是在高攀我们。我总得解释说不是这样，我们当时的经济状况真的是付不起平台的抽成，我们现在做微商起步有了一定基础条件之后，微商发展的瓶颈也出现了。我们就开始转战电商平台。（访谈记录，砀山县商务局徐局长。）

面对地方社会长期发展过程中已经沉淀下来的秩序，数字建设者需要寻求契机将数字化秩序整合到地方社会运转逻辑之中。其中，中央自上而下推动的数字乡村建设战略文件通过制度权威为整合过程提供支持。此外，地方社会的实践者经由各种渠道接入到数字化秩序的过程（例如抖音、快手等短视频软件在农村社会的流行）也为数字乡村的推进提供了“碎片化”的社会基础。社会生活的约束之下，地方政府及其他主体在沟通、协商、博弈中为数字乡村建设寻求发展的空间，推动地方社会基于生产生活发展出的内在需求、政策引导进入到数字化秩序之中。

结构约束中的认知与行动

地方各个主体所身处的社会结构中不断再生产过程中沉淀下来的约束性因素也在为他们构建行动策略的有据可循的工具[①]。虽然“因地制宜”“权宜变通”这些概

① Swidler A. Culture in action：symbols and strategies. American sociological review，1986，51（1）：273-286.

念可以统摄数字乡村建设中的地方各个主体的行为，但对于理解这些行为中蕴含的丰富意义建构与策略选择过程仍显得有些抽象。在砀山县推行数字乡村建设过程中存在自我定位与互相参照、“新瓶装旧酒”、关系运作、树立典型与动员能人这四种主要策略。在这些策略中，自我定位与互相参照对应地方政府对数字乡村建设行动的认知过程，“新瓶装旧酒”对应路径选择过程，关系运作、树立典型与动员能人则对应具体的数字乡村建设行动过程。

自我定位与互相参照

在长期的社会治理过程中，砀山县地方政府各个职能部门与地方社会不同领域打交道后掌握了社会基础概况，清楚地方发展优势与制约因素，进而可以因地制宜构建具有地方特色的数字乡村建设行动。与此同时，地方社会建设的主要参与者也会在和其他地市的比较和学习过程中实现横向自我定位。身处于地方社会中的主体在解读政策文本、比较与学习的过程中清晰了对数字乡村建设行动的认知。砀山县广泛开展与其他地区之间相互学习数字乡村建设工作经验。在此过程中，各地对行动者认知到的“参照群体”[①] 进行比较和模仿，并试图在各地推行的具体数字乡村建设举措中将中央颁布的一些纲领性指导要求清晰化。再者，参与数字乡村试点建设的不同主体对于发展路径的理念会存在一定分歧，在定位与互相参照的过程中地方政府也会试图统合各个主体之间存在的认知张力。最后，伴随数字建设行动的推进，试点城市的定位也将会发生转变。例如砀山县在最初发展电商的时候定位在卖出地方特色的农副产品，但随着电商产业的逐步成熟，现在的定位已经改成了“买全球、卖全球”。

你们来之前，我们刚刚去隔壁省学习回来。不光是这个，我们省里的几个试点县也在相互学习。这个（数字乡村建设）试点也是在刚刚搞，大家都不太清楚怎么做，就相互学学对方比较成熟的模式。（访谈记录，宣传部陈主任。）全国各地到我们这来学习的太多了，可以说我们电商绝对是全国比较好的。新华社来到我们这里，让宣传部联系并报道脱贫攻坚取得突出成绩的章平镇。（访谈记录，宣传部张部长。）

“新瓶装旧酒”

数字乡村建设指导纲要中提出的 10 项重点工作构成砀山县的基本建设框架，需要各个部门将各自推进的具体工作填充进来。但当地的数字化进程在数字乡村建

① Merton R K. Social theory and social structure. New York：Free Press，1968.

设试点政策出台前便已经开始，并且积累了一定的工作成果。与此同时，上级也不会像进行控制实验那样，对开展数字乡村建设行动之前的地方现状进行考察。这便给各个地方留下了“新瓶装旧酒”的空间。在这里，“新瓶装旧酒”的比喻指代地方政府将已有的、与数字乡村建设相关的工作成果包装成为数字乡村建设成果，进而上报给上级部门以体现自身的工作成绩。在实际的数字乡村建设过程中，砀山县地方政府的各个部门纷纷在已有的工作成果中搜寻能够与数字乡村建设挂钩的项目，并将其在不断的汇报总结中凝结成为数字乡村建设成绩，纳入数字乡村建设工作台账之中。

现有的工作成果包括通过行政系统推广的数字化建设工程，诸如电子商务进农村试点建设、智慧校园、智慧医疗、雪亮工程、数字化综合信息平台等项目。这些工作内容也作为“条条”部门下的日常工作内容，各部门推进相关工作时进度不一，呈现出数字化进程的非均质特性。但这其中不乏一些各地认为发展相对较好的部分。这些工作内容会被地方包装成为数字乡村建设成绩的一部分，可以说，既有数字乡村建设成果中包含了已有的成绩和试点开始后的建设成果。这也是调研过程中发现的地方政府应对治理体系中考核压力最惯用的策略之一。在“新瓶装旧酒”的过程中，地方政府也有意无意地确立了该地数字乡村建设的路径，为后续的工作推进指明了方向。

关系运作

在推动数字乡村建设行动过程中，砀山县地方政府也在调动长期社会发展过程中形成的关系网络，并基于关系运作（relational work）动员地方社会中的其他重要主体参与到数字乡村建设行动之中。在遴选数字乡村建设的主力军时，地方政府更倾向于委托自身的核心合作伙伴。砀山县首先找到了X电商集团（前身是地方最大的零售公司），因为该公司和政府之间有长久稳定的合作。地方政府将一些重要工作委托给关系网络中已经建立密切联系的合作伙伴，意味着在开展试点建设行动中，各方的利益和动机更容易协调一致，关系运作的成本相对较小。但有时也会因为关系过于紧密，出现政商“套牢”的状况[①]，即虽然双方之间存在一些理念不合的地方，但碍于合作关系紧密，难以进行优化调整。且在地方社会发展过程中，政、商、社关系网络也在发生着动态的变化，关系始终在不断地调整之中。

在数字乡村试点建设过程中，地方行动者借用数字乡村建设政策中蕴含的“发

① Uzzi B. Social structure and competition in interfirm networks：the paradox of embeddedness. Administrative Science Quarterly，1997，42（1）：35-67.

展信号”，来构建新的地方关系网络。地方政府有引入便捷高效的数字系统的动机，而科技公司在推广产品过程中最直接的驱动因素便是追求利益。专门从事数字化建设的企业会游说地方政府，进而推广公司产品。平台公司、数字技术公司也会广泛与地方政府建立合作关系。在砀山县的数字化建设进程中，地方政府也拓展了与国内知名电商平台的合作，推出数字果园、区块链建设等项目。在人才引进方面，砀山县地方政府也在推行多种政策，吸引外出能人返乡创业，引进外来精英到砀山发展。

在这个过程中最重要、最深远的影响还是对主体的改变，比如说农民，尤其是形成了新的互联网思维。引进来和本地学习相结合，我们既要在引进外界人才的同时培养本地人，也要引回本地人，比如说以前在杭州做的，现在回来，也要“凤还巢”，因为电商发展不受区域限制。（访谈记录，砀山县电商办许主任。）

树立典型与动员能人

砀山县在开展数字乡村建设行动中不仅仅是通过自上而下的制度设计来推行数字技术下乡。与此同时，地方乡村建设的主力军还在以社会关系网络为中心，将动员范围进一步扩展到乡村社会之中，并树立乡村内部典型，号召能人带动周边村民加入数字乡村建设行列。能人在乡土社会中有着丰富的关系网络，能够动员并吸纳村民参与到数字化生产生活秩序之中。地方政府通过扶持乡土能人，整合了数字乡村建设中的农村分散力量。

政府给我们补贴的，我们带动贫困户（就业）。我们带动留守妇女在我们这就业，她们每天不但享受我厂里的生活，还享受一天 80 块钱，然后还能照顾孩子和老人。中午在这里吃饭，吃完饭带孩子，下午正常下班把孩子接走，不耽误她们照顾老人。（访谈记录，牧野集团江经理。）

而且，树立典型和动员能人也有助于向乡村社会传递相关信号，重塑村民对于从事数字化生产生活方式的认知，进而促其转化成具体的参与行动。典型人物身上具备的某些特质同时能够减少一些干扰推进数字乡村建设的“杂音”。根据调研过程中获得的反馈，树立典型确实有效促进了民众对于接入互联网的热情。这种热情最明显地反映在树立典型后，参与电商培训的人员数量呈数十倍增长。且能人自身在发展过程中取得的成就能够为身边村民提供间接的接入数字化秩序机遇，同时他们的实践成效能够引发新的一轮模仿效应，激发村民朝向数字化生产生活方式转型的内生动力。

我们去乡里培训的时候，书记说我们有一个小女孩非常想学这个电商，但是她不方便来。我们就说去她家看看，然后到那一看，感动了。第二天就组织我们的电商讲师，去她家现场指导培训。为什么？她嘛，脖子以下都不能动，弄一个支架放在那里，用嘴去叼触摸笔，确确实实感动到我们。然后我们电商协会开始拨款，打造她、包装品牌……最后她也受到领导的接见与表彰。这件事情另一个重要意义就是它堵了一部分人的嘴。她也是初中没毕业，学历也不高，是不，你还有什么可说的？你比她学历高，你还比她不方便？她做电商都能做起来，为什么你做不起来？（访谈记录，X电商集团李总。）

五、内外合力下的数字乡村建设

数字乡村建设并非机械决定论模式下塑造地方社会形态，而是激活了地方社会的行动与选择，将乡村社会的发展抛入与数字秩序相关的诸多可能性之中。在此过程中，地方社会中的诸多基础要素被重新发现，并被整合进入数字化建设的浪潮之中。可以说，数字乡村建设在塑造地方社会的同时也在反映着地方社会。在“外部性”与“地方性”之间的砀山县数字乡村建设实践，为我们理解中国网络社会扩展进程中的社会建设行动提供了重要的切入点。

社会发展的双重进程

砀山县社会主体在内部性与外部性的互动关系中呈现出社会发展的双重进程。在显性层面，以砀山县为代表的数字乡村建设行动正在外部性因素的推动之下，积极接受数字化的生产生活秩序，例如应用数字化的治理平台、服务平台，重塑地方社会主体的日常生活。在数字化进程的不断推进过程中，地方社会中的认知/行为也逐渐向数字化靠拢，在物质和思维的维度上纷纷接入数字化秩序。

但这并不意味着数字化秩序完全重塑了地方社会的形态。在砀山县的数字乡村建设过程中，我们还可以清楚地看到，在社会发展的隐性层面中，社会建设、发展过程也是重新发现地方性的过程。砀山县当前的数字乡村建设成绩中，很多内容并不是一蹴而就的，历史性、地方性在整个数字乡村建设的过程中不断迸发出来，并在结合数字化技术、组织方式的过程中探索着适合地方发展的模式。或许这种模式并不是最理性的，但在地方社会发展的情境中往往是最“合理”的。地方主体经由长期经营的关系网络推进数字化建设的步伐，把地方社会中长期从事的果树种植传统并入到平台经济的秩序之中，实现了“地方社会＋数字化秩序”的组合形态。

聚焦于当前砀山县数字乡村建设的起步过程，其呈现出在特定时空条件约束与推动下，砀山县社会行动主体调动起长期社会发展中积累的关系网络与资源禀赋。从这个意义上可以说，数字乡村建设是地方社会建设、地方发展的延续。在砀山县走上以电商为重心的数字乡村建设道路过程中，可以看到地方社会在面对已经形成的社会秩序时，依然保有充分的自主性与能动性，善于利用和发展自身优势。纵观砀山县发展历程，其在开始数字乡村试点建设之前，已经积累了雄厚的电商发展基础。地方政府在深度介入的过程中将相关行动策略不断应用和强化。砀山县电商发展的一个重要特点便是微商起步并逐渐转型到平台电商、社群电商。在先前的电子商务示范村建设中，砀山县政府倾注大量精力，重点为砀山县电商的发展配套相应政策和基础设施，具体表现在：县委书记亲自为电商发展“背书”，帮助摆平捋顺发展中出现的各式问题；地方最大的零售连锁品牌转型成为电商企业，并推动砀山县电商从业者的孵化进程；砀山县树立了数个全国典型，典型人物带动了身边更多村民投身电商发展之中。

当数字乡村试点政策出台后，该政策透过治理体系“触发”地方主体认知、选择与行动进程。砀山县的数字乡村建设行动整合了地方已有的非均质数字化进程，并在地方政府的参与下引导其有序推进。特定情境中的数字乡村建设行动者面临相互嵌套的结构约束，所采取的各种策略也是牵一发而动全身。在认识数字乡村建设过程中，砀山县地方政府通过自我定位和相互参照清晰了对国家战略的认知；在选择数字乡村建设工作内容的过程中，砀山县已经取得的电商发展成果被进一步包装为数字乡村建设工作重心；而在具体行动中，砀山县地方政府调动地方政商网络，与互联网公司、科技企业建立新的合作关系，并在具体乡村社会中树立典型与动员能人。在繁多要素的组合中，砀山县发展出具有自身特色的数字乡村试点建设路径。

在塑造社会的过程中反映社会

数字乡村建设过程中不断再生产出的数字化生产生活模式究竟是外部力量对地方社会的塑造还是地方社会基于发展需要开展行动的反映，并不构成实质上的二元对立。从砀山县数字乡村建设实践的案例分析中可以看到，网络社会向乡村扩展的过程中，各种路径选择与建设实践始终置于一种可能性之中，并非是某种决定关系。既不是说社会基础决定了数字化技术的应用形式，也不是数字化生产生活秩序重塑了全新的地方社会形态，而是外部性力量“触发”乡村社会中资源要素组合的过程。

砀山县数字乡村建设行动中的种种“触发”过程，为我们提供了一种在约束与选择的过程中认识网络社会向群体（地方）社会扩展进程中所保持的持续可能性。因而，在数字乡村建设的过程中最重要的并非是实现数字化模式，而是确保社会发展的可能性得以可能。而确保地方社会可能性产生的源泉深深根植于地方社会基础、地方社会与外部性力量的互动过程中。且可能性得以可能的根源在于“动”，而非固化为某种状态。这启示着我们在后续开展数字乡村建设的过程中一定要尝试各种方式打破“形式”的桎梏，增进地方社会的活力，同时上级政府适度保留一定的纠偏权以划定地方社会“动”的边界。

结　语

数字乡村建设在全国各地的“百花齐放”状态，无疑是2021年中国网络社会进程中的一项重要事件。的确，数字化、信息化、智能化的进程给地方社会创造了诸多发展机遇。在外部性的“触发”作用下，地方社会中的关系网络与资源禀赋持续进行着再配置。这一过程中包含了约束与能动的混融、外部性与地方性的混融、城乡社会的混融。在具体建设行动过程中，地方社会中的主体不仅仅是被引导与塑造的被动执行者，更重要的是他们享有生活世界中的主体性地位，并充分立足于其所处的社会基础，在结构约束中建构丰富多样的行动路径。透过地方建设行为可以看到，数字乡村建设行动者会基于自己所处情境和面临的结构约束判断自身优势，将地方社会中的发展成果和资源禀赋整合进数字乡村建设行动之中。砀山县的数字乡村建设与地方区位自然因素、特色产业紧密关联，也与地方复杂关系网络相互耦合。可以说，数字乡村建设是一项牵一发而动全身的工程。

数字乡村建设被写入国家发展战略规划之中，则是以更为正式的制度化方式推动中国网络社会的进程。放眼全国，当前的数字乡村建设刚刚起步，很多发展模式仍处于探索过程之中。是否能规避像斯科特意义上的那些试图改善地方社会的政策往往走向失败的“科学主义”陷阱[①]，抑或是梁漱溟意义上的“乡村运动，乡村不动”悖论[②]，尚需拭目以待。从砀山县开展的数字乡村试点建设实践中可以看到，国家引导的数字乡村建设行动也是将地方社会发展成果进一步与数字化生产生活秩序共同沉淀和整合的过程。但放眼全国，各地数字乡村建设行动中呈现出较大差

① 詹姆斯·C. 斯科特. 国家的视角：那些试图改善人类状况的项目是如何失败的. 王晓毅，译. 北京：社会科学文献出版社，2017.

② 梁漱溟. 乡村建设理论. 上海：上海人民出版社，2011.

异。这是源于各个地方社会长期积累下来的配置性资源和社会秩序约束间存在分异。在具体的社会建设过程中，理性规划、感性实践与各种偶然因素的组合又将会触动地方社会秩序“框架”的关键节点。各地在“外部性”与“地方性”力量的协作下不断探索数字乡村建设模式进程中，一些更为明晰的建设策略也将进行着持续的生产与再生产。

数字乡村建设同样是中国网络社会发展进程中的一个重要里程碑。虽然说数字乡村建设最终落脚在农村社会发展，促进农村社会并入到数字化发展秩序之中，但它也反映出全方位的网络社会的进程。砀山县的发展案例折射出中国的网络社会进程，不仅仅体现着网络的维度，强调诸多网络化、数字化的组织、运作方式，同时也是重新发现地方社会的过程，将地方的历史、文化、关系网络、农业产品整合进网络化秩序之中。将数字乡村建设置入一种“被抛向外部性与地方性互动下的可能性”之中进行思考，在“外部性”与“地方性”的深刻互动中，将会引出如下问题：在什么环境/条件下，外部力量更容易塑造地方社会的发展形态？在何种情况之下，地方性将会占据主导地方发展的主要力量？在网络化时代，在技术应用、组织结构、交往形式日新月异的背景下，各地不可避免地被卷入到数字化、信息化的进程之中。如何对地方社会建设行动中呈现出的丰富主体性予以分类管理与支持，激发社会活力，持续开展行之有效的数字乡村建设行动，还有待持续的关注与研究。

参考文献

[1] 安东尼·吉登斯. 社会的构成：结构化理论大纲. 李康，李猛，译. 北京：生活·读书·新知三联书店，1998.

[2] 梁漱溟. 乡村建设理论. 上海：上海人民出版社，2011.

[3] 刘少杰. 积极优化区域发展的社会基础. 社会学评论，2021 (1).

[4] 练宏. 注意力竞争：基于参与观察与多案例的组织学分析. 社会学研究，2016 (4).

[5] 曼纽尔·卡斯特. 网络社会的崛起. 夏铸九，王志弘，等译. 北京：社会科学文献出版社，2006.

[6] 王水雄，梁鹏飞. 抽象性与现实性的权衡：一种社会科学的理论观. 社会学研究，2017 (5).

[7] 谢立中. 主体性、实践意识、结构化：吉登斯“结构化”理论再审视. 学

海，2009（4）.

［8］周飞舟. 锦标赛体制. 社会学研究，2009（3）.

［9］詹姆斯·C. 斯科特. 国家的视角：那些试图改善人类状况的项目是如何失败的. 王晓毅，译. 北京：社会科学文献出版社，2017.

［10］Barley S R. Technology as an occasion for structuring：evidence from observations of CT scanners and the social order of radiology departments. Administrative science quarterly，1986，31（1）.

［11］Meyer J W.，Rowan B. Institutionalized organizations：formal structure as myth and ceremony. American journal of sociology，1977，83（2）.

［12］Merton R K. Social theory and social structure. New York：Free Press，1968.

［13］Swidler A. Culture in action：symbols and strategies. American sociological review 1986，51（2）.

［14］Uzzi B. Social structure and competition in interfirm networks：the paradox of embeddedness. Administrative science quarterly，1997，42（1）.

［15］Xu C G. The institutional foundations of China's reforms and development. Journal of economic literature，2011，49（4）.

第八章　从“三农”短视频看数字乡村的空间生产与文化激活：以“含山汤猫子”短视频为例

引　言

数字乡村建设是乡村振兴的重要内容和路径，也是深化城乡一体化发展的重要内容。“空间生产”与“文化激活”是数字乡村建设的重要任务，也是乡村振兴中激活主体、激活要素、激活市场的重要路径之一。在数字乡村建设过程中，“三农”短视频发挥了重要的空间生产与文化激活的作用。一方面，“三农”短视频呈现并建构了数字乡村的空间生产，在展示数字乡村面貌的同时也在一定程度上推进了数字乡村建设；另一方面，“三农”短视频也经由空间发挥了激活乡村文化的作用，其中包括空间转换提升乡村文化价值、空间拓展促进乡村文化传播、空间整合打造乡村文化产品、空间重构激活乡村文化活力。对于“三农”短视频在数字乡村建设中发挥的作用，一方面需要深入分析和探索，明晰“三农”短视频及其乡村网红在数字乡村空间生产与文化激活中的地位和作用；另一方面还需要积极引导和应对，制定相关政策，引导和促进“三农”短视频在数字乡村建设过程中发挥作用，更好地推进数字乡村建设进程。

“含山汤猫子”是安徽省含山县一个比较有名的“三农”短视频账号。虽然相比“李子柒”等重量级乡村网红而言，粉丝量并不是特别大，仅仅百万粉丝，但他在当地非常有名气，是当地人人皆知的网红，也是短视频平台大部分中等粉丝量乡村网红的典型代表。“含山汤猫子”是青年农民魏武创作的抖音号，魏武家住安徽省马鞍山市含山县铜闸镇鸭西行政村朱巷村，在抖音平台上，他使用土语方言（原巢湖地区①）拍摄短视频，对乡村生活的展示非常有特色，因而吸引了大量的含山

① 2011年8月22日，安徽省宣布撤销地级巢湖市，调整其下辖的四县一区。在原市政府所在地居巢区，设立县级巢湖市，由合肥市代管，安徽省直辖。原下辖四县，分别是和县、含山县、无为县、庐江县，其中和县(不含沈巷镇)、含山县划归马鞍山市，无为县、和县沈巷镇划归芜湖市，庐江县划归合肥市。

当地人，他本人在含山当地也非常有名气。与“含山汤猫子”类似的还有很多乡村网红，他们通过短视频展现了乡村生活的特点而备受关注，拥有百万粉丝；然后又通过直播带货等变现渠道，赚取一定收入。

在数字乡村建设过程中，“三农”短视频发挥了空间生产与文化激活的重要作用。伴随着城镇化进程的进一步深化，大量农村人口流动到城市，乡村面临经济活力不足、农业生产发展相对滞后等发展困境。当前我国正在实行的乡村振兴战略为广大乡村的全面发展提供了一个非常好的机遇。乡村振兴战略提出了“产业兴旺、生态宜居、乡风文明、治理有效、共同富裕”的总要求。乡村空间与乡村文化是其中的重要内容，也是乡村振兴的重要体现。产业、生态、乡风、富裕，都取决于乡村空间的内容、区位和边界，内容是空间的厚度，区位是空间的宽度，边界是空间的广度。“含山汤猫子”短视频的大部分内容是对含山乡村生活的画卷般的展现。通过短视频，数字乡村获得了呈现和建构。同时，“三农”短视频本身就是数字乡村文化的重要构成，在提升文化价值、促进文化传播、打造文化产品、激活文化活力方面也发挥了重要作用。因此，需要对“三农”短视频进行深入分析，分析“三农”短视频与数字乡村建设的密切联系，同时对“三农”短视频的引导予以探索，进而推进数字乡村建设进程，实现乡村振兴。

一、“三农”短视频与数字乡村建设

“三农”短视频蕴含数字乡村建设的重要动能。一方面，“三农”短视频是农业、农村、农民在互联网平台上的一种数字化展现；另一方面，乡村网红通过短视频创作，对农业、农村、农民产生了积极作用，重构了乡村社会，推动了数字乡村的建设和发展。

“含山汤猫子”

“含山汤猫子”抖音号拥有粉丝124.1万[①]。账号主人魏武初二辍学后外出打工，在北京、南京等大城市从事过许多工作，据他自己介绍：“十几岁在北京当包工头，20多岁在南京投资百万做生意。”[②]

2015年，魏武注册了一个微信公众号，很短时间内，粉丝数便涨到了1 000。由此激发了他对做自媒体的兴趣。其间，受到别人开展活动吸引粉丝的启发，他在

① 截至2021年9月9日，含山汤猫子的抖音粉丝数为124.1万。

② “含山汤猫子”抖音短视频，2021-04-17。

老家开展了一个名为“自拍达人”的线上活动。后来，他的粉丝数如愿上涨，逐渐达到了7万。粉丝规模的扩大让他意识到了微信公众号的潜在价值。2016年春节过后，北漂10年的魏武，没有外出打工，而是注册了北归者网络科技有限公司，在家专职做起了微信公众号，想通过经营微信公众号获得经济收益。他最初的设想是通过公众号发广告赚取收入，但没能成功。后来，伴随着电商的迅猛发展，他开始从事电商，主要是向自己的粉丝们宣传、出售家乡特产——芝麻油。2017年5月，魏武注册了自主品牌“汤猫子芝麻油”，平均每年销售几十吨。

除了经营微信公众号从事电商，魏武还是慈善事业的热心参与者。作为“微含山·关注孤寡老人慈善基金”的发起人，魏武在2016年春举办了第一届微含山关爱留守儿童慈善晚会，当时共有150多名网友参加，共募捐善款8 700元。这些善款，他都捐给了“中国好人”汪开宽，用于教学点的设施改造。2019年3月，魏武因为热心慈善事业并带动影响他人捐赠善款而当选为2018年第四季度“马鞍山好人”。

2019年，遭遇公众号涨粉瓶颈的魏武看到抖音用户规模迅速扩大，也萌生了注册抖音号的想法[①]。2019年3月2日，他在抖音上发了一段视频，只是简单的一句问候，但反响很好。在抖音上，“含山汤猫子”的粉丝数量增长很快，不到10个月的时间便涨到了109万。

回到家乡后，魏武陪伴在家人身边，经过几年的努力，全家的生活逐渐稳定：“爸爸负责300亩水稻田，妈妈负责打理老母鸡和家务，妻子负责接单发货，我负责推广”[②]。他在抖音上也数次表达了自己回到家乡后的充实与满足：“这一切，虽不如你们风光华丽，但早已超出我回乡的预期。人生不只是勇攀高峰，有时候也需要知足常乐!”[③]“从回来之前对家乡的向往，到刚回到家乡时的迷茫，后来通过全家人的共同努力，（我）最终获得了老乡们的认可。”[④]同时，对于乡村未来的发展，魏武也坚信会越来越好：“如今的家乡，正需要有技术、有知识、有梦想的家乡人，需要那些性格上感性、生活上自信，对家乡向往，敢于追求内心所向的家乡人回来。未来的农村啊，一定会随着我们这一代人不断地返乡，而变回曾经的美好。”[⑤]

魏武是众多返乡创业“新农人”的典型代表，也是凭借短视频走红的“乡村网红”。互联网时代，具有创新理念和互联网技能的“新农人”“乡村网红”是数字乡村的建设者之一。他们通过短视频创作，经由线上线下的互动，参与并呈现了数字

① 杨正文. 从“老铁”到“老乡”：一个农村网红的“创业记”. 马鞍山日报，2020-01-15（5）.

② “含山汤猫子”抖音短视频，评论区，2021-06-13。

③ “含山汤猫子”抖音短视频，2021-05-15。

④ “含山汤猫子”抖音短视频，2021-01-30。

⑤ “含山汤猫子”微信公众号，2021-02-26。

乡村建设。短视频平台正成为数字乡村建设的重要平台，对应数字乡村建设的空间议题，发挥了一定的正向功能。

数字乡村建设的空间议题

近几年来，党中央一直把数字乡村建设作为全面实施乡村振兴的战略方向。2018年，中央一号文件《中共中央 国务院关于实施乡村振兴战略的意见》首次提出“数字乡村”概念。2019年，中央一号文件《中共中央 国务院关于坚持农业农村优先发展做好“三农”工作的若干意见》又强调指出要“实施数字乡村战略”。2019年5月，中共中央办公厅、国务院办公厅印发了《数字乡村发展战略纲要》，提出要加强顶层设计，精心制定整体规划，加快弥合城乡“数字鸿沟”，“进一步发掘信息化在乡村振兴中的巨大潜力，促进农业全面升级、农村全面进步、农民全面发展”，“坚持改革创新，深化农村改革，充分发挥网络、数据、技术和知识等新要素的作用，激活主体、激活要素、激活市场，不断催生乡村发展内生动力”，推动乡村建设发展，激发乡村振兴新动能[①]。

2020年1月，农业农村部等印发了《数字农业农村发展规划（2019—2025年）》。2020年2月，中央一号文件《中共中央 国务院关于抓好“三农”领域重点工作确保如期实现全面小康的意见》又强调指出，加快物联网、大数据、区块链、人工智能、5G网络、智慧气象等现代信息技术在农业领域的应用，开展国家数字乡村试点。2020年7月，中央网信办等七部门印发了《关于开展国家数字乡村试点工作的通知》，要求积极探索数字乡村发展新模式，加快推进农业农村现代化建设，促进农业全面升级、农村全面进步、农民全面发展，重点指出七个建设内容：开展数字乡村整体规划设计；完善乡村新一代信息基础设施；探索乡村数字经济新业态；探索乡村数字治理新模式；完善“三农”信息服务体系；完善设施资源整合共享机制；探索数字乡村可持续发展机制。

数字乡村是伴随网络化、信息化和数字化在农业农村经济社会发展中的应用，以及农民现代信息技能的提高而内生的农业农村现代化发展和转型进程，既是乡村振兴的战略方向，也是建设数字中国的重要内容[②]。数字乡村建设是互联网时代推进乡村振兴，有效应对“三农”问题，真正实现乡村美、富、强发展目标的重要途径。

---

① 中共中央办公厅 国务院办公厅印发《数字乡村战略发展纲要》.（2019-05-16）. http://www.gov.cn/zhengce/2019-05/16/content_5392269.htm.

② 同①.

空间建设是数字乡村建设的重要内容。一方面，数字乡村建设需要打造空间平台，打造数字乡村空间平台能够推进数字乡村建设的深入开展。空间是能够联结农业、农村、农民的重要媒介，农业、农村、农民之间的嵌合性发展，需要空间发挥媒介作用，农业作为物、农村作为场域、农民作为主体，三者之间的互联互动，需要通过数字乡村空间将人与人、人与物、物与物密切联结起来。另一方面，空间也是数字乡村建设结果的重要呈现，无论是信息基础设施、“三农”信息服务体系，还是数字经济业态、数字治理模式、数字乡村可持续发展机制，都需要通过空间建设获得呈现和表达。

空间兼具物理属性和社会属性，是一个极具伸缩力和弹性的概念，能够超越地理界限，具有符号、文化意义。空间体现了人与人、人与物、物与物的互动关系。伴随着社会发展，空间与空间、人与空间的互动越来越多，关系也越来越复杂，因而空间视角下的分析非常必要和重要。一方面，深入分析空间的社会意义，能够有助于探究空间背后的社会交往和人际关系；另一方面，通过对空间的建构和营造，可以间接通过空间的媒介作用，对空间中的人产生影响。

从空间视角来看，“数字乡村”主要包括四个方面的内涵：第一，“互联网＋”的乡村空间。“互联网＋”是数字乡村的重要空间特征，数字乡村建设四个阶段的前三个阶段包括网络基础设施的建设、互联网普及率的提升、农民互联网能力的加强，都要在现有的乡村社会基础上，通过数字化发展，建构形成“互联网＋”的乡村空间。第二，城乡一体化发展的乡村空间。城乡一体化发展，需要具有流动性、符号性、文化性的空间予以联结，为城乡之间的要素流通提供一个场域和平台，其中县域是联结城乡的重要纽带和媒介。第三，农业、农村、农民互联互动的乡村空间。农业强、农村美、农民富是数字乡村建设的主要目标，而农业、农村、农民之间的嵌合性发展，需要空间发挥媒介作用。第四，农业产业融合发展的乡村空间。农业产业融合发展是数字乡村发展的重要推动力，众筹农业、定制农业、共享农业、乡村旅游、乡村治理等，需要空间对各类跨行业、跨领域、线上线下数据资源予以整合。

“三农”短视频的发展是回应数字乡村建设空间议题的重要体现。伴随着短视频平台用户群体中农村用户比例的增长，“三农”短视频也越来越多地参与到数字乡村建设过程当中。

“三农”短视频与“数字乡村”

“三农”短视频在我国发展迅猛。2021 年 9 月 15 日发布的第 48 次《中国互联网络发展状况统计报告》指出，截至2021年6月，我国网络视频（含短视频）用户规模达9.44亿，其中短视频用户规模为8.88亿，占网民整体的87.8%[①]。在短视频创作中，以农村、农业、农民为主题的“三农”短视频的发展尤其突出，这与短视频平台的大力推动、疫情期间短视频需求的上涨、农村电商的发展密切相关。以抖音为例，2020年8月，抖音推出“新农人计划”[②]，投入总计12亿流量资源，从流量扶持、运营培训、变现指导等方面，全方位扶持“三农”内容的短视频创作，“三农”短视频的创作者数量增长迅速。疫情期间，大多数人都“宅”在家里，受限于物理空间的封闭，人们越来越习惯于通过互联网与外界互动，其中短视频因其兼具娱乐、社交、购物等功能迅速获得人们的认可，短视频APP成为很多人使用时长仅次于微信的软件。

伴随着用户规模的迅速扩大，一些农民也参与进来，开始以短视频的形式记录、分享自己身边的生活。当拥有一定规模的粉丝数量后，很多农村创作者通过短视频直播售卖具有本地特色的产品，拉动线下销售，短视频也逐渐成为农村创新、农民创业的新方向。这些“三农”短视频的农村创作者逐渐成为“乡村网红”，其一举一动备受关注。“含山汤猫子”便是其中的典型。

“三农”短视频与数字乡村建设关系密切。一方面，“三农”短视频是农业、农村、农民在互联网平台上的一种数字化展现；另一方面，乡村网红通过短视频创作，对农业、农村、农民产生了影响，重构了乡村社会，推动了数字乡村的建设和发展。综合而言，数字乡村即数字化的乡村，也即“互联网＋乡村”，主要包括：“互联网＋农业”“互联网＋农民”“互联网＋农村”。“三农”短视频在这三方面的发展也分别发挥了促进作用。

“互联网＋农业”，又被称为智慧农业、数字农业，即“应用物联网、云计算、大数据、移动互联网等现代信息技术，推动农业全产业链改造升级”[③]，进而为农业从生产到经营提供“互联网＋”的整体解决方案，促进农村一、二、三产业的融合发展。不同于传统农业产业链长、信息不对称的特点，“互联网＋农业”的形式，可以拓展农业功能，将农业生产和文化、旅游业相结合，形成新型农业产业链；推动农特产品与知名电商企业对接；更好地将农产品的生产者和消费者连接起来。“互联网＋农业”主要包括六大模式：农村电子商务、农业众筹、农村信息化服务、

① 中国互联网络信息中心. 第48次《中国互联网络发展状况统计报告》.（2021-09-15）.

② 王新. 抖音推出“新农人计划”12亿流量补贴“三农”创作. 农民日报，2020-08-11（6）.

③ 中共中央 国务院关于落实发展新理念加快农业现代化 实现全面小康目标的若干意见.（2016-01-27）. http://www.gov.cn/zhengce/2016-01/27/content_5036698.htm.

农村金融发展、农产品品牌创建、农村电商物流服务。“含山汤猫子”通过短视频吸引流量，然后从事农产品的电子商务，短视频在一定程度上促进了“互联网＋农业”的发展。

“互联网＋农民”，即互联网化的农民，一方面能够通过互联网展现、表达自我，另一方面也能够利用互联网获取经济收入。“含山汤猫子”即是含山农民魏武在互联网平台上展现出来的形象，通过微信公众号、抖音，他将自己的乡村生产生活展现在网络平台上，并表达了自己对于慈善事业、农村发展的想法。同时，“含山汤猫子”还主要使用微信公众号、抖音等网络平台，宣传、销售芝麻油、绿豆糕、豆干等农特产品，获取经济收入。随着农村互联网普及率的不断提升，农民使用互联网开展社会交往、经济交往的频率也不断增高。通过互联网，农民既增加了与外界交往的平台和机会，又进一步增强了群体内部的互动。通过抖音，“含山汤猫子”在宣传、售卖农特产品的同时，也为在外务工的含山老乡们提供了一个互动平台，增强了群体认同。

“互联网＋农村”，即智慧农村、数字农村，既包括农村互联网基础设施的完善、信息进村入户工程的普及、全国信息进村入户平台的建立，又体现为互联网化的农村、不断被互联网改变的农村。比如不断涌现的网红村、电商村，在“乡村旅游”“农家乐”“民宿”“田园体验”等具有乡村特色的复合型新业态影响下，不仅乡容村貌发生着改变，村民的生活方式、思维方式也发生了改变，从而进一步推动了乡村社会的发展。“含山汤猫子”在短视频平台直播改造了自己的乡居空间，展现了乡村住房的宜居性和怡人性，在网络平台上呈现出“数字乡村”的空间样态和文化内涵，是“互联网＋农村”的典型体现。

二、数字乡村的空间生产

在“三农”短视频中，数字乡村的框架、内容被呈现、塑造出来，“三农”短视频发挥了空间生产的作用。“空间生产”的概念是法国社会学家列斐伏尔于1974年在《空间的生产》一书中正式提出的，指出了空间的社会性，即空间里弥漫着社会关系，空间不仅被社会关系支持，也生产社会关系和被社会关系所生产①。通过呈现、建构、融合的形式，“三农”短视频促进了乡村空间的数字化、数字乡村的空间化、城乡空间的联动化，通过空间生产的作用，推动了数字乡村的建设和

① 包亚明. 现代性与空间的生产. 上海：上海教育出版社，2003.

发展。

呈现：乡村空间的数字化

乡村具有独特的空间形态，承载着乡村生活的不同维度，传递着不同的乡村文化信息。日常生活范围塑成了空间边界，日常生活方式塑造了空间结构。

乡村空间主要包括生产空间、生活空间、交往空间。生产空间以农业生产为主要内容，比如田地、菜园等；生活空间以住宅居住、厨房餐食等为主要内容，比如住所、厨房等；交往空间以人际交往为主要内容，比如庭院、广场、路口等。乡村空间蕴含着重要的乡土文化，在一年四季、一日三餐、家人互动、乡邻交往的乡村生活中，乡音、乡情、乡俗、乡物都蕴含着丰富的文化内涵。乡村空间还具有典型的时间维度，小山、田野、石桥、河流等是典型代表，存在时间久，展现出了乡村空间的发展变迁。

乡村空间的特点主要体现为：自然性，农民普遍会充分利用自然条件和地域特点进行空间建造，体现对自然环境的顺应性，乡村空间通常与自然融合在一起，依山傍水、高低错落，具有自然的美感；明确的领域性，乡村空间具有明显的界限，并拥有城市无法比拟的空间资源，比如宽敞的庭院、具有勃勃生机的菜园、一望无际的田野；复合性，乡村的生产生活空间具有叠加性和多元性，一个具体空间可以具有不同功能与文化内涵，比如庭院，既是人际交往的生活空间，也可以是种菜、养家禽的生产空间等。

伴随着互联网技术的发展，尤其是网络社交平台的快速发展，农村互联网普及率的不断提升，越来越多的农民尤其是新农人，开始加入短视频创作者的行列，拍摄自己身边的人、景、事，或者通过表演，展现乡村的生产生活场景等。他们的拍摄场景包括房屋内外、田间地头、村间农舍、民族建筑、山野河畔等，创作的内容包括农村的农活、美食、景色、人际交往、日常生活等。在这些“三农”短视频中，其中有一些凭借其对乡村空间和乡土生活的优质呈现脱颖而出，吸引了众多网友的关注，短视频创作者也随之成为“乡村网红”。

乡村空间是乡村网红短视频的重要呈现内容之一。通过这些短视频，乡村空间的数字化进程被不断推进。现实的乡村空间在短视频中得以数字化，被呈现在网络平台上。一个场景、一个活动内容、一人一物等，伴随着短视频的网络传播，乡村空间被记录下来，并得以留存、传播。“含山汤猫子”短视频便展现了大量的乡村空间，包括乡间田野、厨房、庭院等，空间的背后蕴含着浓浓的乡情村意。

乡村空间的数字化，极大提升了乡村空间的文化价值，并促进了乡村文化的广泛传播。在城镇化的初期阶段，大量农村人流动到城市，远离家乡，在城市务工和生活，乡村空间被视为“土气”“落后”“保守”，城市空间则被看作“现代”“先进”“舒适”。乡村空间的价值并未被人们被重视。后来，伴随着工业化进程的不断推进，许多外出务工的人在获取一定经济收入的同时，也越来越怀念农村的一草一木，乡村空间的价值开始提升。“三农”短视频中呈现的乡村空间的自然生态和简单朴实越来越受到人们的关注。尤其是通过“含山汤猫子”等乡村网红的拍摄、编辑，乡村空间的文化价值获得提升。乡村空间的数字化，使得大量在外务工的农村人和一些喜欢乡村生活的城里人，都可以通过关注、观看“三农”短视频的方式，对乡村文化进行消费，以缓解他们对乡村的思念和喜爱之情。乡村空间的一草一木、一屋一地都能触发他们的乡村记忆。“含山汤猫子”便说自己北漂10年中，无数次梦到家乡含山“春的油菜”“夏的荷”“秋的稻黄”“冬的暖阳”，如今返乡几年了，依然爱她①。

除了乡村空间的数字化，“含山汤猫子”等乡村网红们还通过短视频进行空间生产。一方面，通过线下空间的改造、建造，建构数字乡村空间；另一方面，利用互联网技术手段，在线上空间建构出美好的乡村空间，在促进乡村空间数字化的同时，推进数字乡村从理想到现实的建设进程。

建构：数字乡村的空间化

数字乡村的空间化，即通过“三农”短视频这一线上空间，建构并呈现数字乡村的形态，实现数字乡村从理想到现实的转化，通过线上空间建构，推进线下数字乡村建设。目前，我国各地都在大力开展数字乡村建设，数字乡村作为一个建设目标，其形态并未完全塑成。“三农”短视频中关于乡村空间的数字化生产，则在一定程度上推动了数字乡村的建设进程，发挥了积极的推动作用。

具有城乡经历是许多“三农”短视频创作者的共同特点，也是其在线下线上建构数字乡村空间的重要基础。城乡经历使得“含山汤猫子”等乡村网红能够从城市的视角发现乡村空间的价值和农村生活的美好。相比于城里人，这些乡村网红具有长期的农村生活经历，对乡村非常熟悉，具有深厚的感情，相比于长期生活于农村的人来说，这些乡村网红外出务工的经历使他们对城市生活比较了解，清楚城市生活的优劣所在，也了解外出务工人的所思所需。因而，在回到家乡之后，他们能够融合城乡视角，借助门槛较低的短视频拍摄，创作出优质的、满足人们消费需求的

① “含山汤猫子”抖音短视频，2019-10-20。

短视频作品。

“含山汤猫子”具有丰富的外出务工经历，曾经在北京、南京等大城市务工，自称“10年北漂”。他做过装修电工、包工头，还有饮料经销商，最后选择回到家乡。因此他非常了解外出务工农村人的需求，包括对故土的思恋、对乡土美食的怀念、对儿时乡村经历的留恋等。他在短视频中，为老母鸡、绿豆糕、茶干等农特产品进行宣传时，经常提到“让老乡们吃到家乡的味道”，粉丝们也在评论中纷纷表示虽然在外地但很想品尝到家乡的特产，“含山汤猫子”因而成为乡土味道的“搬运工”。

对于乡村空间的建设，拥有城乡经历的“含山汤猫子”具有自己的想法，并能够将这些想法在短视频平台上予以展现，通过线上线下的空间建构，促进了数字乡村的空间化。

改造现有的乡村空间，是短视频促进数字乡村空间化的重要基础。乡村空间的建构、改造、重构，是多元主体共同培育的结果，参与主体包括政府、规划专家、市场、村民等多方力量，乡村网红也是其中的重要一员。“含山汤猫子”对自己的房屋周围进行了精心的改造，在短视频中呈现出一种“悠然见南山”的美好。为了打造“乡土田园”，他修建小木桥、改造厨房、修理菜园子、种植草坪、建造凉亭。他将改造过程及结果都呈现在短视频中，引来粉丝们的关注。从“含山汤猫子”这里，他们发现农村空间也可以很美，“田园诗意”可以变成现实。改造后的农村空间被“含山汤猫子”呈现在短视频中，具有较强的美感和生活气息。他通过抖音记录农村生活的视频，后来被主流媒体所关注，安徽电视台专门到他家拍摄了纪录片，《马鞍山新闻联播》也报道了他的事迹。

提升现有乡村空间的文化价值，是短视频促进数字乡村空间化的重要内容。乡村空间具有丰富的文化内涵，通过短视频的表达，乡村空间的文化价值获得了挖掘和提升。短视频内容一般取材于身边的日常生产生活，短小精悍，能够展现出乡村社会空间的独特性，并对空间背后的文化价值予以数字化表达。借助于数字化技术，乡村空间的文化价值被挖掘出来并获得重要提升。比如“含山汤猫子”在短视频中展现了农业生产的四季风光、村民住宅的地方特色、一日三餐的亲朋情谊等，表达了“一年、四季、三餐，热热闹闹的一家人”的乡土文化内涵[①]。

展现乡村空间的未来发展，是短视频促进数字乡村空间化的重要内涵。短视频具有建构作用，通过视觉表象的呈现，使现实社会空间展现出独特的数字化形态。

---

① “含山汤猫子”抖音短视频，评论区，2021-01-06。

“含山汤猫子”在短视频中也展示了数字化农业、数字化农民。“含山汤猫子”和父亲流转了300余亩地，他们使用植保无人机喷洒种子，用收割机收油菜籽，还参加了庐江电商扶贫直播大赛等，这些都展示了数字化农民的面貌。

融合：城乡空间的联动化

“三农”短视频是城乡交流的重要平台、空间和媒介。经由“三农”短视频，城乡之间开展了经济、文化、社会层面的互动和交流[①]。短视频时代，有许多与“含山汤猫子”一样的乡村网红，创作了大量优质的“三农”短视频。以这些短视频为纽带，乡村与城市在短视频平台上建立了密切的联系，城乡空间实现联动化。

“含山汤猫子”在短视频中经常以“老乡”为称呼语，让大家备感亲切。越来越多的老乡成为他的粉丝。“含山汤猫子”的粉丝主要以含山老乡为主，即安徽省含山县外出务工的人，在乡愁的推动下，他们同时也是“含山汤猫子”电商产品的主要消费群体。在观看短视频、消费家乡农特产品的同时，他们还经常聚在短视频的评论区发表自己的观点。他们纷纷表达了自己对“含山汤猫子”日常农村生活的肯定、羡慕，对其售卖的电商产品有肯定也有批评，也会指出电商产品的不足，希望进一步完善产品品质等。“含山汤猫子”短视频平台成为他们相互交流的一个空间和平台。围绕一些建造事宜，“含山汤猫子”也非常愿意向老乡们咨询，他在修建菜园、木桥、凉亭时，多次将构思、建造过程、建造结果呈现在视频中，积极听取老乡们的意见和建议。

对于自己的返乡创业，“含山汤猫子”也意识到必须契合城市的需求，“不断地摸索，才能找到互联网和农村有交集的产品”，只有这样，才能兴旺农村的产业，解决更多的农村人就业，吸引更多的农村人返乡创业[②]。2019年他曾尝试发展过电商＋民宿，后来由于种种原因，民宿未能成行，于是重点做电商，销售农特产品。

城乡一体化是我国现代化和城镇化发展的目标，即把城市与乡村作为一个整体，统筹谋划、综合研究，促进城乡在规划建设、产业发展、市场信息、政策措施、生态环境保护、社会事业发展的一体化，实现城乡经济社会全面、协调、可持续发展，由以乡村主导、城市主导走向城乡共生，由物质容器、要素资源走向社会建构，注重城乡共生、社会效率和空间共享。乡村振兴、数字乡村建设是推进城乡

---

① 张荣，刘秀清．“新农人”短视频兴起中的城乡互动与关系重构．河北师范大学学报，2020（6）：106-111．

② 杨正文，黄莹，等．农村青年党员魏武：把“有想法”变成影响力 助力推进乡村振兴．马鞍山日报，2021-05-04（3）．

一体化深入发展的重要内容和途径，主要是想通过乡村发展，缩小城乡差距，实现城乡融合发展、城乡一体化。

“三农”短视频是城乡居民互动的重要平台和空间。一方面，基于乡愁的推动，居住在城市里的“农二代”“农三代”，以及对乡村空间、田园生活非常向往的城里人，通过“三农”短视频，与乡村发生互动；另一方面，围绕乡村电商产品，乡村的产品生产者与城市的产品消费者进行交流互动。“含山汤猫子”在含山县比较有名，许多含山本地人都知道他是一个网红，找他做广告，请他帮忙宣传等。创作“三农”短视频的乡村网红在一定程度上也成为乡村的代言人，能把广大农村人的想法和需求都表达出来，与城里人进行互动。

“三农”短视频中呈现的城乡互动，能够在一定程度上推进数字乡村建设的进程。围绕短视频中的一个场景、物品、事件、人物，观看者有感而言，在评论区发表看法，对于创作者在短视频中呈现的问题、困惑等，其他人也纷纷回应。有时，偶然的一个话题引起大家关注，成为公众关注的焦点话题，大家也积极参与，进行讨论。对于数字乡村建设而言，城乡居民之间自发、即时的互动非常重要，是潜在的数字乡村建设的重要内生力量。该力量因其内生性而具有较强的主动性和发展性，能够与数字乡村建设的顶层设计相契合，发挥出推进数字乡村建设的更大价值。

数字化乡村建设，也需要超越乡村物理空间的限度，构建乡村物理空间之上的虚拟空间，以及线下线上融合生成的复合空间，可以通过5G、物联网、大数据、人工智能等数字技术，建构一张数字化网络，把乡村中的人与人、人与物、物与物相互联结，使乡村具备空间、时间的升维状态。通过现实空间、虚拟空间、复合空间，乡村与城市进行联结、互动。“三农”短视频具有重要的空间生成作用能够促进城乡互动平台和空间的形成。通过短视频，乡村能够获知城市的信息，与全国各地的资源进行关联，推动乡村生产力更好释放，促进乡村的可持续发展。

三、乡村文化的数字化激活

乡村文化包括山水风貌、乡村聚落、住宅建筑、民间民俗工艺品等物质层面，也包括民风民俗、生活习惯、传统文艺表演、传统节日等精神层面，具有独特并且无可替代的历史意义和社会经济价值。但在城镇化进程中，农村逐渐空心化、空巢化，乡村文化发展滞缓，缺乏活力。“三农”短视频通过数字化的呈现与表达技术，使乡村文化被激活，成为推动数字乡村建设的重要力量。

方言文化的数字化激活

“含山汤猫子”这个网名具有明显的地方特色，由地名“含山”和“汤猫子”组成。对于外地人而言，大家普遍都会疑惑“汤猫子”这个称呼的意思。其实，“汤猫子”源于当地方言，与“搪炮子”的发音基本相同。“搪炮子”属于巢湖方言，又被称作“搪炮子子”（第二个“子”为轻声），是具有戏谑性的骂人的话。它通常被用于长辈对调皮、不听话、不晓得危险的晚辈的训斥，并且“子子”叠音的使用，使这个词更具有嗔怪的意味，不完全是骂人的意思。魏武也曾在抖音短视频中解释过：很多老乡都说“搪炮子”是骂人的话，其实这是一种长辈对调皮捣蛋孩子既爱又恨的称呼①。魏武使用“含山汤猫子”作为自己的网名，既宣传了自己的家乡，又用了当地方言“搪炮子”的谐音，显示了他对自己家乡的深厚感情，以及对家乡方言的由衷喜爱。对于含山老乡而言，看到“汤猫子”三个字，会迅速激起他们对家乡方言的熟悉感和亲切感；对于外地观看者来说，“汤猫子”又是非常有个性的一个网名，能够吸引人们的关注，激发人们想要探究其含义的兴趣。

不只是网名采用家乡方言的发音，“含山汤猫子”短视频中的所有人物对话，以及其面对镜头进行的农特产品宣传，也几乎全部使用方言。“含山汤猫子”的粉丝群以含山老乡为主，方言的使用会让观看短视频的老乡备感亲切，形成群体认同。对于外地观看者而言，方言的发音、语调及其蕴含的独特地域文化具有一种特别的吸引力，虽然方言比较难听懂，但外地观看者还可以通过短视频的标题、主题介绍、字幕等来了解短视频的内容。

其实，不仅仅是“含山汤猫子”的短视频使用方言，许多创作“三农”短视频的乡村网红也都经常在短视频中使用方言或使用带有方言特点的普通话，比如抖音短视频平台上的“田野里的七月”“阜阳豆豆”“蜀中桃子姐”等乡村网红。带有地方特色的方言与展现地方风物的短视频配合到一起，展现了我国不同区域的风土人情，使观看者产生身临其境的感受。

方言是文化的活化石，是地方文化的重要构成、载体和表现形式，作为根植于民间的文化形态和载体，具有深厚的文化内涵。我国地域广博，每个地方都有自身的独特方言，方言承载着一个族群在长期的历史发展过程中积累的大量文化信息。对于生活在一个特定区域的人而言，方言是该区域最原始的文化，也是家乡的一种烙印。

① “含山汤猫子”抖音短视频，2021-02-04。

"三农"短视频使很多农村创作者成为网红的同时，也同样振兴了方言，为方言的文化价值提升和大范围传播发挥了重要作用。在城镇化初期，方言通常被认为"土气"，不够现代，并且随着越来越多的农三代、农四代纷纷离开乡村，到县城、城市上学，乡村小学数量逐渐减少，方言乡音逐渐被普通话代替。方言不断受到挤压，地域文化不断萎缩。不过，随着"三农"短视频的兴起，方言的文化价值逐渐被提升，农村人的乡村文化自信也被重新树立起来。在"含山汤猫子"短视频的评论中，经常能感受到粉丝们对于家乡方言的自豪感，尤其是当"含山汤猫子"发布了一个与方言有直接关联的视频时，更是如此。"含山汤猫子"曾在短视频中吃了一种植物，然后用方言说了当地顺口溜的上半句"吃蔷木苔"，问大家下半句是什么。粉丝们纷纷在评论区发表观点，有人回答说是"就要怀"，有人回忆起自己的小时候曾吃过，有人说到自己家乡把这种植物称呼为别的名字："我们讲刺苔。"①

"三农"短视频建构了一个数字化的乡村文化空间，使得方言获得了新的生命力，成为凝聚区域共同体的重要纽带，进一步巩固了区域群体对其方言的群体认同，增强了乡村文化自信。著名学者周海中指出，语言是人类文化的重要载体和组成部分，每种语言都表现出使用者的世界观、思维方式、社会特性等，是人类珍贵的无形遗产。"三农"短视频中方言文化的激活，为现代化进程中的乡村文化提供了存续与发展的重要动力，"三农"短视频也成为乡村文化向外传播的重要平台和途径。

田园文化的数字化打造

"含山汤猫子"短视频还呈现出了乡村的"田园诗意"。通过短视频，"含山汤猫子"将自己居住的乡村空间打造成了具有文化消费意义的田园文化产品，具有较高的观赏价值。田园文化产品的打造，大大提升了乡村生产生活文化的消费价值，在一定程度上推动了数字乡村建设。

"含山汤猫子"在短视频中呈现了自家的房屋、菜园、小桥、田地、水塘等，把一个优美宜居、舒适惬意的乡村田园展现在大家面前。尤其是"含山汤猫子"倾心打造的菜园，非常具有田园美感，"乡村生活，其实就是有一个院子和一个菜园子，吃着自己种的菜，简单，安静，远离喧嚣"②。2020 年 11 月至次年 1 月，他花费了两个多月的时间，把房屋前面的空地改造成了一个菜园，并把修建菜园的过程拍摄出来，做成了 20 集的短视频。改造后的菜园采用红砖铺路，砖缝以小草点缀，

① "含山汤猫子"抖音短视频，评论区，2021-03-19。

② "含山汤猫子"抖音短视频，2020-11-17。

菜园门和篱笆全部都是采用竹子手工做成。菜园旁边，人工挖造了一个池塘，小河上修建了一个小木桥。修建好的菜园在“含山汤猫子”的短视频中出现了多次，呈现出梦幻般的田园风光，成为一个可供人们观看、消费的乡村文化产品。安魏和县书法名家林筱之为“含山汤猫子”的小院取名“无味小院”并题字，主要是因为“含山汤猫子”本名魏武，姓名反过来即“武魏”，与“无味”谐音，另外也寓意生活有五味，人生本无味，只能慢慢品味。同样的乡村空间，经过修葺、打造，并取名“无味小院”后，空间的文化内涵大大增强。

城镇化进程中，与城市空间的快速发展相比，乡村空间发展缓慢，乡村文化的发展也随之相对停滞。地理意义上的乡村正在变化，文化意义上的乡村也正在远离，甚至出现乡村文化不断弱化的现象。包括“含山汤猫子”在内的乡村网红，基于自己在城市的工作和生活经验，对接大量城市人的乡愁消费需求，通过短视频数字空间的建构，利用一定的数字技术，对改造后的现实乡村空间进行数字化重构，通过田园文化产品的打造，提升了乡村文化价值，唤醒了乡村文化记忆，激活了乡村文化活力，增强了乡村文化自信。

短视频出现以前，乡村空间及其田园文化价值是被主流媒体所忽略的。“传统媒体感兴趣的是重大事实赖以存在的乡村重大空间，社会化媒体则转向了日常生活空间，尤其是那些被主流话语漠视的、忽略的、推向远处的日常空间形态。”[①] 短视频兴起之后，随着农村用户占比的逐渐增加，越来越多的乡村网红与“三农”短视频的出现，使得草根视角下的乡村空间及其文化属性愈益受到关注。“含山汤猫子”等乡村网红纷纷从自己身边的生活出发，以自然资源丰富、四季动态变化的乡村空间为背景，以身边的一个场景、角落、片段为素材，通过摄像技术、编辑手段，对短视频中呈现的乡村空间进行整合重构，形成田园文化产品，广受其粉丝群体的欢迎，获得大量关注和点赞。比如“含山汤猫子”的短视频，常常会展现乡村的菜地、田野、小路，再配上自然界的风雨声、鸟鸣声，让观看者仿佛置身其中，流连忘返。

通过“三农”短视频平台，在乡村网红的打造下，线下的乡村空间与线上的数字空间融合在一起，城市空间与乡村空间也有机结合在一起，改变了传统社会中田园文化的“偏远”“避世”等消极标签，展现了现代新田园文化的“优美”“便利”与“舒适”。一般而言，“田园”主要指耕田和园地，泛指拥有自然风光的乡村。古诗“采菊东篱下，悠然见南山”“明月松间照，清泉石上流”“种豆南山下，草盛豆

① 刘涛. 短视频、乡村空间生产与艰难的阶层流动. 教育传媒研究，2018（6）：13-16.

苗稀”“雨里鸡鸣一两家，竹溪村路板桥斜”“开荒南野际，守拙归园田”等都描绘了古人理想的田园生活。在快速的工业化、城镇化进程中，田园文化逐渐远离出人们的生活。伴随着乡村振兴战略的实施，在数字乡村建设进程中，越来越多的新农人开始出现，并通过短视频表达自己热爱乡村、建设乡村的意愿与行动。“含山汤猫子”等乡村网红打造的田园文化产品，以现实乡村空间为基础，辅以数字技术，展现出城乡融合视角下的田园空间：将城市的舒适生活理念与优美的乡村空间融合在一起，既包括优美的自然环境、简单朴实的乡村氛围，又有便捷的交通、发达的通讯和完善的生活配套服务等。

短视频中展示的乡村空间，虽然都是来源于现实生活，但却经过数字化的作用产生了文化价值。“三农”短视频中涌现了许多乡村文化表达形式的创新，促进了农民文化自觉的形成，是乡村文化发展的内生动力。“乡愁文化”和“乡情文化”为纽带的乡村文化开始觉醒①，乡村文化资源自身的价值也被不断挖掘。乡村空间的数字化激活了乡村文化的内生动力，提升了乡村文化价值，增强了乡村文化凝聚力。

乡俗文化的数字化传播

“含山汤猫子”短视频还展现了含山当地的乡俗文化。他曾在短视频中称“抖音，记录农村美好生活”②，表达了自己对乡村生活的热爱。后来，他发布了大量记录乡村生产生活的短视频，主要包括农业生产方面的捕鱼、播种等，以及生活层面的餐饮、过年、盖房上梁等。这些短视频内容都蕴含着丰富的乡俗文化。

乡俗文化，即民俗文化，是乡村民众的风俗生活文化的统称，泛指一个地区集居的民众所创造、共享、传承的风俗生活习惯，是乡村民众在生产生活过程中所形成的一系列非物质文化，包括饮食文化、节日文化、建筑文化、农耕文化等。城镇化过程中，由于乡村人口大规模流向城镇，乡俗文化的传承受到影响。“三农”短视频兴起以来，随着越来越多的乡村网红通过短视频展现自己身边的日常生活，因而与乡村生产生活相关的乡俗文化也得到传播。“三农”短视频成为乡俗文化空间的拓展空间、延伸空间，发挥了对乡俗文化的宣传和传播功能。“三农”短视频营造的网络空间也使得分散在不同地域的乡民联系起来，传承乡村文化习俗、唤醒乡村文化记忆、增强乡村文化自信。

乡俗文化的传播，有助于更多的外地人了解乡村文化。一日三餐是饮食文化的

---

① 刘玉堂，高睿霞．乡村振兴战略背景下乡村公共文化空间重构研究．江汉论坛，2020（8）：139-144.

② “含山汤猫子”抖音短视频，2019-07-17。

重要内容，“含山汤猫子”短视频通过对大量地方特色食物的展现，在传播当地饮食文化方面发挥了重要作用。餐桌上的老母鸡汤、臭豆腐、臭鳜鱼、炸肉、熏鱼、鱼冻子、咸肉、咸鱼、圆子、咸刀豆等具有家乡特色的家常菜，是“含山汤猫子”短视频中经常出现的内容，他在短视频中经常笑容满面地跟老乡们打招呼，请大家来吃饭。这些内容都体现了当地浓厚的饮食文化。与饮食相关的，还有地方风俗。“含山汤猫子”有一次在短视频中展示了大年三十吃团圆饭并向家人和老乡们送出祝福的场景[①]。看到桌子上的饭菜，有粉丝在评论区问青菜豆腐是什么意思，“含山汤猫子”回复称是平平安安的意思。而到大年初一这一天，“含山汤猫子”又发布了短视频，说：“带老乡们看一下我们含山的风俗，初一必须要吃三十晚的剩菜，别问为什么，这就是传统。”粉丝们在评论区纷纷留言，有粉丝表示自己家乡也是如此，“传统文化是初一到初三不能炒菜，三十晚多做年饭，够吃三天年，三天年也就是指初一到初三”“年轻人现在都无所谓，但是跟老人一起过都有当地的风俗文化”“安庆也是的，初一不烧生”“我们肥东和含山也是一样的”“浙江也是”，还有粉丝解释原因：“初一不用刀，只能吃剩菜。寓意就是有的吃，去年的粮食吃到今年”[②]。

乡俗文化的传播，能够唤醒本地人的乡村文化记忆。“含山汤猫子”的粉丝中有很多含山老乡，有老乡看到“含山汤猫子”在家门口坐着吃饭的短视频后表示：“真羡慕你能坐家门口吃饭，我都十几年没感受过家乡的春夏秋冬了。”[③] 看到“含山汤猫子”用马豌豆的皮做哨子，有老乡在评论中说这是“马湾叫叫”“叫叫子”。对于老乡们对乡俗文化的浓厚情感，“含山汤猫子”也非常理解，他在短视频中说道：“其实已经累到晚上连床都爬不上去了，但是能够给老乡们带去农村打塘的那种回忆，真的特别开心！”[④]

乡俗文化的传播，还能增强本地人的乡村文化自信。爱德华·苏贾指出，空间在其本身也许是原始赐予的，但空间的组织和意义却是社会变化、社会转型和社会经验的产物[⑤]。随着乡村振兴战略的不断推进，在光影的参与下，“三农”短视频赋予了乡村空间独特的文化内涵和消费价值，使得“含山汤猫子”等乡村网红及其老乡们进一步增强了乡村文化自信。乡村文化自信主要是源于乡土的文化自觉、自省基础上的自信感，是基于对乡土文化价值的深刻认识而增强的自信心。虽然当前伴

① “含山汤猫子”抖音短视频，2021-02-11。

② “含山汤猫子”抖音短视频，2021-02-12。

③ “含山汤猫子”抖音短视频，2019-03-27。

④ “含山汤猫子”抖音短视频，2020-12-12。

⑤ 爱德华·W. 苏贾. 后现代地理学：重申批判社会理论中的空间，王文斌，译. 北京：商务印书馆，2004：121.

随着乡村振兴战略的不断推进，乡村原有的生态环境受到全面保护与恢复，生产美、生态美、生活美的“三生”融合发展迅速，乡村的居住环境获得极大改善，村民的乡村文化自信也正在逐渐增强，但是村民的乡村文化认知与群体认同却比较薄弱。在这种情境下，“三农”短视频则成为一个增进村民认知乡村文化、加强相互交流的重要平台和媒介。“含山汤猫子”等乡村网红在创作短视频时，也有意识地通过对乡村传统文化的展现，来吸引粉丝们的关注和评论，进而在这一过程中进一步激活、提升了乡村文化的价值。因此，无论是对于创作者，还是对于观看者，“三农”短视频都进一步加深了大家对乡村文化内涵的理解，进而增强了乡村文化自信。

四、“三农”短视频助力数字乡村建设

“三农”短视频具有厚重的地方基础，在乡村空间的数字化和数字乡村的空间化两个方面发挥了重要的空间生产作用。乡村网红作为“三农”短视频的生产者，在数字乡村建设过程中发挥了重要的典范性作用。为了进一步更好地引导、促进“三农”短视频在数字乡村建设中发挥作用，需要制定相应的政策措施，进一步规范与加强保障，推动“三农”短视频的优质化发展。

“三农”短视频的地方基础与空间潜力

“三农”短视频的内容取材于乡村，生动地展现出乡村的生产生活，具有浓郁地方特色和厚重地方基础。“含山汤猫子”等乡村网红生活于乡村，短视频取材非常方便，取材的内容也非常丰富。“含山汤猫子”在短视频中使用方言表达、交流，展现了地方的语言文化特色，其拍摄内容聚焦于农业、农村和农民，主要包括自然风光、日常生活、农业生产等。我国是一个农业大国，关注农业的人数量众多，相关内容播放量较高，且短视频非常直观，具有指导性和模仿性强的特点。一位乡村网红的生产生活经验，在通过短视频呈现出来后，能够非常容易地被其他人模仿和学习。不可脱离的地方基础，使得“三农”短视频能够扎根乡村社会，在呈现、建构乡村空间和增强、传播乡村文化方面具有重要的促进作用。

“三农”短视频具有联结空间的潜力。一方面，三农短视频联结人与人的空间。“三农”短视频是联结当地人和外出务工老乡们的重要平台和纽带。围绕短视频展现的内容包括自然景色、一日三餐、人际交往等，大家聚在短视频平台，进行评论、交流、互动。“三农”短视频也是联结乡村民众的重要空间和平台。如“含山

汤猫子”这样的乡村网红，在创作“三农”短视频的过程中，对于乡村空间的美化、对于乡村生活的了解进一步加强，乡村与乡村之间也开展频繁的交流互动。另一方面，“三农”短视频联结人与物的空间。通过“三农”短视频，一些在外务工的老乡能够购买到家乡的特产，人与物联结起来了。

“三农”短视频具有建构空间的潜力。通过空间改造，以及短视频中的空间展示，“三农”短视频也对现实的乡村空间发挥了改造、重构的重要作用，让更多的人了解乡村，进而喜欢乡村。也有人因受到“含山汤猫子”的影响，选择了回乡创业。有了产业，有了人，乡村振兴才有了更坚实的根基。

“三农”短视频具有整合空间的潜力。在城乡一体化发展的视角下，“三农”短视频具有整合城乡空间的潜力。一方面，“三农”短视频促进了对乡村空间和乡村文化的展现，增进了城市人对乡村社会的了解，加强了城乡之间的交流和互动；另一方面，“三农”短视频也增强了乡村社会与乡村社会之间的相互模仿、交流和认同，使得原先具有碎片化特征的乡村空间整合起来，在城乡关系中的话语权和文化力量都获得了一定增强，乡村在城乡关系中的“边缘化”现象也得到了一定弱化。

乡村网红的典范性影响

“含山汤猫子”拥有很多标签，既包括网络空间赋予的“乡村网红”“抖音达人”，也包括现实社会给予的“新型农民”“返乡创业者”“市青联委员”“马鞍山好人”等。“含山汤猫子”选择回乡创业，立志扎根乡村、建设乡村，在当地发挥了重要的典范性影响，充分发挥了“带动一方百姓，搞活一片经济、富裕一乡农村”的作用。在当前我国大力推进乡村振兴战略，建设数字乡村的过程中，“含山汤猫子”明确意识到了自己在乡村建设中的任务，他说要“把农村最美好的形象，最美味健康的农产品，传播到全国各地”，“要让更多的人知道了解农村，消费农村的产品，带动更多的农村人创业就业，为乡村振兴做贡献”①。

乡村网红发挥了数字乡村建设中的经济典范的作用。“含山汤猫子”在含山县的知名度比较高，很多含山人都知道他的名字。凭借短视频吸引的流量，“含山汤猫子”投身于电商经济，为当地的经济发展做出了一定贡献。从 2016 年回到家乡开始算起，他从事农村电商已经有 5 年多的时间。本地老母鸡和芝麻油是“含山汤猫子”主力销售的两种商品。他在当地收购农户散养的老母鸡，然后经过一定加工后再通过电商销售出去，尤其是在疫情防控期间，当地农户养的鸡受到影响产生滞

① 杨正文，黄莹，等. 农村青年党员魏武：把“有想法”变成影响力 助力推进乡村振兴. 马鞍山日报，2021-05-04 (3).

销，他通过电商帮助当地农民解决了这个问题。芝麻油是他着力打造的一款产品。联合当地的芝麻油生产企业和他创办的含山北归者网络科技有限公司，他着力打造了“汤猫子芝麻油”，销售给当地的餐饮企业和在外在打工的老乡们，销售量较大。另外，他还在短视频中帮当地企业宣传一些农特产品，包括新桥茶干、绿豆糕等，在联结区域资源方面发挥了重要的整合作用。

乡村网红还发挥了数字乡村建设中文化典范的作用。乡村网红成长于乡村，非常熟悉乡村的生产生活，对乡村文化具有深切的了解和浓厚的感情。泡稻种、种水稻、捕鱼、修菜园……这些在乡村非常普通的农活，通过“含山汤猫子”的短视频播出后，吸引了城市居民的注意，加强了乡村文化传播。“含山汤猫子”在当地做了大量慈善，经常探望留守乡村的孤寡老人，还到养老院送粮油和日常生活用品，到村里的小学为小学生赠送学习用品等。2019 年 3 月，“含山汤猫子”以其热心慈善事业并带动影响他人捐赠善款当选为 2018 年第四季度“马鞍山好人”①。其实，不只“含山汤猫子”，很多乡村网红比如“田野里的七月”“蜀中桃子姐”等，在拍视频获取经济收入的同时，也会兼顾社会公益，宣传具有地方特色的美食、特产和风景，成为地方的宣传大使，并利用自己的知名度帮助他人。

乡村网红也是数字乡村建设中的生活典范。“含山汤猫子”抖音短视频受到了 124 万多人的关注，在含山人群体中具有广泛的影响。“含山汤猫子”在短视频中呈现的乡村生活吸引了大家的关注，他本人的生活理念也在粉丝群中产生了广泛影响。“含山汤猫子”等乡村网红虽然没有接受过专业的商业训练，但由于曾经走出过农村，接触过外面的世界，对于新鲜事物乐于接受。他们是数字乡村建设中的“乡土人才”，能够带动、影响周围越来越多对乡村生活感兴趣的人加入乡村建设中来。“含山汤猫子”也曾经在短视频中表示过，希望通过不断摸索，找到互联网和农村有交集的产品，因为只有这样，才能兴旺农村的产业，解决更多的农村人就业，吸引更多的农村人返乡创业②。除了从事电商，“含山汤猫子”还和父亲流转了附近村子里 300 余亩地，全程参与地里的农活，包括种子选育、土地墒情、农田管理等，他把这些内容也拍成短视频，吸引了粉丝们的关注。美丽的景色、整洁的院落、美味的餐食、团圆的家庭，是“含山汤猫子”等乡村网红展现的生活场景；扎根乡村、精致生活、努力创业、人际和谐，是“含山汤猫子”等乡村网红传递的生活理念。这些内容都通过短视频影响了广大的粉丝群体，尤其是对许多生活在乡村

---

① 杨正文. 从“老铁”到“老乡”：一个农村网红的“创业记”. 马鞍山日报，2020-01-15 (5).

② 杨正文，黄莹，等. 农村青年党员魏武：把“有想法”变成影响力 助力推进乡村振兴. 马鞍山日报，2021-05-04 (3).

的人产生了影响。

在数字乡村建设过程中，需要最大化凝聚各方力量，培养一批懂互联网技术、有一定文化水平的新型农业主体，激活广大农民参与数字乡村建设中的动力。其中，“含山汤猫子”等乡村网红是非常重要的力量，能够通过自身典范作用的发挥，影响、带动广大农民参与数字乡村建设，实现乡村振兴的战略目标。

规范与保障：“三农”短视频的优质化

通过空间生产和文化激活，“三农”短视频在数字乡村建设过程中发挥了重要作用。一方面，直播带货、电子商务的发展，进一步促进了乡村的产业兴旺、经济发展；另一方面，“三农”短视频中呈现的美丽、宜居的乡村生活，也成为数字乡村建设、乡村振兴的文化加速器。为了进一步发挥“三农”短视频在数字乡村建设过程中的积极作用，需要对其内容予以规范，并提供相应保障，推动“三农”短视频的优质化发展。

“三农”短视频的内容需要进一步规范。与之前一些乡村网红为了吸引流量而拍摄的内容低俗、行为怪异的短视频不同，现在的“三农”短视频进步很大，普遍致力于还原乡村生活的平静和质朴。短视频的内容也大多集中于乡间美景、乡村美食、乡俗活动、村民乡情、农耕劳作等，展现出真实的乡村日常生产生活。不过，从数字乡村建设的视角来看，“三农”短视频的内容还需要进一步规范。大多数“三农”短视频的内容比较单一，缺乏综合设计和深度策划，拍摄得比较随意，对于“三农”领域的挖掘深度有待提升。同时，许多“三农”短视频内容同质化、低质化等现象比较突出，使得观看者容易产生审美疲劳，这就需要内容创作者具备工匠精神，生产出更加专业化的内容，吸引用户、沉淀流量。另外，“三农”短视频内容呈现出一定的碎片化，散布于全国各地的乡村网红，普遍是基于自己家乡的区域特色进行内容创作，同一省份有很多乡村网红，可以在内容上予以规范。因而需要相关部门在“三农”短视频的创作上予以规范和引导，推动“三农”短视频的优质化发展，高质量才有大流量，才能进一步增强乡村网红在数字乡村建设过程中的积极作用。

“三农”短视频的优质发展还需要相应的政策与技术保障。“三农”短视频的兴起，与促农政策的实施密切相关。在促农政策的引导和支持下，许多短视频平台纷纷响应政府的号召，提供资金和技术支持。比如抖音推出的“新农人计划”等项目，便为一些草根创作者提供了重要的支持。在政策和技术的双重促动下，“三农”短视频的内容也开始脱离之前的低俗恶趣味的形象，呈现了新的作品风格，展现了乡村风土人情的特色和魅力。河边的流水声、山林里的虫鸣声，通过短视频传递到观看者的耳边，还原本真的乡村田园生态画面。菜园、鱼塘、草垛、田野等场景，也质朴自然地呈现出来，没有特别刻意的布景和精致的复杂剪辑、精细的滤镜，呈现出真实的乡村生活体验。一大批乡村网红也伴随着短视频的兴起而涌现。这些乡村网红成为重要的乡土人才，是数字乡村建设的主力之一。基于数字乡村建设的需要，为了更好地实现乡村振兴，应该重视“三农”短视频的积极社会作用，制定相应的政策，为这些乡村网红提供进一步的保障和支持。

综合来看，在规范和保障的基础上，促进线上短视频呈现与线下乡村空间的融合和共同发展，缩短短视频镜像与现实空间的距离，全面展示现实乡村的文化底蕴，在现实中实现真实美丽乡村的愿景。

结　语

数字乡村建设，既是乡村振兴的战略方向和建设数字中国的重要内容，也是解决“三农”问题的历史机遇和时代要求。数字乡村建设有利于进一步发掘信息化在乡村振兴中的巨大潜力，发展农村的数字化生产力，用数字化引领和驱动农业农村现代化，为乡村发展注入新动力、提供新路径，最终实现乡村振兴。

数字乡村建设过程中，需要激活人财物等乡村各要素，有效释放数字技术的普惠效应，为数字农业农村发展提供强大动力。在激活数字乡村建设的内生动力时，空间与文化是两个非常重要的方面。空间不是社会的反映，而是社会的表现[①]。列斐伏尔指出，特定的社会形态及其生产模式总是对应于特定的空间生产方式，“从一个生产方式到另一个生产方式，其中必然伴随着新空间的产生”[②]。空间是生产方式发生转变的重要平台。在数字乡村建设过程中，伴随着数字技术在农业农村中的应用，必然会产生旧空间的改造、新空间的建造等空间生产过程，而“三农”短视频则在其中发挥了促进空间生产的作用。通过乡村空间的数字化呈现、数字乡村的空间化建构、城乡空间的联动化整合，“三农”短视频经由短视频镜像，为数字乡村的空间生产发挥了积极作用。文化是联结乡村人财物要素的重要纽带，文化的激活，对于乡村要素的激活具有重要的促进作用。通过方言文化的数字化激活、田园文化的数字化打造、乡俗文化的数字化传播，“三农”短视频也发挥了文化激活作用。

通过空间生产和文化激活，“三农”短视频在数字乡村建设中发挥了相应的作

① 曼纽尔·卡斯特．网络社会的崛起．夏铸九，王志弘，等译．北京：社会科学文献出版社，2001：504.

② Henri L. The production of space. Oxford：Blackwell，1991：1-4.

用。目前我国的数字乡村建设正处于发展当中，取得了一些成效，但仍需要进一步深化发展。《数字乡村发展战略纲要》提出了四个阶段的建设目标：到2020年，数字乡村建设取得初步进展；到2025年，数字乡村建设取得重要进展；到2035年，数字乡村建设取得长足进展；到本世纪中叶，全面建成数字乡村，助力乡村全面振兴，全面实现农业强、农村美、农民富[①]。目前正处于第二个阶段，发展任务主要包括：乡村4G深化普及、5G创新应用；建成新农民新技术创业创新中心，培育农村电商产品品牌，形成乡村智慧物流配送体系；实现乡村网络文化繁荣发展、乡村数字治理体系日趋完善。在这一阶段的三个建设发展任务中，第二个任务与“三农”短视频密切相关，因此需要进一步发挥“三农”短视频在数字乡村建设中的作用。

面对现实，目前的数字乡村建设阶段中，数字乡村的现实形态还未完全呈现，建设路径也正处于探索中。虽然越来越多的人返回乡村创业，乡村的宜产宜居性也不断增强，但与城市相比，乡村发展仍然相对落后，尤其是一些位置偏远、资源贫瘠、产业薄弱的地区，人才外流现象明显，数字乡村建设迟滞不前。虽然一些乡村网红选择固守乡村，但他们面对乡村发展过程中出现的问题，也是感到比较困惑和迟疑。“含山汤猫子”曾在短视频中提问：“随着社会的发展，未来的农村，还有没有人居住?”[②] 粉丝们纷纷发表自己的看法，指出返乡的困难，比如“他乡容不下灵魂，故乡容不下肉身”“主要原因来自三点：没有好的就业资源、医疗资源、教育资源”“其实也想过回农村，也试着回去过，最终还是选择不回去，你知道小姓在农村真的没什么意思，农村我觉得还是是非多，让我觉得很累！所以不想回去”“有家的地方没有工作，工作的地方没有家”等。这些评论在一定程度上展现了目前数字乡村建设中面临的种种难题。

未来的数字乡村发展中，“三农”短视频会发挥更多的促进作用。空间不单单是一个纯粹的物理场所，也不是一个静态的物质事实，而是承载着更为丰富的社会意义——不同的空间构造往往意味着不同的社会内涵和经济学内涵。空间与文化具有密切联系。空间既是一种文化产物，也是形成文化的重要平台。当空间作为一种文化产物，空间性既是个体价值选择的工具，也是群体价值认同的结果[③]。作为乡村人展现自己的重要空间，“三农”短视频超越时空，将广大的农村人整合起来，使大家在表达和映像中改造乡村空间、凝聚文化认同、提升数字素养、增强文化自

---

① 中共中央办公厅 国务院办公厅印发《数字乡村发展战略纲要》.（2019－05－16）. http://www.gov.cn/zhengce/2019－05/16/content_5392269.htm.

② “含山汤猫子”抖音短视频，2021－01－21。

③ 孟莹，张冠增. 乡村空间营造的逻辑：基于文化与社会空间理论视角的分析. 城市规划，2018（6）：23－29.

信，在现实和镜像中，建构数字乡村空间，激活数字乡村文化，推进数字乡村建设取得重要进展，最终促进全面建成数字乡村，助力乡村全面振兴，全面实现农业强、农村美、农民富。

参考文献

［1］包亚明. 现代性与空间的生产. 上海：上海教育出版社，2003.

［2］刘涛. 短视频、乡村空间生产与艰难的阶层流动. 教育传媒研究，2018（6）.

［3］刘玉堂，高睿霞. 乡村振兴战略背景下乡村公共文化空间重构研究. 江汉论坛，2020（8）.

［4］孟莹，张冠增. 乡村空间营造的逻辑：基于文化与社会空间理论视角的分析. 城市规划，2018（6）.

［5］曼纽尔·卡斯特. 网络社会的崛起. 夏铸九，王志弘，等译. 北京：社会科学文献出版社，2001.

［6］爱德华·W. 苏贾. 后现代地理学：重申批判社会理论中的空间. 王文斌，译. 北京：商务印书馆，2004.

［7］王新. 抖音推出“新农人计划”12 亿流量补贴“三农”创作. 农民日报，2020-08-11（6）.

［8］杨正文. 从“老铁”到“老乡”：一个农村网红的“创业记”. 马鞍山日报，2020-01-16（5）.

［9］杨正文，黄莹，等. 农村青年党员魏武：把“有想法”变成影响力 助力推进乡村振兴. 马鞍山日报，2021-05-04（3）.

［10］张荣，刘秀清. “新农人”短视频兴起中的城乡互动与关系重构. 河北师范大学学报，2020（6）.

［11］中国互联网络信息中心. 中国互联网络发展状况统计报告. 2021.（2021-09-15）. https://www.cnnic.net.cn/n4/2022/0401/c88-1132.html.

［12］中共中央办公厅 国务院办公厅印发《数字乡村发展战略纲要》.（2019-05-16）. http://www.gov.cn/zhengce/2019-05/16/content_5392269.htm.

［13］2016 年中共中央 国务院关于落实发展新理念加快农业现代化 实现全面小康目标的若干意见.（2016-01-27）. http://www.beijingreview.com.cn/shishi/201601/t20160128_800047828.html.

［14］Henri L. The production of space. Oxford：Blackwell. 1991.

第九章　数字乡村建设行动的在地化实践：陕西省数字乡村建设示范点调研

引　言

在实施乡村振兴战略的大背景下，随着数字信息化技术的不断发展，党的十九届五中全会通过的《中共中央关于制定国民经济和社会发展第十四个五年规划和二〇三五年远景目标的建议》（以下简称《建议》），明确提出了“加快数字化发展”和“实施乡村建设行动”的建议。《建议》指出：“坚持把解决好‘三农’问题作为全党工作重中之重，走中国特色社会主义乡村振兴道路，全面实施乡村振兴战略。”而数字乡村建设是全面实施乡村振兴的战略方向或战略措施。“数字乡村是伴随网络化、信息化和数字化在农业农村经济社会发展中的应用，以及农民现代信息技能的提高而内生的农业农村现代化发展和转型进程，既是乡村振兴的战略方向，也是建设数字中国的重要内容”[①]。2021 年中央一号文件再一次提出“实施数字乡村建设发展工程”[②]。由此可见，实施数字乡村建设已经成为新时代乡村振兴的战略方向。

陕西省在数字乡村建设的行动中也因地制宜地提出了相应的发展理念，并在 2020 年下发了《陕西省加快数字乡村发展三年行动计划（2020—2022 年）》。该《计划》从乡村信息基础建设、乡村数字经济提升、乡村信息惠民服务、乡村数字化治理、村民内生动力的培育、乡村数字化生态环境保护几个方面提出了相应的数

① 《数字乡村发展战略纲要》颁布 智慧农业迎高速发展期. 农经，2019（6）：11-13.

② 钟荣凤，詹岚，谢新丽. 闽东地区乡贤参与乡村旅游的动力机制及障碍因素研究：以“中国扶贫第一村”赤溪村为例. 宁德师范学院学报（哲学社会科学版），2019（2）：52-55.

字化建设方案。这份行动计划充分体现了陕西省决定加快推进数字乡村发展，从而促进乡村振兴的坚定信念。同年，陕西省还举办了2020年西部数字乡村发展论坛，论坛邀请了国内知名专家学者围绕数字乡村发展面临的机遇和挑战，探讨交流新发展格局下数字乡村发展的现实问题和实践路径，为推进数字乡村发展和数字乡村试点工作带来了新理念，提供了新思路。同时，陕西省还发布了《2020年陕西省数字乡村发展报告》。《报告》梳理总结了全省数字乡村建设的基本情况，为全省推动数字乡村发展提供了数据参考。

陕西省认真贯彻落实国家颁布的《数字乡村发展战略纲要》，大力推进全省数字乡村发展和国家数字乡村试点工作，按照“高点定位、科学规划、突出重点、试点先行”的总体思路，坚持以“兴业、惠民、优政”为主要工作目标，立足陕西实际，围绕“数字农业示范园区建设”“乡村数字化治理”“数字化便民服务”等方面重点任务，积极开展试点实践工作。

陕西省立足实际科学指导，推动试点工作有序开展。为加强对试点工作的指导，相关负责部门领导组织工作人员深入一线进行调研，以陕西省数字乡村国家试点地区为重点，兼顾陕西省不同地区各异的地域条件，加强对数字乡村发展基础情况的调研，共同探讨数字乡村的发展之路。陕西省之所以大力发展数字乡村建设，主要是想进一步提升农业农村生产经营精准化、管理服务智能化、乡村治理数字化水平。“数字乡村”将进一步推动乡村信息基础设施创新应用，完善“三农”信息服务体系①。在数字乡村建设行动过程中，陕西省于2021年6月成立了数字乡村生态联盟，该联盟的成立有利于陕西省整合乡村建设中的各种发展力量，建设新农民新技术创业创新中心，促进陕西省产学研用合作，充分调动市场积极性，培育数字乡村发展良好生态，对于激发乡村自我发展动力和活力都有着至关重要的现实意义。

一、陕西省数字乡村建设示范县（区）的行动与实践

陕西省有四个县（区）入选国家数字乡村建设示范点，分别是杨凌农业高新技术产业示范区、柞水县、大荔县、佛坪县。四个县（区）基本情况见表9-1：

① 推动数字乡村建设发展形成乡村振兴新动能：中央网信办有关负责人就《数字乡村发展战略纲要》答记者问. 农家致富顾问，2019（11）：7-8.

表 9-1　陕西省数字乡村建设示范县（区）基本情况

名称	区域发展特点	发展概况描述	主要负责部门	调研涉及的地点
杨凌农业高新技术产业示范区	1. 生物医药 2. 农产品加工 3. 农机装备制造业等涉农特色产业这些方面	1. 现有 21 家医药生产企业通过国家 GMP 核准，生产区总面积为 20 万平方米，已获得药品批准文号 215 个，共拥有省级名牌产品 9 种，省著名商标 10 个。从业人员近 4 000 人。目前已建成现代中药药品生产线 42 条，年可提取中药 30.2 万吨，年产片剂 23.8 亿片，胶囊剂 17.11 亿粒①。 2. 农产品加工业现有企业 265 家，拥有省级名牌产品 5 种，省著名商标 13 个②。 3. 推进建设由省工信厅、农业厅等 9 厅局联合共建的杨凌农机产业园，目前杨凌农机产业园入驻各类农业装备生产企业近 20 家③。	农业农村局	杨陵街道、大寨街道、李台街道、揉谷镇、五泉镇、西田村
柞水县	1. “一主两优”产业发展布局：“木耳”主导产业以及“林下经济”“乡村旅游”两个优势产业 2. 全国休闲农业与乡村旅游示范县、中国渔鼓文化之乡、中国最美休闲乡村 3 个“国字号”招牌	1. 按照“三带六区多点”木耳产业发展总体布局，加快建设乾佑河流域、社川河流域、金井河流域 3 个“千万袋木耳产业带”，建成金米、肖台、西川等 50 个以上“百万袋”木耳专业村。2021 年组织发展 3 000 户“万袋”种植户，年种植规模达到 1 亿袋。核桃、板栗种植面积稳定在 38 万亩，科管率达到 95%以上。以“五大商药”为主规范化建设 3 万亩药源基地和 5 000 亩示范基地建设；集中连片建设林下中药材种植基地 15 万亩；有序发展香菇、木耳等食用菌，天麻、猪苓等药用苗仿野生栽培 1 万亩④。 2. 创建全县乡村旅游示范村达到 30 个、国家级乡村旅游重点村 1 个，新增休闲农业示范点 5 个、休闲农庄 50 家、采摘园 5 个、民宿 100 家，实现乡村旅游综合收入稳中向好。	科技局	下梁镇及老庵寺村、小岭镇及金米村、木耳产业发展中心、智慧旅游大数据中心、李玉院士工作站、柞水木耳菌种繁育及产品深加工基地、柞水食用菌技术研发中心、金米村木耳培训中心及智能连栋大棚、柞水木耳大数据中心、终南山寨景区、柞水县助农网络科技有限公司
大荔县	1. 建成了南北以大棚瓜菜为主，东西以温室果蔬为主的“十字形”产业长廊 2. “全国食品工业强县”	1. 形成了以冯村镇为中心的温室蔬菜基地，以安仁镇为中心的设施冬枣基地，以苏村镇为中心点的黄花菜基地，以官池镇为中心的畜牧养殖基地，以范家镇为中心的水产种植养殖基地，以许庄镇为中心的早熟苹果基地，以及以高明镇东高城村为核心的温室高石脆瓜基地。形成了 42 万亩有机冬枣、20 万亩黄花菜、20 万亩黄河粮仓、12 公里多彩月季等百公里百万亩美丽产业景区。 2. 大荔县科技产业园区已经入驻企业有 71 家，投产运营 47 家。被命名为“省级农产品加工产业示范园区”。	农业农村局	东城街道办、范家镇、高明镇、电子商务服务中心、电子商务协会的工作人员、网络带货红人“黄花姐”和“荔宁果果”

① 崔汉涛. 杨凌示范区特色产业发展研究. 杨凌：西北农林科技大学，2012.

② 王充. 浅议乡镇党政领导干部经济责任审计. 现代商业，2014（12）：75-76.

③ 米强，孙养学. 杨凌示范区农机产业发展战略研究. 陕西农业科学，2014，60（1）：104-105，108.

④ 黄攀. 林下中药材铺就村民致富路. 生态文化，2017（3）：47-49.

续表

名称	区域发展特点	发展概况描述	主要负责部门	调研涉及的地点
佛坪县	1. 产业发展重点："一旅二养三药"（一旅：旅游业，二养：特色养殖业、特种养殖业，三药：山茱萸、天麻、猪苓为主的中药材） 2. 通过产业扶持、入园入社等方式，实现脱贫产业全覆盖。	1. 该县累计培育市场主体 50 个，实施食用菌、中药材、特色养殖、农产品加工、乡村旅游等产业项目 123 个。 2. 2020 年，安排财政涉农资金 12 918.36 万元，报账支出 11 637.29 万元，支出进度为 90.08%；选聘生态护林员 227 人，兑付生态效益补偿资金 994.13 万元，惠及贫困户 812 户 2 119 人，兑付退耕还林补助金 12.5 万元，惠及贫困户 93 户 332 人①。	宣传部	西岔河镇、长角坝镇、长角坝镇电商服务中心、康居乐旅游公司、耖家庄智慧农业示范基地、爱上菇粮农业科技开发有限公司

这些县（区）的数字乡村建设是在以政府为主导、国家相关政策支持和当地村民积极参与的情况下开展起来的。当地政府充分利用了国家和当地政策中的一些关于可以促进数字乡村建设的扶持资源，并且集结乡村村民们一起整合了当地的一些资源，通过土地流转等措施，让村民们利用自身的资源进行投资入股，从而可以更好地融入数字乡村建设当中。在数字乡村建设过程中，当地政府建构起了村集体和村民之间的合作关系。在一定程度上，这种合作关系有利于提升乡村组织的治理效能，有利于乡村资源的整合，使村民在建设行动过程中可以享受到数字乡村建设带来的红利。在数字乡村建设行动中，智慧农业发展、"互联网＋农产品"营销、智慧旅游建设、民生服务与政务服务的推进，成为示范县（区）实施数字乡村建设行动的主要内容②。

智慧农业发展

既然是乡村建设，那么农业生产便是非常关键的一环，农业生产的模式和产出的效率将直接影响农民的收益。在农业生产过程中，农作物对于温度、湿度这两个因素特别敏感，只有控制好温度和湿度问题，并且在生产过程中进行科学合理的管理，才可以保障农作物的产出质量，从而销售出好的价格，提升农民的收入。发展智慧农业成为数字乡村建设的主要内容。陕西省每个数字乡村建设试点地区都融合

① 周芳芳，胡贵军．争先进位蓄动能 追赶超越谱新篇．(2021－01－05)．https://new.qq.com/rain/a/20210105A050YT00.

② 王小兵，康春鹏，呼亚杰．以智慧乡村行动示范引领乡村振兴战略实施：从海南省石山互联网农业小镇看乡村振兴．农业工程技术，2017，37 (36)：7-10.

了物联网、互联网、智能控制、视频分析、大数据可视化等多种信息技术，以期提高当地农产品的质量和产量，实现农产品质量安全可追溯、生产过程可度量、主管部门可监管的目标。

例如，柞水县以打造出全国首家“木耳产业数字经济服务平台”为目标，建成了柞水科技资源统筹中心、木耳大数据中心，以大数据为链条形成了以产供销一体化数字经济体系。大荔县的冬枣种植最为典型，由于冬枣对季节、温度、湿度的要求特别高，所以种植难度特别大。后来通过数字化建设的不断推进，大荔县建立了相应的冬枣种植园区，对土地进行合理的规划，采取智能化种植的方式搭建了数字化监管大棚。大棚种植所依赖的数字化平台可以实时采集种植大棚的空气温度和湿度信息，以及种植过程中所需要的光照度、视频监控，软件实时显示相关数据等信息，并能预先设定阈值，参数指标超出阈值范围可以自动报警；而且大棚配有智能控制系统，参数指标超出阈值范围可以触发预定义动作，如开关风机、启停湿帘、启动顶喷、打开关闭遮阳膜和卷帘等。此外，大棚种植管理员可以通过数据采集系统（手机 APP）将农事过程记录以图片、视频、文字的形式上传，包括育种、转色、剥袋、注水、采摘、分拣和存储等。数字化监管大棚基本实现了农业智能监控、标准化种植管理、农产品溯源、生产决策分析。农产品质量安全追溯体系构建了县级、镇级、企业级和协会级四级平台，与省农产品质量安全监管平台等实现了链接共享，建立起了一套记录完整、标准规范、全程监管、四位一体的农产品质量安全监管新模式①。

杨凌农业高新技术产业示范区以“数字农业”示范园建设为抓手，加强现代信息技术与农业产业发展融合应用，开展“数字农业”综合管理系统，将遥感监测、物联网、大数据等技术手段运用到农业生产经营活动中，有效提高了农业土地产出率、劳动生产率和资源利用率。佛坪县以村级食用菌生产基地开展智慧农业试点示范，探索农业数字化转型经验，通过构建香菇产品质量溯源监管平台，整合香菇种植基地，着力提升产品质量和品牌效益。

“互联网＋农产品”营销

陕西省示范县（区）通过开展线上网络销售和线下农产品推广的相关活动，不断探索农产品的新兴销售渠道，尽最大能力推动当地农产品销售。它们通过利用陕西省农业品牌网和京东、淘宝、快手、抖音等新媒体传播渠道，采取互联网媒体直

① 崔馨予，单俊杰，李云，等. 大荔县农产品质量安全体系建设存在的问题及对策. 现代农业科技，2018(23)：234-240.

播带货等多种有效方式，拓宽网上销售渠道，提升自己当地品牌的知名度。同时，它们通过建设集电商孵化、货源整合、物流配送等多种功能为一体的产业园，搭建互联互通“互联网＋”综合平台，培育出了很多电商企业，营销模式涵盖“农产品＋网络直播”“农产品＋可视农业”“农产品＋直销店”“农产品＋社群”等。各个示范县（区）的乡镇和行政村都设立了区域电商服务中心及电商服务店。这在一定程度上促进了农产品的销售，带动了乡村经济的发展。

柞水县聚焦打造政府主抓安排部署，主管部门具体实施，各相关部门配合的联动机制和政府引导、部门实施、行业监管、全社会共同参与的电子商务发展格局。该县电子商务中心入驻企业25家，孵化电商个体180家，带动当地一些传统自媒体实现年营业额200余万元。建成了镇村级电商服务站，组建了农产品电商物流服务团队，完善了农产品供应链体系，实现了9个镇办全覆盖，有力推动了柞水县农产品网络上行销售。同时，围绕政府、合作社、农民、电商、网红五方联动的营销思路，积极与各大电商平台对接，开展网红直播等销售活动。今年累计实现柞水木耳线上销售25万单，总计17 000余万元。

大荔县通过搭建一些县级农产品网销平台，建设农产品交易市场，设立物流运营和服务中心，推动全县电商发展。共建成182个镇村电商服务中心，建成冬枣交易等20余个专业市场。建设完成农产品仓储保鲜冷链设施28座，冷库建设容量达26 674吨，在235个行政村设立快递配送网点，实现县、镇、村三级运输服务一体化，完备的设施和完善的链条有效促进了电商的发展，全县涉农电商企业达1 328家，个体网点微店2万余家，“互联网＋”的推进和电子商务的崛起有效带动了大荔县农产品销售。

智慧旅游建设

陕西省各个数字乡村示范县（区）积极突出当地现有的资源特色，大力发展优势产业，其中就包括当地旅游资源的开发和利用。

柞水县瞄准智慧旅游建设试点县、秦岭国际生态旅游目的地、秦岭中央公园核心区、丝绸之路连接带、“三大会客厅”的建设目标，伴随数字乡村建设的发展加快大数据中心建设与旅游投资公司运营步伐，推进景区升级，做大做强旅游产业。深度开发牛背梁、柞水溶洞、县城、凤凰古镇、金米村五大旅游板块，大力实施智慧景区的建设、特色小镇培育、旅游度假区建设、全域旅游示范县创建、基础设施质量提升、旅游相关特产增效等工程，全力加快终南山大峡谷等高端旅游项目建设，带动旅游产业快速发展。全面加快旅游产业智慧化和数字化发展的步伐，建设一批民间博物馆、美术馆、书画院、展览馆、体育馆等数字旅游文化项目，努力打造出具有当地地域、文化、民俗特色的旅游产品体系。柞水县在努力提升“秦岭闺秀、天然氧吧”的宣传影响力的同时，加快精品景区、精美城镇和美丽乡村建设，以朱家湾等地作为出发点，建设了一批智慧服务型都市农庄、农业公园，大力促进精品乡村旅游和当地旅游特产相结合，从而建构出当地旅游资源带动当地经济发展的模式。

大荔县在旅游产业方面以美丽乡村建设为抓手，实施“旅游＋”战略，以乡村旅游、体育旅游为代表的现代服务业成为大荔县最主要的经济增长点和支柱产业。建成了同洲湖、丰谷易仓两个4A级景区以及福禄古寨、冬枣小镇7个国家3A级景区，朝邑国家湿地公园、沙园国家沙漠公园批准建设，枣花节、荷花节等9大乡村节会成功举办。以四大景区为核心龙头，农业公园和休闲农庄为支撑，6条美丽乡村和两条涝池旅游线路为基础的全域旅游大局初步形成，先后获得“国家旅游示范县”“全国休闲农业和乡村旅游示范县”“陕西最美休闲旅游度假地”等称号，乡村旅游已经成为大荔县经济发展的新动力。

民生服务与政务服务的推进

民生服务与政务服务的方式、效率、质量一直是农民最关心的问题，陕西省深化“互联网＋医疗”建设，实现了远程医疗覆盖全省107个区县，全省已经有18家医院开设了互联网医院，为患者提供在线就诊、药物配送等服务，积极促进该省民政“e救助”微信公众号在全省镇村和社区全覆盖，社会救助的相关业务实现全流程掌上办理。不断开展线上职业技能培训，提升农民知识文化水平。陕西省的4个数字乡村建设示范点也将信息化服务能力作为数字乡村建设的重要建设项目进行创新和发展。

大荔县积极创建了新堡、平罗等几个村的智慧乡村大数据平台，该平台整合了党建云、村务信息公开、电子商务、当地治安与防控等系统，不断探寻数字化赋能的乡村振兴新方向，建设了15个乡村服务e中心，通过网络平台满足农民对农产品的线上销售、购买以及生活杂费（水电费等）缴费等需求。构建了“十五分钟便民服务商圈”，给当地农民的生产和生活带来了极大的便捷，当地的治理也得到了改善。

杨凌农业高新技术产业示范区优化乡村数字资源运用，不断完善杨凌资讯、杨凌党建、杨凌宣传、强农APP、智慧杨凌APP等移动互联网应用软件，健全镇村政务服务系统，推动“互联网＋政务服务”向各个村拓展，不断推进涉农服务事项在线办理，通过网上办理、指尖办理、马上办理的方式，提升农民群众对政府政务服务的满意度。不断开发拓展数字乡村建设过程中相关资源的运用。

乡村数字治理设施的推广和建设，有效地提高了解决问题的实效性，完善了政府部门对农民在生产生活中的服务职能，增进了农民对于政府工作的了解，不断加深农民对于政府相关活动的参与感和满足感，让农民更加信任政府，有利于政府部门持续推进数字乡村建设。

二、数字乡村建设的行动困境

结合实地调研情况，陕西省数字乡村建设示范县（区）在建设行动的过程中存在着一些行动困境，归纳总结共有以下五个方面：

部门协调之间存在的行动困境

数字乡村建设行动的牵头部门不明确、组织架构混乱，部门之间的协调困难。一些县（区）域的数字乡村建设还存在很大的阻力。示范县（区）在推动数字乡村建设的时候，不应该仅仅依靠县（区）这一级，而是需要上下各级政府部门之间的紧密配合。县（区）里的数字乡村建设推广力度同省里、市里的重视程度密切相关。如果省里和市里重视数字乡村建设，并且把这一项工作作为考核县（区）相关部门及领导的业绩标准，则会激发县（区）推广数字乡村建设的积极性。若是省、市级层面对这项工作重视不够，那么到县（区）这一级去推广发展就会毫无动力。调研中有某位县里办公人员反映：“若是县委书记和县长把主要的精力都放在数字乡村建设上，那么县里其他的一些事情怎么办?”这一问题值得深思。

当前的数字乡村建设还包含了一个隐性问题：县（区）里各部门宣传力度过大，乡镇和村民们的积极性都调动起来了，一旦行动进行到后期，资金等各方面资源供应出现问题，那么牵头的各个单位、各个部门该如何收场？处理不好的话很有可能会影响到各个牵头部门以后在当地的话语权。在调研某县网信办的过程中，发现县网信办的工作人员寥寥无几，非常虚化，给人感觉似乎数字乡村建设只是停留在一个概念，并没有多大实质性的操作。并且相关牵头部门对于网信办的工作并不是特别了解。除了上级部门对于数字乡村建设行动指定了的部门，其他部门基本上不参与任何相关的工作，甚至可以说不了解数字乡村建设的一些基本情况，基本上处于一种“失联”的状态。

建设行动资金不足

在数字乡村建设实践中，县区级部门最关心的问题之一便是资金与政策支持问题。通过我们实地调研可知，县（区）里申报成功示范点后，电子商务进村等发展建设之初，国家是给予了一定的专项拨款，但是对于数字乡村建设这个庞大的项目，资金根本不充裕。县（区）里财政本来就比较紧张，拿不出足够的资金去支持项目更加深入地推进。由于县（区）里发展不仅会受当地人文、地域等条件的限制，而且在引进社会资金的同时会涉及很多部门，例如土地、电力、税收等部门的协调问题，所以社会资金引进困难。没有足够的资金支持，数字乡村建设的推进就有受到很大的阻碍。没钱难办事、没钱就不办事确实是各个示范县（区）推进数字乡村建设时遇到的最直接的现实问题。

数字化人才缺乏

在推进数字乡村建设过程中，农民是主要参与主体，因此农民去了解和认识相关的知识就变得非常重要。因为技术下乡更为关注的是外来的自上而下的一些因素，同时当地农民自下而上的积极参与、积极配合也非常关键。如何和示范县当地的一些基本情况相匹配成为行动发展的重要问题。数字乡村建设过程中的人才主要包括党员干部、村干部和当地返乡创业者。这些精英群体的经验传递和技术扩散是当地数字乡村建设发展的重要环节。大城市“虹吸效应”明显，去大城市的不愿意回来，当地做得好的，挣到钱的人往往最后都会选择离开。

电子商务的进村推广工作，一开始在乡村里推进非常困难。大家对电子商务的相关知识了解不多，积极性也不高。推广过程中存在看不懂、看不起、等不及的问题。电商是一个产业，而并非是一个项目，所以需要多种方式的培育，电子商务领域的人才培育是最为关键的一环。

另外一个现实问题是农村存在着空巢化、老龄化等情况，年轻人很多到大城市去打工了，没有足够多的年轻人，那么内生力很难激发。无论是合作社、交易中心，还是县（区）里面的智慧社区，都反映如果可以把工作的内容落实到每一个家庭中去，每个家庭若是至少有一个年轻人能够懂得他们的发展理念，就可以传递给家里的其他成员，就可以将数字乡村建设行动的每一个个体积极整合，从而转变成为一个发展共同体。所以人才的培育和如何留住青年人才，也是农村社会发展的关键问题。

数字技术运用困境

各个地方在数字乡村建设的过程中，非常重视技术的发展，基本上都是从技术的路径上去推进数字乡村建设的发展。

陕西省数字乡村建设示范县（区）的数字技术主要向相关网络公司购买。硬件设施安装（例如大荔县每个冬枣温室大棚里都安装有两套硬件设施）存在着过度技术化问题。从国家倡导建设数字乡村出台的相关文件中可以看出，国家的政策是想引导大家逐步地从技术化向社会化转移。其中对社会化的强调是数字乡村建设应该关注的新重点。由于数字技术离不开村民的使用，所以数字乡村建设的重心应当逐渐从之前的技术化、数字化转变为社会化、网络化。

当地一些县级、村级组织在进行数字治理过程中一些科技设备的使用具有悬浮化、景观化的特点。运用一定的资金建设一些大屏幕、数字监控等，然后在大屏幕上呈现出一些监控的数据、影像、大棚里的温度等，但是实际的工作其实并没有因为这些设备的出现而得到提升。国家给了一定的资金，有公司也承包去做了这样的一些工作，但是却没有达到想要的效果，整体形式化比较严重。

各个区域发展不平衡困境

在陕西省数字乡村建设的四个示范点可以明显感受到一个非常显著的问题，那就是各个示范点区域发展不平衡问题。区域发展不平衡是存在很多方面的，不同的数字乡村建设示范点对于数字治理、数字旅游、数字经济发展等问题的认识存在着很大差异。陕西省内的几个示范县（区）也由于地理因素、环境因素、资源因素、人文因素等面临着各种区域不平衡的情况。

在和外省的情况比较中，不同区域发展数字乡村建设也存在着发展节奏的差异。单从数字治理这方面来看，在和安徽省数字乡村示范县比较中可以得知，陕西省可能正处于使用数字技术去监控、去获取一些预警信息等的阶段；但是在安徽省，在网上实现实时监控的同时，相关部门可以做到在线决策，这样大大提升了数字治理的实效性，保障了区域发展的时效性和安全性。在数字旅游和数字经济的发展中也有类似的差异，如何缩短差异，赶上数字乡村建设的脚步是一个非常重要的问题。

在各个区域不平衡的发展中，每个区域是否有成功经验可以向外界推广，是否社会基础较为薄弱的地区可以借鉴，从而促进区域内经济的提升，这些都是在未来的发展中需要解决的问题。

三、数字乡村建设的路径优化

数字乡村建设不仅仅是乡村振兴的一个战略方向，也是我国未来建设数字中国的重要内容之一①。数字乡村建设是网络化、信息化和数字化在农业农村经济社会发展中作用的集中体现，是农民由现代信息技能的提高而内生的农业农村现代化发展和转型进程。新时期，新的信息技术会不停地衍生出许多新技术、新产品、新模式，从而促进全球经济的发展和生产模式的改革。加快数字化、信息化发展，推进数字乡村建设已经成为一种趋势。结合此次陕西省调研的现实情况，可以从以下五个方面来对数字乡村建设的路径进行优化，从而消除现存的相关问题，实现数字乡村建设更好更快的发展。

加强当地的数字设施建设

要加快推动农村地区农田种植、引渠灌溉、道路建设拓展、冷链物流的推广、农业生产加工等基础设施不断地向着数字化、智能化转型。要促进农村数据中心、环境监测、农作物生产状况监测等硬件设施的建设，不断加强物联网平台的建设。消除各种基础设施及其产生的数据所具有的形式感和悬浮感，让这些数字设施真正地做到为民服务、为民所用。

完善自然灾害预警装置以及农作物生长过程中的温度、湿度监测装置，向农民积极推广智能化的农作物生产设备，利用数字化生产过程中所得数据呈现出的状况，尽快预防或解决生产过程中所遇到的相关问题，让当地的普通农业变为精准的智慧农业，从而提高数字化农业生产过程中农作物的产量和质量，全方位地提升当地的农业科技生产水平。

推进农民培训，缩小“数字鸿沟”

在数字乡村建设的过程中，一定要加强对当地农民相关知识的培训，努力培训出符合发展需求的技术人才。当地政府一定要努力抓住数字乡村建设的发展机遇，充分利用国家的政策支持及所提供的资金支持，缩小“数字鸿沟”，让当地的经济得到良好的发展。

调研中发现，很多当地农民由于消息闭塞，或者对外界信息了解较少，思想比

---

① 张春玲，刘遵峰，吴红霞. 以数字乡村建设助力乡村振兴. 农村. 农业. 农民（B版），2020（2）：11-12.

较保守，不愿意去接触和学习新鲜的数字信息技术，从而导致落后。当地政府工作人员一定要积极鼓励当地的农民去了解新的信息科学技术，让农民都可以参与到电商、网络直播售货等各种新兴销售渠道中，打破信息匮乏的壁垒，为数字乡村建设带来发展的新活力。

随着城市化的进程不断加快，许多农民工都不愿意在当地发展，大量的农民外出打工成为一种趋势，照这种趋势发展下去，农村“空心化”将会更加严重。当地政府和相关企业合作，将大量的土地进行了流转，建成了具有一定规模的信息化、科技化、规范化的农业发展模式。因此提升农民的科学技术知识，努力培训出一批符合当今发展潮流的新型“数字化”农民成为数字乡村建设中的关键因素。让农民们可以了解最新信息，读得懂电子设备所带来的数据，会运用最先进的技术进行农产品的生产加工，为农民提供一个更好的生产生活环境，缩短“数字鸿沟”，从而不断提升当地数字乡村建设的水平。

促进“互联网+”的拓展运用

在数字乡村建设的过程中，不单单是要看到“互联网+农业”这一个方面，数字化建设应当涉及乡村居民生活的方方面面。

加强“互联网+政务”，从而促进当地政府部门对于基层事务的管理能力，不断提升乡村数字化治理水平，不断加强做好政府信息公开，拓宽当地农民获得政府相关信息的途径。加强政府部门与农民之间沟通交流的能力，如此一来便可以更好地带动当地农民参与数字乡村建设，激发他们的积极性。加强“互联网+医疗”，解决当地农民看病难、看病贵、医疗卫生常识缺失的问题。加强“互联网+教育”，为当地培养适应时代发展潮流的新型信息化人才，为当地提供充足的人才资源。加强“互联网+就业”，为当地农民提供更多的就业机会，提供一些创新创业的新思路，不仅可以激发当地的内生力，还可以带动当地新型产业的发展。加强“互联网+文化”和“互联网+旅游”，积极开发乡村旅游资源，搞好环境建设，积极开展生态环境的保护和修复工作。了解当地文化发展的需求，利用数字技术开发文化资源，鼓励数字文化产品创作，不断促进当地乡村文化的创新能力，提供农民喜闻乐见的数字文化体验。在不久的未来，最好可以形成包括旅游推广、文化输出等在内的各种产业融合发展的良性经济发展模式。

加强对农村内生力的激活

数字乡村建设并非一朝一夕就可以完成，在此过程中存在不少问题，例如：政府部门自上而下的发展要求是否与当地发展需求所匹配？当地是否有自下而上的积极回应？等等。所以建设行动的实施一定要结合当地发展的情况，不断激发当地数字乡村发展的内生力，才可以加快实现数字乡村建设的目标。

首先，政府部门可以针对当地的相关资助企业推行政策性的优惠，或者提供资金上的支持，不断简化企业发展过程中需要办理相关手续的程序，推进企业更加积极地投入数字乡村建设的队伍里来。其次，推进小额贷款的发展，设立创新创业鼓励政策，鼓励当地农民借助国家对数字乡村建设的政策进行创新创业，并投身到线上线下的数字化农业发展中，激发他们的参与热情。最后，加大招商引资的力度，吸引更多的企业和人才到当地发展，为当地的发展献出自己的力量。除了“生产—加工—销售”这种传统的发展模式外，政府提供相应的优惠政策鼓励新兴企业入驻，依靠数字化乡村产业的发展，形成更多新的生产销售模式，并且要保障其是科学的、可持续的发展模式。充分利用数字技术在农业发展中的功能，激活当地数字乡村发展的内生力，激发农民们的生产劳动积极性，从而促进数字乡村建设迈入新的阶段，助力城乡的融合发展，让国家自上而下的安排有基层组织由下而上的呼应。

设立统一公开的考评机制

没有规矩，不成方圆。构建一套科学的、完善的、可操作化的考评标准是数字乡村建设过程中不可缺少的一环。只有建立好了考评标准，才能让政府部门对陕西省各个数字乡村建设示范县（区）的数字乡村建设情况进行定期的考评后，对各种存在的问题以及值得推广的经验得到清晰的认识。政府部门不仅可以将考评结果发布出来让它们自己找差距，也可以清楚知道哪个示范县（区）的哪个方面发展状况较差。对发展情况较差的示范县（区）的相关工作人员组织起来进行教育培训，或者可以让他们去发展情况好的地方进行交流学习。

只有设立合理的考评标准，才有利于各个示范县（区）之间进行比较，各个地方可以总结经验，找到差距，取长补短，促进当地更早地发现问题并且转变发展思路，将落后的发展模式转变为新的发展模式。合理的考评标准的设立也可以防止政府部门“懒惰不作为”或“面子工程”情况的出现，从而带动数字乡村建设更好更快地发展。

结　语

数字乡村建设是一个系统性的工程，必须要有一整套系统性的思维方式去推进。完善当地信息基础设施是数字乡村建设行动的基础；推进当地乡村特色产业和现代化治理是数字乡村建设行动的重点；不断扩充当地基层信息化人才队伍是数字乡村建设行动中的有力支柱，提升农民数字素养是数字乡村建设发展的重要保障。

由于各个区域社会发展水平不均衡、不充分等因素的影响，目前陕西省数字乡村建设行动中仍然存在相关负责部门缺乏协调、资金不足、数字化人才缺失、数字技术运用不足、各区域发展不平衡等问题。陕西省有关负责部门在进一步推进数字乡村建设行动的时候，一定要加大相关负责部门统筹协调支持的力度，积极总结推广试点经验，结合试点工作中存在的一些问题，不断进行改善提高，查漏补缺，坚持统筹规划、资源整合、注重实效性，分步实施计划，坚持安全可控的原则。坚定目标，紧盯任务，不断开拓创新，因地制宜地创造出更好的发展治理模式，从而确保数字乡村建设的行动取得良好的成效。

参考文献

[1] 陈亮. 中国4A级旅游景区（点）的区域差异及其标准化建设路径研究. 上海：华东师范大学，2005.

[2] 崔馨予，单俊杰，李云，等. 大荔县农产品质量安全体系建设存在的问题及对策. 现代农业科技，2018 (23).

[3] 丁芳明. “互联网+”背景下电商对精准扶贫的助推作用，福建省将乐县电商扶贫的实践与启示. 电子商务，2017 (11).

[4] 封进，李珍珍. 中国农村医疗保障制度的补偿模式研究. 经济研究，2009 (4).

[5] 谷虹. 广电产业与新兴媒体融合发展的平台战略. 暨南学报（哲学社会科学版），2014 (9).

[6] 何善辉，郭宜婷. 云端物联网上休闲农业与健康养生小站群. 海峡科学，2015 (12).

[7] 娄帆. 平原农区县域聚落空间演变研究. 郑州：河南大学，2016.

[8] 秦国强. 全面实施乡村经济振兴战略措施探究. 知识经济，2018 (18).

[9] 宋亚伟. 关中民俗文化旅游“小镇”开发绩效评估及其规划引导策略：以茯茶小镇为例. 西安：西安建筑科技大学，2018.

[10] 覃棹. 乡村振兴战略视野下农村电子商务发展研究. 电子商务，2019 (10).

[11] 推动数字乡村建设发展形成乡村振兴新动能：中央网信办有关负责人就

《数字乡村发展战略纲要》答记者问. 农家致富顾问，2019（11).

[12] 王文琴，贾丽，王巍. 乡村振兴背景下农村集体建设用地流转问题与对策. 安徽农业科学，2020，48（17).

[13] 吴琼. 基于大学生旅游消费心理的旅游营销策略探析. 时代经贸，2010（29).

[14] 吴义祥. 我国地区旅游业中乡村资源的有效开发利用研究. 合肥：合肥工业大学，2016.

[15] 曾颖. 试析如何以智慧乡村行动示范引领乡村振兴战略的实施. 智能城市，2018，4（17).

[16] 张成昱，方玮，周虹，等. 关于移动数字图书馆建设的几点思考. 图书馆建设，2009（9).

[17] 中央网信办信息化发展局. 2021 年全国数字乡村建设工作推进情况汇编. 2020.

[18] 朱光磊，赵志远. 政府职责体系视角下的权责清单制度构建逻辑. 南开学报（哲学社会科学版)，2020（3).

附　录　2021年重要网络社会事件

手游《原神》出圈助力中国文化出海

2020年9月上线的手游《原神》在2021年持续火爆。《原神》在海外引爆了一场“文化出海”的热潮。2021年3月，《原神》在35个国家和地区畅销榜排行第一，在116个国家和地区排行前十。极强的海外影响力使《原神》具有输出文化的强大能力。自上线以来，《原神》制作的品牌内容便围绕文化主题进行传播。其中，运用传统乐器及东方文化意向塑造的钟离角色PV已在Youtube上收获了超2 000万播放量。2020年10月，中国驻意大利大使馆在官方推特上向国外民众推荐《原神》，称这款手游已经在许多国家获得了极大的知名度。世界上最大的游戏媒体IGN对其给出了9分的高分，称其可以在游戏出色的动画效果中进行难以置信的冒险。2021年2月，中国驻大阪总领事馆在推特上发布原神主题贺年卡，供日本民众自行印刷；同时还利用《原神》角色甘雨和芭芭拉，在推特上向日本民众科普为何春节和元旦是两个日子。从游戏出海到文化出海，《原神》成为中国游戏产业文化输出最成功的案例之一，展现出我国通过游戏向海外输出文化的巨大潜力。(伍绍聪)

山东“拉面哥”的网络走红之路

2021年2月22日，以抖音为主的传播平台就开始出现山东“拉面哥”的信息，且信息量逐渐呈上升态势。“一碗拉面卖3块钱，坚持15年不涨价”的短视频受到越来越多网民的关注。2月24日，“拉面哥15年未涨价”登上抖音热榜第一，“拉面哥”本人——山东临沂的“80后”拉面摊主程某也迅速走红网络。“拉面哥”的走红源于几个抖音美食博主的偶然为之，却意外受到各类媒体争相报道。2月26日《人民日报》的百度官方账号转发相关报道，在线点名“拉面哥”。2月27日央广网发表在线评论：“山东‘拉面哥’走红，为质朴和真诚点赞。”各大媒体的关注引发连锁反应，即“拉面哥”迅速被各类所谓的网红狂蹭热度。很多人专门跑到当地合影、拍摄视频或进行直播，其中不乏一些恶意炒作行为。这些行为严重影响到“拉面哥”本人及其亲属的正常生活。2月26日至28日，抖音对相关内容进行打击治理，共处置直播间52个，处置冒充“拉面哥”账号202个。2月28日，抖音发布了《抖音打击蹭热点、过度消费当事人内容公告》。从农民到网红，从小老百姓到公众人物，“拉面哥”的走红发端于自媒体，得益于他的质朴和真诚，其走红后的网络狂欢则与当下自媒体直播、网红经济、流量经济等网络社会的发展密切相关。12月2日新浪新闻官方微博发布信息公布了“拉面哥”的现状：在他家门前，各大主播依旧在卖力直播表演，就算到了夜晚仍十分热闹。对此拉面哥早已习惯并表示：“都是为了挣钱，都是为了生活。”（田志达）

国家反诈中心 APP 上线

2021年3月10日，国家反诈中心APP正式上线。该APP汇聚报案助手、举报线索、诈骗预警、身份核实、APP自检、风险查询、最新骗局曝光等多项功能，旨在帮助用户维护电信网络安全，为用户建立电信网络涉案举报渠道，增强防范宣传，构建良好的电信网络环境，最大限度降低用户受骗概率。该APP通过民警宣讲、网络情景剧、抓捕实录等多种形式，精心制作发布一批防范宣传短视频，深刻揭批高发多发的网络贷款、网络刷单、“杀猪盘”、冒充客服退款、假冒熟人、冒充“公检法”、“荐股”、虚假购物、注销“校园贷”、买卖游戏币等十大类典型诈骗手法，及时发布防骗预警，引发社会广泛关注，营造了全民防诈反诈的浓厚氛围。2021年6月17日，公安部召开新闻发布会，通报全国公安机关打击治理电信网络诈骗犯罪举措成效。公安部刑事侦查局副局长姜国利介绍，公安部推出了国家反诈中心APP和宣传手册，努力为人民群众构筑一道防诈反诈的“防火墙”。截至2021年6月，国家反诈中心APP的全国注册用户已超过6 500万，已向用户发送预警2 300万次，接受群众举报涉诈线索65万条，在防范诈骗工作中发挥了重要作用。（肖尊军）

多家品牌被曝禁用新疆棉花遭网友抵制

2021 年 3 月 24 日开始，瑞士良好棉花发展协会（BCI）伙同 H&M 等服装品牌被曝无端炒作子虚乌有的新疆“强迫劳动”问题，污名化新疆的扶贫事业，带头无理抵制新疆棉花，引发中国民众的反感与愤怒。2021 年 3 月 25 日，中国纺织工业联合会发表声明，反对任何污名化新疆棉的行径。中国纺织工业联合会强调，近年来，新疆地区不仅棉花种植生产保持稳定，棉纺织及服装产业也迅速发展，为促进地区经济发展、解决各族人民就业、改善民生福祉发挥了重要作用。所谓中国新疆地区存在“强迫劳动”，完全是子虚乌有，是彻底的谎言和政治操作。2021 年 3 月 29 日，外交部发言人赵立坚在例行记者会上表示：做生意要讲究尊重，一面赚着中国消费者的钱，一面对中国抹黑攻击、损害中国利益。用一句俗话说，“吃着中国的饭，还砸着中国的锅”，天下哪有这样的美事？中国市场始终是开放的，我们欢迎外国企业来华投资兴业，始终为各国企业在华投资创造良好环境。希望有关企业在华经营合法合规，不要沦为某些政治势力的工具，更不要挑战中国民意。

“新疆棉事件”引爆了互联网，H&M、阿迪达斯、耐克等多家 BCI 会员品牌遭到了中国网友的强烈不满和自发抵制。社交平台相继掀起“抵制 H&M 商品”“支持新疆棉花”的热潮，截至 2021 年 3 月 25 日 13 时，微博话题“我支持新疆棉花”阅读次数达 14.4 亿，讨论次数 591.6 万。但与此同时，也出现了一些过激言论与行为，甚至有网民在品牌直播间辱骂工作人员。微博话题“不要为难打工人”也冲上热搜，不少网民呼吁不要将品牌方的错误强加于售货员、客服、主播等基层工作人员而干扰其正常工作。（周骥腾）

日本政府决定以排海方式处置福岛核电站事故核废水引发网民热议

2021 年 4 月 12 日，日本首相菅义伟表示：“处理核废水是不可避免的问题，我们认为在采取全面措施、消除谣言的前提下，（核废水）排入海洋是现实的。”美国国务卿布林肯在推特发文表示：“我们感谢日本在宣布排放核废水这一决定时，做出了透明公开的努力。我们希望日本政府能与国际原子能机构继续保持合作。”美国政府也发布声明，对日本政府排放核废水的决定表示支持。针对美国政府的言论，网友纷纷表示质疑。美国哥伦比亚广播公司还发表专题报道，披露美国向海洋倾倒大量对环境有害的DDT（有机氯类杀虫剂）。4月13日，日本政府召开相关阁僚会议，正式决定以海洋排放方式处置福岛核电站事故核废水。这引发了周边国家和国际社会的抗议，认为此举将严重损害国际公共健康安全和周边国家人民切身利益。“核废水”“福岛核电站”等话题登上当天国内外话题热搜榜。4月14日，据《日本经济新闻》和TBS电视台消息，日本副首相兼财务大臣麻生太郎表示，“按照科学依据，早就应该这样做了”，还声称“那些水喝了也没什么事”。对此，国内外网民纷纷留言批评，话题“日本副首相称喝处理核废水没事”也登上新浪微博热搜榜首。中新网4月14日消息，据日本《东京新闻》报道，日本复兴厅于13日制作并发布了一份传单，其中“放射性氚”被拟化成为“吉祥物”的可爱角色。这迅速被国内外各大新闻媒体转发，进一步引发广大网民的反对以及对人类命运共同体的讨论。（马颖）

山东菏泽曹县在网络走红

2021年4月，曹县开始走红网络。抖音相关负责人在接受采访时表示：“过去1个月（4月14日到5月13日）抖音上曹县相关视频总播放量达到2.68亿。截至目前，抖音上“曹县”“山东菏泽曹县”两个话题的总播放量超过4.8亿。”在众多关于曹县的抖音视频中，经常被使用的一句话是“山东菏泽曹县，666我的宝贝”。这句话出自一位名为“大硕的”的抖音主播。“大硕的”的段子引发了众多视频创作者跟风模仿，随后创作者们将创作重点转向了对曹县的调侃，网友们也加入其中。有的调侃说“宁要曹县一张床，不要北京一套房”；还有的夸张说“曹县这个城市我待了有一个月，节奏太快，我实在受不了了，回到我的老家”；还有的调侃“我常常因为自己不是曹县人而自卑”；甚至更有创作者直接戏称曹县为“宇宙中心”。

伴随着这种恶搞式的网络走红，曹县也逐渐进入人们的视野。大家惊讶地发现，曹县本身的发展历程也颇具特色。如今的曹县拥有山东省内最大的淘宝村，是全国最大的演出服和汉服生产基地。2020年“双十一”当天，当地电商销售额超过16亿元，原创汉服销售额占市场三分之一。在2020年淘宝百强县名单中，曹县以17个淘宝镇和151个淘宝村，和义乌并称为“超大型淘宝村集群”。目前全县有将近一半的GDP来源于电商，每5个人中就有1人在从事和电商相关的工作，就连曹县的县长梁惠民，都曾为家乡的汉服直播带过货。曹县还出现了人才逆流的现象，甚至有博士夫妻返乡创业。曹县的蜕变离不开众人脚踏实地的奋斗。新华网评论指出：“基于中国的广阔，‘曹县’还可以更多一些。与其羡慕曹县的走红，不如

苦练自己的内功，把自己的家乡建设成‘曹县’。”（周骥腾）

躺平文化引发网络热议

2021年4月17日，百度贴吧的一则题为《躺平即是正义》的帖子引发热议。躺平文化或躺平主义，发端于青年网民群体，并借由他们在线上的影响力而广泛传播，最终形成了一股不可忽视的社会思潮，在全社会引起了广泛共鸣。“躺平”心态所代表的“丧文化”，最初是流行于青年群体中的，带有一定的颓废、消极、悲观等情绪色彩的亚文化形式。其诞生初期，是青年群体以“先抑后扬”的手法表达出对阶层固化的担忧和对生活压力的不满，抒发对未来的迷茫以及自身“不服输”的心态和“颓而不废”的精神追求。但随着这种亚文化在网络平台符号化、感性化地不断传播，“躺平文化”呈现出某种集体欢腾的状态。原本具有一定自嘲属性的，仅流行于特定群体的亚文化表达“出圈”了，影响到了社会各个群体，逐渐出现了“躺平即是正义”“躺平就是躺赢，集体就是力量”等相对极端的价值取向，甚至不少人将“躺平哲学”“以最低成本为自己而活”作为自己的行动指南。2021年8月17日，习近平总书记在中央财经委员会第十次会议上指出，要“鼓励勤劳创新致富……防止社会阶层固化，畅通向上流动通道，给更多人创造致富机会，形成人人参与的发展环境”。（周骥腾）

“错换人生28年”引发网民大讨论

2020年4月30日，《新京报》刊登文章《错换人生后，跨越28年的重逢》，生动且详细地介绍了姚策治病、许妈欲“割肝救子”发现儿子并非血亲、赴河南艰苦寻亲以及郭威认亲等内容。这迅速引起了大量网友关注，但热度不久就降低了，仅剩《新京报》等少数媒体进行跟踪报道。2021年1月19日，姚策被水滴筹和轻松筹列入自律公约确定的黑名单，原因是过度筹款，资产公示与实际情况不一致。因网友对此表示质疑，“姚策被纳入筹款平台黑名单”等相关话题被《新京报》等国内媒体争相报道，且迅速登上话题热搜榜。2月25日，许敏的律师李圣在直播中把姚策与郭威“错换人生28年”改称“偷换人生28年”，这导致“姚策养母回应案件转为刑事案件”“姚策妻子回应霸占养母房产争议”等话题又成为网民关注的焦点。《新京报》、红星新闻等媒体积极采访养母许敏并做跟踪报道。经《新京报》报道，从姚策妻子熊磊处获悉，3月23日姚策在北京某医院去世。至此，该事件中人物性格和亲子关系的相关议题再度引发网络热议。4 月 21 日，河南警方通报，对“错换人生 28 年”事件中的“换子涉嫌刑事犯罪”的警情决定不予立案。但网民对该事件仍然十分关注，且话题甚至转向了对生物因素与家庭教育之间的关系问题。对此，多家媒体发布评论，其中《半月谈》表示“调查不应止步于‘不予立案’”，新华社评错换人生 28 年案：“把调查进行到底，还原事实真相。”（马颖）

“杂交水稻之父”袁隆平逝世引发网友悼念

2021 年 5 月 22 日，“共和国勋章”获得者、中国工程院院士、国家杂交水稻工程技术研究中心主任、湖南省政协原副主席、被称为“杂交水稻之父”的袁隆平，因多器官功能衰竭，在长沙逝世，享年 91 岁。5 月 22 日上午，中国国际电视台突然发布了一则消息，称“杂交水稻之父”袁隆平去世，同时在微博也发布了此消息，瞬间引发网友热议；随后，当日上午十一点多，《人民日报》、央视新闻等多家媒体发布消息，称从袁隆平秘书处获悉，网上的消息是假消息，袁隆平目前在医院，身体状况不太好，目前正在就医；下午，根据为袁隆平治疗的医院的消息，当日 13:07 袁隆平逝世。噩耗迅速刷屏社交网络，到 5 月 22 日下午，从热搜榜首“共和国一天痛失两位院士”到热搜第 50“能和您生活在一个时代是骄傲”，共有 22 个和袁隆平相关的热搜，微博话题“袁隆平逝世”阅读量超过 100 亿，新闻媒体和广大网友都在自发地通过各个角度怀念袁隆平。在缅怀悼念的同时，网友们还通过视频重温袁隆平的身影，回顾他生前给青少年的寄语，表示对袁老最好的缅怀就是：好好吃饭，好好工作，无论在什么地区，无论在什么岗位，都要做一个有益于社会的人。（林傲耸）

甘肃山地马拉松事故 21 人遇难

2021 年 5 月 22 日，第四届黄河石林山地马拉松百公里越野赛暨乡村振兴健康跑在白银市景泰县黄河石林大景区举行，比赛期间遭遇突发降温、降水、大风的高影响天气发生公共安全责任事件，造成 21 名参赛选手死亡，8 人受伤。事故发生后，多场越野赛事取消或者暂停。6 月 2 日，国家体育总局宣布将暂停山地越野、戈壁穿越等新兴高危体育赛事活动。6 月 25 日深夜，甘肃省人民政府网站公布《白银景泰“5·22”黄河石林百公里越野赛公共安全责任事件调查报告》，相关责任人被处理。此次事故在互联网上引发了巨大的反响。媒体“GQ 报道”于 5 月 31 日发布的《这里是白银越野赛全部21位逝者的故事》被广泛传播，文章记述了21位不幸罹难的运动员的人生故事，大家发现，这些顶级运动员，也不过是普通人，生活中也有着和我们普通人一样的酸甜苦辣。有网友表示："以往总觉得跑马是贵族活动，是什么都不缺的人才会玩儿的运动。今天才知道个中心酸。"

暴风雨期间，牧羊人朱可铭的羊保持在米家山吃草的习惯，因此他在15时许碰巧救下了6名抽搐或昏迷的选手，并带他们进窑洞生火取暖。朱可铭的救人事迹也感动了无数网友。2021年5月27日，朱可铭通过社交账号表示：这几天有很多公司想和他签约，给他发工资搞直播，他说自己没有和任何一家公司签约，请大家不要受骗捐款。当时救人的时候根本就没有想得到什么回报，如今也还是同样的想法。2021年秋天，获救选手张小涛协助朱可铭在微信朋友圈、微博等平台销售自家苹果。11月2日，朱可铭在抖音上公布了"自家苹果几乎已经卖完了"的好消息。12月6日，媒体"紧急呼叫"采访了朱可铭一家。朱可铭表示：未来想注册"可铭"品牌，帮助村民们销售农产品。（周骥腾）

云南15头亚洲象向北迁移，引发网友持续关注

2021年5月29日，中央广播电视总台中国之声《新闻超链接》报道了云南15头野生亚洲象一路北上消息，备受网友关注。这15头亚洲象原本生活在西双版纳州勐养子保护区。2020年12月，这一象群首次造访普洱市墨江县，2021年4月，它们北上进入玉溪市元江县觅食，并于24日晚进入到峨山县地界。2021年5月27日，云南省森林消防总队出动10名指战员，带无人机、侦观设备、通信设备等前往玉溪峨山县协助搜寻。5月29日晚，象群继续北移已进入玉溪市红塔区境内，且离昆明城区不到100公里。随着媒体的持续跟进报道，网友积极参与野象迁徙话题的讨论。一些网友调侃道："东北虎，云南象。野生'江湖'英雄辈出！""再往上就到昆明了！"与此同时，行业专家在互联网上科普野象迁徙的知识以及本次出现路线偏差的原因，并借此热度开展对于亚洲象及亚洲象保护的介绍、科普工作。整个事件的热度在5月29日之后逐渐递减，亚洲象平安由北向南返回的消息并没有在互联网上引起大规模的关注与讨论。（付堉琪）

多部门开展对"饭圈"乱象问题的治理工作

2021年6月15日起，中央网信办在全国开展为期2个月的"清朗·'饭圈'

乱象整治”专项行动。行动将针对网上“饭圈”突出问题，包括4月底网络流传的“倒奶”视频反映的由参与选秀节目打投的“奶票”产生的食物浪费等问题，重点打击包括诱导未成年人打榜集资、互撕谩骂、攀比炫富、刷量控评、干扰舆论等5类“饭圈”乱象行为。8月27日，中央网信办的《关于进一步加强“饭圈”乱象治理的通知》明确了10条措施，平台榜单、经纪公司、网络综艺被纳入整治范围，包括取消所有涉明星艺人个人或组合的排行榜单，不得设置诱导粉丝打榜的相关功能，严管明星经纪公司，规范粉丝群体账号，严禁呈现互撕信息，清理违规群组版块，不得诱导粉丝消费，强化节目设置管理，严控未成年人参与，规范应援集资行为等。随后，微博、网易云音乐、抖音等网络平台相继下线明星类榜单。9月2日，中宣部印发《关于开展文娱领域综合治理工作的通知》，国家广播电视总局发布从严整治艺人违法失德、“饭圈”乱象等问题的通知，把整治范围扩大到整个演艺娱乐行业，具体的整治措施从9月下旬开始快速落地。11月16日，在国新办举行的新闻发布会上，中央网信办副主任、国家网信办副主任盛荣华表示自今年6月开展“清朗·‘饭圈’乱象整治”专项行动、8月下发《关于进一步加强“饭圈”乱象治理的通知》以来，已累计清理负面有害信息40余万条，处置违规账号2万多个、群主6 500多个，解散话题3 000多个。11月23日，中央网信办发布《关于进一步加强娱乐明星网上信息规范相关工作的通知》，要求严把娱乐明星网上信息内容导向，加强正面引导，建立负面清单，禁止娱乐明星网上信息含有宣扬畸形审美、低俗绯闻炒作、恶意刷量控评、虚假不实爆料、诱导非理性追星等内容。（林傲耸）

滴滴出行APP下架

2021年6月30日，滴滴出行低调登陆纽交所挂牌上市，成为国内网约车在美上市第一股。7月2日，网信中国发布《网络安全审查办公室关于对“滴滴出行”启动网络安全审查的公告》，将对“滴滴出行”实施网络安全审查，审查期间“滴滴出行”停止新用户注册。滴滴回应称将积极配合，排查风险。7月4日，根据检测核实，“滴滴出行”APP存在严重违法违规收集使用个人信息问题。国家网信办依据《中华人民共和国网络安全法》相关规定，通知应用商店下架“滴滴出行”APP，要求滴滴出行科技有限公司严格遵照法律和国家有关标准，认真整改存在的问题，切实保障广大用户个人信息安全。随后，滴滴公司通过微博发布声明，称将坚决落实国家有关部门的相关要求，并暂停新用户注册，严格按照有关部门的要求下架整改。7月10日，国家互联网信息办公室发布了《网络安全审查办法（修订草案征求意见稿）》公开征求意见的通知。意见稿指出，掌握超过100万用户个人信息的运营者赴国外上市，必须向网络安全审查办公室申报网络安全审查。7月16日，工信部举行新闻发布会回应“滴滴出行APP下架”时指出，要继续强化APP治理。7月16日，国家网信办会同公安部、国家安全部、自然资源部、交通运输部、税务总局、市场监管总局等部门联合进驻滴滴出行科技有限公司，开展网络安全审查。9月1日，交通运输部会同中央网信办、工业和信息化部、公安部、国家市场监管总局等交通运输新业态协同监管部际联席会议成员单位，对11家网约车平台公司进行联合约谈，要求各平台公司检视自身存在的问题，立即整改不合规行为。12月3日，滴滴官宣在纽交所退市、赴港上市后，滴滴出行旗下部分APP在苹果中国应用商店恢复上架，包括滴滴加油、DiDi-Rider。（贺灵敏）

河南特大暴雨中诞生数字时代的网络救援

2021年7月17日开始，河南郑州开始出现罕见强降雨天气，单日降雨量突破历史极值，20日郑州市出现大暴雨，局部特大暴雨，随后，暴雨中心北移，新乡、安阳、鹤壁等地的部分地区出现强降雨。7月20日晚8时许，看到家乡暴雨成灾的上海财经大学学生李睿发布朋友圈，组建30余人的河南远程救援小分队，之后群聊迅速扩充为4个200～400人的微信群。李睿及其他志愿者及时与当地线下救援力量和专业救助机构取得联系。当晚8:57，李睿创建了一份《待救援人员信息》在线腾讯文档，迅速搜集整理群众求救信息，让救援队伍准确对接救助。7月21日晚，腾讯在公众号发文表示，截至21日晚9点，该文档已有250多万次访问量，自发更新了270多版，从最开始的需求表格，发展为多用途的民间抗洪资源对接平台，该文档也被人们称为“救命文档”。7月20日，另有一名大学生李树与两个朋友一起创建了驰豫志愿者群，起初通过建立金山文档分区汇总信息。7月22日李树等向网易数帆团队寻求帮助，开发失踪人口求助平台并于当日投入使用；对接明道云深圳团队，开发在线协同系统，以更加优化的流程化方式处理信息录入核实及对接；同日物资匹配平台正式投入使用，7月25日开始通过在线系统进行人员录入与核实。此外，各大互联网公司迅速开辟救灾专区和相关技术服务，如高德地图发布“河南暴雨积水地图”，字节跳动在抖音、今日头条紧急开通河南暴雨互助通道等。互联网救援实现了灾情变化与救援资源的实时信息连接，全民参与汇聚成网络化力量，创造了应对灾害紧急情况的新模式，得到社会各界的广泛认可。（田志达）

鸿星尔克为河南捐款引发网民“野性消费”

2021年7月21日，鸿星尔克官方微博发布声明称：“向河南捐款5 000万元物资以援助抗灾。”7月22日晚，有网友评论“感觉你都要倒闭了还捐这么多”，引起网民共鸣，话题迅速冲上微博热搜榜第一。随后网友冲入鸿星尔克直播间称要“野性消费”，众多网民跟风行动。22日鸿星尔克的淘宝直播观看人次超过200万，单场直播带货的销售额超1 022万元，在抖音直播创造销售额超过了1 500万；23—24日，淘宝直播间销售额突破1.07亿元，总销量64.5万件，直播观看人次近3 000万；抖音直播间点赞量达4.2亿，创造抖音直播最高纪录，3个抖音直播间累计销售额超过1.3亿元，其间部分网民到其他品牌直播间进行辱骂和声讨，对此鸿星尔克董事长呼吁大众理性消费。24日有自媒体发文质疑鸿星尔克诈捐，同日有网友质疑鸿星尔克为外资公司，25日知名媒体人“理记”在微博发长微博提出质疑和忠告，后鸿星尔克官方微博做出相关回应。26日中央纪委国家监委网站发布评论称，鸿星尔克爆红是“善引发善的动人故事”，27日《人民日报》微博评“鸿星尔克”爆红事件：“爱如潮水奔涌 也要如静水流深。”据拓尔思网察大数据平台监测显示，自7月21日0时至7月30日12时，全网共监测到2 176 511篇/条（含转发）相关信息，微博、短视频和论坛平台是最主要的传播渠道，其中微博平台传播量最高，共计1 605 707条，占比达73.77%，短视频平台传播量为181 717篇，占比为8.35%，论坛平台传播量为140 454篇，占比6.45%，其余平台共计248 633篇/条，占比11.43%。（田志达）

东京奥运会引发网友关注

北京时间7月23日19：00，延迟了一年的2020东京奥运会开幕，引发了网友的大量关注。一方面，网友积极关注并热烈讨论包括圣火传递、开闭幕式等东京奥运会的重要流程和各项比赛，特别是中国运动员的比赛过程和出色成绩。“杨倩摘得东京奥运首金”“苏炳添9秒83晋级百米决赛”“全红婵女子跳水10米台夺金”等成为网友关注的焦点事件。许多网友通过发布影视演员吴京的表情包，利用其运动服胸前“中国”两个字进行再创作，表达对中国运动员的支持。另一方面，由于本届奥运会受新冠疫情的影响较大，比赛当地的疫情发展和防疫措施也成为网友的关注重点，中国运动员较高的防疫意识和自助式的颁奖流程也成为人们线上讨论的热门话题。8 月 8 日，东京奥运会闭幕。东京奥运会在举办期间，有超过 160 个话题登上了微博热搜，182 个重要媒体参与了与之相关的网络信息发布，其成为 2021 年最受人们关注的网络话题。（林傲耸）

“双减”政策引发网络热议

2021 年 7 月 24 日，中共中央办公厅、国务院办公厅印发《关于进一步减轻义务教育阶段学生作业负担和校外培训负担的意见》。当天，以《人民日报》、中新社、新华社、《光明日报》为代表的主流媒体对“双减”政策进行了报道转载，大多聚焦“双减”政策具体措施及其政策影响。“双减”政策内容、“双减”政策成效等迅速成为网络热门话题。7 月 26 日，新东方等知名教育股大幅下跌，因教育类股票表现不佳，“教育培训行业震荡”话题成为网民关注的热点问题。继而，以新东方为代表的教育培训企业对“双减”政策做出的回应也引发了舆论关注。7 月 27 日，人民网发表文章《人民来论：“双减”让教育“返璞归真”》，表达了部分网民关于“双减”政策对促进教育行业可持续发展和回归教育事业本来意义的期待。与此同时，当前教育资源不充分不平衡、教育内卷和家庭焦虑也是该事件中不容忽视的舆论议题，这意味着在“双减”政策实施后进一步深化教育改革仍是必要的。（马颖）

阿里巴巴女员工被侵害事件

2021 年 8 月 7 日晚，有阿里巴巴（以下简称“阿里”）认证女员工匿名在脉脉平台称，其被阿里男领导要求陪商家济南华联超市的男代表喝酒，被灌醉后遭到猥亵。女员工向 HR 等反馈无果，前往食堂发传单维权。描述事件经过的文档和维权视频在网络中流传。当晚，阿里通过媒体回应：决不容忍，全力配合警方，涉嫌员工已停职接受警方调查。8 月 8 日凌晨，阿里董事局主席兼 CEO 张勇在内网发帖，用震惊、气愤、羞愧表达对该事件的感受。他同时表示：必须调查清楚，给全体阿里同学和全社会一个交代。8 日晚，6 000 名阿里员工在公司内部网络讨论组发布关于 807 事件的联合倡议，期望推动员工特别是女性员工职场反性骚扰、反性侵制度的建立。8 月 9 日凌晨，阿里公布女员工被侵犯事件处理决定：涉事阿里男员工被辞退，永不录用；两高管引咎辞职；将制定反性骚扰行动准则，成立反陋习小组，支持员工拒绝陪酒。商家济南华联超市回应，其单位涉事男员工已被辞退。8

月 14 日，警方通报“阿里女员工被侵害”案最新进展，侵害阿里女员工嫌疑人涉嫌强制猥亵。8 月 23 日，涉事男员工的妻子在微博发文质疑女员工的自述。8 月 25 日，济南市槐荫区人民检察院通报，依法批准逮捕济南华联超市涉事男员工。9 月 6 日，山东省济南市槐荫区人民检察院经依法审查，阿里涉事男员工实施的强制猥亵行为不构成犯罪，不批准逮捕。济南市公安局槐荫区分局依法对其终止侦查，并对其做出治安拘留十五日的处罚决定。随后，涉事两名男性的妻子在微博表示将控告该女员工诬陷。12 月，该女员工被之前负责处理事件的原阿里副总裁起诉名誉侵权，事件再次引发网民的广泛关注。（林傲耸）

《中华人民共和国个人信息保护法》出台

2021 年 8 月 20 日，国家主席习近平签署第九十一号主席令，《中华人民共和国个人信息保护法》已由十三届全国人大常委会第三十次会议表决通过，自 2021 年 11 月 1 日起施行。该法是国内首部个人信息保护方面的专门法律，全文共八章七十四条，旨在保护个人信息权益，规范个人信息处理活动，促进个人信息合理利用。《个人信息保护法》立足本土实践，接轨国际经验，回应社会需求，与《网络安全法》《数据安全法》等法律一起构成规范性、系统性、完整性的网络法律保护体系，为数字时代的网络安全、数据安全和个人信息权益保护提供了基础制度保障。《个人信息保护法》明确不得过度收集个人信息、不得大数据杀熟，对人脸信息等敏感个人信息的处理做出规制，完善个人信息保护投诉、举报工作机制等，充分回应社会关切，为破解个人信息保护中的热点难点问题提供了切实有力的法律保障。《个人信息保护法》填补了数字社会重要的法律板块，确立了与我国数字大国相匹配的法律制度，是步入“以人为本”数字社会的制度里程碑，与国际通用规则接轨，为全球数字治理贡献了中国方案，具有划时代意义。（肖尊军）

最严网络游戏监管令出台

2021 年 8 月 30 日，国家新闻出版署印发《关于进一步严格管理 切实防止未成年人沉迷网络游戏的通知》。《通知》聚焦防止未成年人沉迷网络游戏的关键环节，主要提出四方面举措：一是在原有规定基础上，进一步限制向未成年人提供网络游戏服务的时段时长，要求网络游戏企业大幅压缩向未成年人提供网络游戏的时间，所有网络游戏企业仅可在周五、周六、周日和法定节假日的 20 时至 21 时向未成年人提供 1 小时服务。二是重申严格落实网络游戏账号实名注册要求，所有网络游戏用户必须使用真实有效身份信息进行游戏账号注册和登录。三是加强对防沉迷措施落实情况的监督检查。四是积极引导家庭、学校等社会各方面行动起来，形成防止未成年人沉迷网络游戏的工作合力。本次新规发布后，规定内容迅速成为社交网络中人们讨论最多的话题。国内主要游戏企业也快速做出回应。腾讯游戏、网易游戏、完美世界、哔哩哔哩、米哈游、游族网络等均表示将积极响应《通知》，引导未成年人进行健康游戏。（伍绍聪）

西安地铁一女乘客被保安拖拽下车事件

2021 年 8 月 30 日，网传视频显示西安地铁一名女性乘客被男性安保人员强制拖离车厢，在拖拽过程中女乘客的身体出现大面积裸露。该视频迅速引起网民关注，且主要观点认为保安暴力执法，且撕损衣服的行为有损女性尊严。8 月 31 日，西安地铁运营分公司发布情况说明，指出事件起因是女乘客扰乱乘车秩序。至此，网络上开始出现支持保安的声音，支持者认为保安暴力执法实属无奈，且列车安全大于个人隐私。当天，更多的现场视频在网络中得以传播并引发网民热议。9 月 1 日，媒体从西安市公安局地铁分局获悉，警方已介入处理西安地铁内女乘客被保安拖拽下车事件。9 月 2 日，西安市公安局通报还原事件经过并公布处理结果。但是，由于官方通报与目击者所述情况、视频内容存在不一致的情况，这使得事件在网络上继续发酵。网友的讨论不仅包括处理结果是否合理，而且还包括维护公共秩序是否能以牺牲个人尊严为代价等话题。对此，《新京报》、央视网和央视新闻等媒体发表评论，批评暴力执法行为。当天，微博管理员发布消息表示，部分账号在事件的网络传播中刻意激化矛盾、进行地域攻击、挑起性别对立，甚至出现到不相干的话题内刷量控评、攻击西安全运会的非理性行为。对此，微博站方对 6 767 个账号予以禁言处置，对情节特别严重的 185 个账号予以关闭处置。（马颖）

工信部督促互联网企业解除外链屏蔽，推动互联互通

2021 年 9 月 13 日，在国新办新闻发布会上，工信部新闻发言人、信息通信管理局局长赵志国介绍，今年 7 月份，工信部启动了为期半年的互联网行业的专项整治行动，屏蔽网址链接是这次重点整治的问题之一。9 月 9 日，工信部召开了行政指导会，要求企业按照整改要求，务实推动即时通信屏蔽网址链接等不同类型的问

题能够分步骤、分阶段得到解决，要求限期内各平台必须按标准解除屏蔽，否则将依法采取处置措施。当天参会的企业包括阿里巴巴、腾讯、字节跳动、百度、华为、小米、陌陌、360、网易等。11 月 29 日，微信发布《关于〈微信外部链接内容管理规范〉的更新声明》，其中包含三方面的内容更新：在点对点聊天场景中将可直接访问外部链接；在群聊场景下试行开放电商类外部链接直接访问功能；后续微信还计划开发自主选择模式，为用户提供外链管理功能。此前，阿里旗下饿了么、优酷、大麦、考拉海购、书旗等应用均已接入微信支付。截至 12 月，大部分平台已解除外链屏蔽，但互不兼容的情况依旧存在。比如，有的只是试行开放电商类外部链接，短视频等链接无法直接分享，平台移动支付也仍存在诱导用户“二选一”的不兼容情况。（伍绍聪）

2021 年世界互联网大会在乌镇召开

2021 年 9 月 26—28 日，由国家互联网信息办公室与浙江省人民政府共同主办，联合国经济和社会事务部、国际电信联盟、世界知识产权组织、全球移动通信系统协会协办，世界互联网大会秘书处（筹）、浙江省网信办、浙江省经信厅、桐乡市人民政府、国家计算机网络应急技术处理协调中心承办的“2021 年世界互联网大会”在浙江省桐乡市乌镇举办，会议主题为“迈向数字文明新时代——携手构建网络空间命运共同体”。国家主席习近平向大会致贺信并指出：面对世界百年变局和世纪疫情交织叠加，国际社会迫切需要携起手来，顺应信息化、数字化、网络化、智能化发展趋势，抓住机遇，应对挑战。中国愿同世界各国一道，共同担起为人类谋进步的历史责任，激发数字经济活力，增强数字政府效能，优化数字社会环境，构建数字合作格局，筑牢数字安全屏障，让数字文明造福各国人民，推动构建人类命运共同体。

会议采取“线上＋线下”相结合的方式举行。围绕主题，大会共设置了 20 个分论坛，并举办了“世界互联网领先科技成果发布活动”、“互联网之光”博览会和“直通乌镇”全球互联网大赛以及“携手构建网络空间命运共同体最佳实践”案例展示等重要活动，发布了《世界互联网发展报告 2021》和《中国互联网发展报告 2021》蓝皮书。会议吸引了 300 多家中外知名企业和机构参展，吸引了境内外 111 家媒体的 700 余名记者参会。本次会议引起了海内外热烈反响，吸引了国内外政府、学者和网民的高度关注。（贺灵敏）

985 硕士 38 岁失业后开摩的引发热议

2021 年 9 月 27 日，湖南长沙 38 岁的市民杜某发布了题为“课桌椅都搬走了，英语老师摩的司机走起”的抖音视频。网友得知杜某是 985 高校毕业的硕士，于是就“985 硕士开摩的值不值得、是否浪费学历”在微博、抖音等社交平台展开热议，一时间杜某也随之走红网络。针对网友的热议，杜某个人通过个人抖音账号和多家媒体解释说，自己创业失败后选择成为一名摩的司机来进行过渡，源于一次路人的误会，同时称，当摩的司机并不是职业规划，只是体验生活，换个生活方式，调整心态。之后在 10 月份杜某陆续在个人抖音账号发布了一系列与此话题相关的短视频，表示会考虑在短视频领域继续探索，找到适合自己的方向。网友对此事不乏调侃，但众多评论中积极评论得到更多点赞：无论文凭多高，选择自己喜欢的生活方式最好！积极看，硕士开摩的说明供过于求是教育繁荣的必然结果。很佩服当事人，能积极谋生自救对得起自己的学历水准。10 月 15 日《新华每日电讯》就此热议事件评论称：人生浮浮沉沉，能屈能伸是一种可贵的品质。相较于那些遇到挫折就意志消沉、选择“躺平”的人，这位乐观的摩的司机，确实值得点赞。在这件事引发的舆情中，真正值得思考的是，一些人对“名校硕士失业开摩的”的热议行为与不理解，折射出人们对学历、职业的一些刻板印象和社会成见，“什么人只能干什么工作”的僵化观念在很大一部分群体中依然存在。（田志达）

李子柒起诉微念公司

2021 年 10 月 26 日，据天眼查 APP 显示，10 月 25 日，四川子柒文化传播有限公司与刘同明、杭州微念品牌管理有限公司相关案件新增立案信息，一审原告为四川子柒文化传播有限公司，一审被告为杭州微念品牌管理有限公司。李子柒与负责其网络运营的杭州微念公司早有纷争。2021 年 7 月 14 日，李子柒发布最后一个视频后停更。8 月 30 日，李子柒发布动态称已报警。9 月 14 日，李子柒公司四川子柒文化发布律师声明回应“冒牌月饼”事件与李子柒方无关。9 月 23 日，李子柒获聘“四川农耕文化形象大使”。9 月 29 日，李子柒接受新华社采访，坦言将会一如既往地坚持对视频质量的严格把关。10 月 22 日，李子柒接受央视采访，畅谈后续工作重心调整为乡村振兴和共同富裕、非物质文化遗产的传承和传播、青少年的引导三个方面 。10 月 25 日，李子柒起诉杭州微念品牌管理公司和刘同明。10 月 27

日，字节跳动退出李子柒签约公司杭州微念，杭州微念申请李子柒商标被全部驳回。11 月 1 日，杭州微念回应称：公司将依照法律程序应诉；同时表示公司从未控制李子柒的平台账号、干涉李子柒的内容创作；曾提出与李子柒的股权计划与合作模式方向，并在股东同意下签署相关股份安排、合作费用的协议方案，曾多次与李子柒就股权等权益事项展开沟通，但未有实质性进展。随后，李子柒助理发文回应称，杭州微念陈述的“股权计划、与投资人签署相关协议”并非股权纠纷，并坚称继续诉讼维权。(贺灵敏)

“元宇宙”概念受到关注

1992 年，美国作家尼尔·斯蒂芬森在科幻小说《雪崩》中描述了一个平行于现实世界的虚拟世界 Metaverse，其中“meta”意为“超越”，计算机专用语中为“元”，“universe”则是“宇宙”之意，这是当下被热烈讨论的“元宇宙”概念的源头。2021 年 3 月 10 日，沙盒游戏平台 Roblox 作为第一个将“元宇宙”概念写进招标书的公司，成功登陆纽交所，上市首日市值突破 400 亿美元，引爆科技和资本圈。继此标志性事件后，关于“元宇宙”的概念与文章迅速充斥各类媒体，引发思想界、科技界、资本界、企业界和文化界，甚至政府部门的关注，形成了“元宇宙”现象。2021 年 10 月 29 日，美国社交媒体公司脸书（Facebook）更名为“Meta”，显示其布局“元宇宙”（Metaverse）的决心，成为第一家将元宇宙提升到核心战略级别的互联网科技巨头。在经过扎克伯格等人的阐释延伸后，元宇宙的概念变得更加宏大，直指即将到来的互联网 3.0 时代。国内有关元宇宙的研究迅速兴起：2021 年 8 月，中国人民大学数字经济与数字化转型研究中心联席主任赵国栋等人发布《元宇宙》与《元宇宙通证》图书，填补了国内有关元宇宙研究的空白；2021 年 9 月，清华大学新媒体研究中心沈阳教授及其研究团队发布 2020—2021 年元宇宙发展研究报告；2021 年 11 月，中国移动通信联合会元宇宙产业委员会执行主任于佳宁等人发布专著《元宇宙：开启未来世界的六大趋势》。目前，有关元宇宙的讨论仍未达成共识，而大众对元宇宙的理解，源于《头号玩家》与《失控玩家》等电影产生的直观感受。(肖尊军)

2021 年中国国际进口博览会在上海举办，网络直播为进博会带货

2021 年 11 月 4 日，第四届中国国际进口博览会暨虹桥国际经济论坛开幕式在

上海举行。国家主席习近平以视频方式出席第四届进博会开幕式并发表题为《让开放的春风温暖世界》的主旨演讲。进博会期间，李佳琦、辛巴等知名电商主播与央视主持人王冰冰、朱广权、朱迅等一起在央视频、淘宝、拼多多等多个平台上为进博会的商品直播带货。来自东亚、欧洲、非洲、南美洲等地区20国进口好物，在4个多小时的直播中，总计有超过1.1亿人次围观，12万罐阿富汗松子、塞尔维亚的咖啡豆和奶酪等商品被一抢而空。去年进博会首次融合了电商直播这一新业态，开创“云逛进博”新模式，让无法到场的参展商和采购商可以通过线上方式参与进来，取得了非常好的效果。今年也延续了这一做法，且恰逢双十一，许多参展商品提前上架了电商平台，消费者还能够通过线上看直播的方式“边逛边买”。据中国国际进口博览局副局长孙成海介绍，本届展会成果丰硕，亮点纷呈，按一年计，第四届进博会累计意向成交达707.2亿美元。(林傲耸)

EDG夺得英雄联盟S11冠军

2021年11月7日凌晨，2021年英雄联盟全球总决赛（简称“S11”）在冰岛首都雷克雅未克落幕。经过5个小时的比赛，EDG战队鏖战五局，最终以3∶2战胜来自韩国LCK赛区的DK战队，获得俱乐部队史上首座全球总决赛冠军。作为近年来继IG和FPX战队后又一支夺得英雄联盟全球总决赛的中国战队，EDG的夺冠也引发了一场全网狂欢，夺冠后消息迅速占领百度和微博热搜榜第一，央视新闻也第一时间转发祝贺。该赛事在进行期间便在互联网上被广泛关注，腾讯视频的直播显示有8 600万人观看，微博的官方直播则显示有1亿人次观看。在最初不被看好的情况下，EDG战队挺进决赛，战胜强劲对手取得冠军。能从LCK战队的包围中突围，因此这个冠军被国内网友视为含金量最高的一个。在此基础上，网友以丰富多样的形式庆祝EDG战队夺冠，其中也不乏网友对夺冠事件进行二次创作的热情。夺冠事件连同网友们持续的二次创作，连带电子竞技在中国社会中的合法性与发展现状讨论，使得该事件的讨论热度持久居高不下。(付堉琪)

奥密克戎毒株引发民众担忧

奥密克戎为新型冠状病毒的变种，最早于2021年11月9日在南非首次被检测到。该变种的出现引发了世卫组织和国际社会的广泛关注，2021年11月26日，世卫组织将其定义为第五种“关切变异株”，取名为奥密克戎（Omicron）变异株。11

月 29 日，世卫组织称，新冠病毒奥密克戎变异毒株在全球总体风险评估为“非常高”，可能在世界广泛传播。截至 2021 年 12 月 3 日，世卫组织表示，奥密克戎已蔓延至 38 个国家。继 2021 年在全球范围内广泛流行的德尔塔毒株之后，奥密克戎再次成为新冠疫情中被广泛关注的毒株。在我国，截至 12 月 1 日，奥密克戎已在香港出现，并造成 4 例感染。奥密克戎在中国境内的出现也引发民众的广泛讨论和担忧，关键词“奥密克戎”在 12 月 2 日登上微博热搜排行榜第一位。国家卫健委近期表示，我国的“外防输入，内防反弹”防控策略对奥密克戎变异株仍然有效。钟南山、张文宏等权威医学人士也在媒体发声呼吁民众不必过度恐慌，当前新冠疫苗仍对奥密克戎有防护效力，奥密克戎不会对中国产生较大影响。(伍绍聪)

国家反垄断局挂牌，多家互联网企业被罚

2021 年 11 月 18 日，国家反垄断局正式挂牌成立，截至 12 月 1 日，已正式挂牌两周。自挂牌成立以来，国家反垄断局共披露 46 起行政处罚案件，剑指涉及医药、燃气等民生领域和互联网行业的垄断违规行为。互联网作为近年来新兴经济的热门领域，也成为国家反垄断局行使监管职能时的重点调查对象。11 月 20 日，反垄断局官网通报 43 起未依法申报违法实施的经营者集中案件，涉及苏宁、腾讯、阿里、滴滴、饿了么、美团、淘宝、京东、字节跳动、58 集团等多家互联网领域知名企业，其中腾讯控股涉及 13 起处罚，阿里及其控股企业包括阿里巴巴网络、阿里巴巴投资、淘宝中国控股、阿里健康、阿里旅行和饿了么共涉及 12 起案件。此前，监管层也一直在释放加强互联网经济领域反垄断的信号。2021 年 1 月 31 日，中共中央办公厅、国务院办公厅印发《建设高标准市场体系行动方案》强调，要加强平台经济、共享经济等新业态领域反垄断和反不正当竞争规制。2021 年 2 月 7 日，国务院反垄断委员会还印发了《关于平台经济领域的反垄断指南》。国家反垄断局近期通报显示，这些案件均违反了《中华人民共和国反垄断法》第二十一条，构成违法实施经营者集中，评估认为不具有排除、限制竞争效果。对此，市场监管总局根据《中华人民共和国反垄断法》第四十八条、第四十九条做出行政处罚决定，对涉案企业分别处以 50 万元人民币罚款。(伍绍聪)

后　记

2021 年我国全面建成小康社会，历史性地解决了绝对贫困问题。脱贫攻坚的胜利改变了广大农村的物质和精神面貌，乡村振兴战略则开启了农村发展的新征程。随着信息化、网络化、数字化的发展，我国数字乡村建设稳步推进，不仅基础设施建设成效显著，而且广大农民在网络化、数字化、信息化中获得了知识、开阔了视野、创造了财富。为了记录和研究数字乡村建设的新进展、新成就、新趋势，本年度《中国网络社会研究报告》围绕数字乡村建设专题组织编写，以数字乡村建设的主体激活、要素激活、市场激活为核心展开多角度多层次的研究和讨论。

本报告秉持一贯的写作风格，即基于社会学的理论和方法，通过叙议结合的方式，为读者呈现一幅丰富多彩的网络社会画面，以期对人们更深入、全面地理解网络社会及其影响有所助益。本报告兼顾学术性、趣味性与可读性，既可以作为网络社会研究和数字乡村建设研究的参考文献，也可以作为广大网民了解网络社会、参与网络活动、思考网络问题的阅读资料。

本报告的编写分工如下：

导　论　刘少杰、林傲耸（中国人民大学）

第一章　刘少杰、周骥腾（中国人民大学）

第二章　尹广文（西北师范大学）

第三章　张军、杨倩云（安徽大学）

第四章　田志达（中国人民大学）

第五章　王建民、刘见齐（中央财经大学）

第六章　邵占鹏、李琳（河海大学）

第七章　付堉琪（中国人民大学）

第八章 张荣（安徽大学）

第九章 马良灿、李政（西北农林科技大学）

附录 付堉琪、贺灵敏、林傲耸、马颖、田志达、伍绍聪、肖尊军、周骥腾（中国人民大学）

图书在版编目（CIP）数据

中国网络社会研究报告. 2021：数字乡村建设专题 / 刘少杰主编；王建民副主编. --北京：中国人民大学出版社，2023.4

（中国人民大学研究报告系列）

ISBN 978-7-300-31540-9

Ⅰ.①中… Ⅱ.①刘… ②王… Ⅲ.①计算机网络-社会问题-研究报告-中国-2021 Ⅳ.①D669

中国国家版本馆 CIP 数据核字（2023）第 048793 号

中国人民大学研究报告系列

中国网络社会研究报告 2021

数字乡村建设专题

主　编　刘少杰

副主编　王建民

Zhongguo Wangluo Shehui Yanjiu Baogao 2021

出版发行	中国人民大学出版社		
社　　址	北京中关村大街 31 号	**邮政编码**	100080
电　　话	010－62511242（总编室）		010－62511770（质管部）
	010－82501766（邮购部）		010－62514148（门市部）
	010－62515195（发行公司）		010－62515275（盗版举报）
网　　址	http://www.crup.com.cn		
经　　销	新华书店		
印　　刷	唐山玺诚印务有限公司		
开　　本	787 mm×1092 mm　1/16	**版　　次**	2023 年 4 月第 1 版
印　　张	12.75 插页 1	**印　　次**	2023 年 4 月第 1 次印刷
字　　数	231 000	**定　　价**	45.00 元